Juventa
Paperback

Benno Hafeneger
Gerhard Paul
Bernhard Schoßig
(Hg.)

Dem Faschismus das Wasser abgraben

Zur Auseinandersetzung mit dem Rechtsradikalismus

Juventa Verlag

CIP-Kurztitelaufnahme der Deutschen Bibliothek

Dem Faschismus das Wasser abgraben: zur Auseinandersetzung mit d. Rechtsradikalismus / Benno Hafeneger ... (Hg.). –
München: Juventa-Verlag, 1981.
(Juventa-Paperback)
ISBN 3-7799-0558-2
NE: Hafeneger, Benno [Hrsg.]

ISBN 3-7799-0558-2

Gesamtherstellung: Erhardi-Druck, Regensburg
Printed in Germany

Inhalt

Vorwort 7

Erster Teil:
Erfahrungen und Beispiele

Karin Wienberg / Frank Düchting
»Neonazis – geht uns das was an?« – Politische Themen in der offenen Jugendarbeit 11

Autorenkollektiv
Unabhängiges Jugendzentrum Glocksee
Auf den Spuren der Geschichte – Ein antifaschistisches Stadtspiel 25

Karin Hauck
Zusammenhänge aufzeigen – Erfahrungen mit einer Ausstellung 40

Eckehart Scherzer
Eine Stadt klärt auf – Ein lokalhistorisches Projekt 49

Sigi Pach
Alternative Stadtrundfahrten – Das Hamburger Modell 56

Gerhard Paul
Alternative Stadtrundfahrten – Beispiel Saarbrücken ... 69

Christian Schubert
Friedensdienst in KZ-Gedenkstätten – Erfahrungen der Aktion Sühnezeichen 88

Benno Hafeneger
Fortbildung von Jugendgruppenleitern 102

Zweiter Teil: Einschätzungen und Reflexionen

Peter Dudek
Grenzen und Möglichkeiten antifaschistischer Jugendarbeit 115

Eike Hennig
Zur Einschätzung verschiedener Lernfelder: Spurensicherung und Stadtrundfahrten 135

Joachim Radkau
Historische Authentizität und politische Aktualität aus der Sicht der Geschichtsdidaktik 164

Benno Hafeneger / Gerhard Paul
Die Auseinandersetzung mit dem Faschismus als Aufgabe der Jugendarbeit 186

Dritter Teil: Anregungen und Hinweise

Bayerischer Jugendring
Eine Arbeitshilfe zum Thema »Nationalsozialismus im lokalen Umfeld« 203

Joachim Radkau
Hinweise zur Arbeit in Archiven und zur Befragung von Augenzeugen 219

Ursula Krause-Schmitt / Axel Ulrich
Das Dokumentationsarchiv des deutschen Widerstandes 232

Barbara Distel
Zum Besuch in der KZ-Gedenkstätte Dachau 239

Hans-Gerd Jaschke
Didaktische Arbeitshilfen zur Auseinandersetzung mit dem Rechtsradikalismus 243

Die Autoren 256

Vorwort

Seit einigen Jahren sind Veränderungen im »rechtsradikalen Lager« feststellbar: Die Gruppen und Organisationen sind militanter geworden, ihr öffentliches Auftreten provokativer, sie haben zum Teil einen erheblichen Zulauf von Jugendlichen. Neben diesen Entwicklungen innerhalb von »organisierten Kernen« werden aus Schulen, Jugendhäusern und Lehrgängen vermehrt »provokative Vorfälle« mit rechtsradikalen Tendenzen gemeldet. Darüber hinaus signalisieren Untersuchungen bei Jugendlichen manifeste Vorurteilsstrukturen und Anfälligkeiten gegenüber autoritären und rechtsradikalen Parolen.

Diese Entwicklungen und Erfahrungen haben Wissenschaftler, Lehrer, Mitarbeiter in der Jugendarbeit und die Jugendverbände politisch und pädagogisch herausgefordert; sie haben entsprechend ihren Möglichkeiten, ihrer Phantasie und den örtlich-regionalen Bedingungen Formen der Auseinandersetzung entwickelt.

Die bisherigen Veröffentlichungen zu dieser Problematik beschäftigten sich primär mit Erklärungsansätzen des historischen und aktuellen Zusammenhangs zwischen den Problemlagen von Jugendlichen und ihrer Hinwendung zu rechtsextremen Gruppen und Symbolen sowie mit ersten konzeptionellen Überlegungen zu den Möglichkeiten und den Grenzen der Jugendarbeit und der Jugendbildung im Abwehrkampf gegen jugendlichen Rechtsextremismus.

Ausgehend von diesen Überlegungen haben der Bayerische Jugendring und der Hessische Jugendring auf einer gemeinsamen Tagung im Institut für Jugendarbeit in Gauting mit Wissenschaftlern und mit Praktikern der Jugendarbeit die bisher entwickelten Ansätze einer »antifaschistischen Jugendarbeit« diskutiert, um sie im Blick auf ihre Brauchbarkeit bei der Abwehr von rechtsradikalen Tendenzen zu überprüfen. Die Berichte und Beiträge zu dieser Tagung bilden die Grundlage für die vorliegende Veröffentlichung.

Im ersten Teil bringt der Band Berichte aus dem Alltag der Jugendarbeit unter den unterschiedlichsten lokalen, institutionellen und politischen Bedingungen; Berichte, geschrieben von Praktikern der Jugendarbeit *für* Praktiker. Sie verdeutlichen in unterschiedlicher Weise das antifaschistische

Engagement der Jugendarbeiter und Jugendbildner, Jugendliche zur Auseinandersetzung mit dem historischen Faschismus und der nicht bewältigten Vergangenheit nach 1945 zu motivieren. Vorgestellt werden alternative Stadtrundfahrten, Ausstellungsprojekte, antifaschistische Stadtspiele, Seminarerfahrungen, Lernmöglichkeiten beim Besuch von KZ-Gedenkstätten.

Im zweiten Teil des Bandes werden die Praxisberichte aus wissenschaftlicher und theoretischer Perspektive kommentiert und ergänzt durch Reflexionen zur Didaktik und Methodik einer Auseinandersetzung mit rechtsradikalen Tendenzen.

Der dritte Teil bringt dann Arbeitshilfen, die den Praktikern Anregungen und Hinweise für entsprechende Aktivitäten geben können.

Wir hoffen, daß die hier vermittelten Erfahrungen, die Reflexionen und die Anregungen dazu dienen können, daß die Jugendarbeit in verstärktem Umfang und mit entsprechender Qualifikation ihren Beitrag leisten kann, um ein Wiederaufleben des Faschismus zu verhindern.

Benno Hafeneger / Gerhard Paul / Bernhard Schoßig

Erster Teil:
Erfahrungen und Beispiele

Karin Wienberg / Frank Düchting

»Neonazis – geht uns das was an?«
Politische Themen in der offenen Jugendarbeit

In der Diskussion um die offene Jugendarbeit wird immer wieder betont, wie wichtig und adäquat diese Form der Jugendarbeit gerade für Arbeiterjugendliche sei. Viele Pädagogen beklagen sich aber auch über eine zunehmende Langeweile, über die Schwierigkeit, stärker themenbezogen zu arbeiten, pädagogisch-politische Arbeit sei nur selten möglich. Viele begnügen sich damit, offene Jugendarbeit an sich schon als politisch zu definieren, weil sie *für* die Jugendlichen sei.
Wir haben in der offenen Jugendarbeit mit Arbeiterjugendlichen die Erfahrung gemacht, daß politische Themen aus dem Alltagsbereich durchaus in den offenen Bereich passen, vorausgesetzt, sie machen Spaß. Kopflastige, bis ins Detail geplante Sachen, interessieren diese Jugendlichen wenig. Weiß man jedoch als Mitarbeiter, wie die Jugendlichen leben, was sie interessiert, wofür sie sich begeistern können, kennt man also ihre Lebenswelt und sie selbst, wird man auch praktische Möglichkeiten zur Thematisierung politischer Probleme im offenen Bereich finden.
Der Club der Timotheus-Gemeinde in Hamburg-Horn, einem Stadtteil, in dem vorwiegend Arbeiterfamilien leben, existiert schon zwölf Jahre. So ziemlich alle Strömungen der Jugendarbeit haben auch Eingang in die Arbeit gefunden. Heute findet die offene Jugendarbeit durchschnittlich an vier Tagen die Woche statt, nachmittags mit jüngeren, abends mit Jugendlichen ab 15 Jahre. Wir machen alles, was in der offenen Arbeit so üblich ist: Massendisco, Spielen, Klönen, hin und wieder mal Werken, Ausflüge, Fahrten, Versuche von Gruppenarbeit (Mädchengruppe, Aktionsgruppen zu bestimmten Anlässen, Gitarrengruppen), und unternehmen immer wieder Anstrengungen, uns was Neues einfallen zu lassen.

Projektvorbereitung, oder: »Das läuft schon, laß man!«

Schon längere Zeit hatte das Team über rechtsradikale Tendenzen in der Hamburger Szene diskutiert, hatte auch von den Timo-Jugendlichen hin und wieder von Zusammenstößen mit Neonazis erfahren und wollte dieses Thema nun in die Arbeit einbringen. Wir waren uns klar darüber, daß man im offenen Bereich nicht viel mehr als Anstöße und Informationen geben kann. Aber es war uns auch wichtig, deutlich gegen diese rechtsradikalen Tendenzen Stellung zu beziehen und den historischen Zusammenhang zum Faschismus aufzuzeigen.

Zur Vorbereitung der Aktionen konnten wir eine Gruppe Jugendlicher gewinnen, die, im Alter von 16 bis 20, aus dem offenen Bereich der Arbeit herausgewachsen war, sich aber noch regelmäßig zum Klönen und Spielen traf. Diese Gruppe hatte schon öfters Interesse für inhaltliche Arbeit angemeldet und war für dieses Thema zu begeistern. Während der zweimonatigen Vorbereitungszeit war die Fluktuation der Gruppe recht groß, und die Kontinuität der Arbeit mußte zeitweilig von uns Teamern hergestellt werden. Die Jugendlichen arbeiteten fast alle und waren abends entsprechend oft abgeschlafft. Im Nachhinein beurteilten sie unser Engagement positiv und fühlten sich dadurch nicht bevormundet. Die Zusammenarbeit zwischen uns und der Gruppe war insgesamt sehr konstruktiv, wenngleich wir viele Sachen sehr viel genauer durchgeplant hätten, entsprechend unserem sonstigen »Planungsverhalten«. Dabei hätten die Jugendlichen aber nicht mitgemacht. »Das läuft schon«, meinten die Jugendlichen häufig, wenn wir alles nochmal durchsprechen wollten, weiter ins Detail gehen wollten. Gerade in Punkto Risikofreudigkeit haben wir einiges von den Jugendlichen gelernt. Um die Jugendlichen langfristig auf die Veranstaltungsreihe vorzubereiten, hatten wir eine Wandzeitung in Comicform zu dem Thema Neonazis erstellt, die drei Wochen vor der Veranstaltung im Club aushing (ein Ausschnitt daraus auf der folgenden Seite).

Alternative Stadtrundfahrt oder »Die haben einen ja totgeredet«

Erste Attraktion der Veranstaltungsreihe des Timo-Jugendclubs war eine Stadtrundfahrt. Diese »Alternative Stadtrundfahrt zu Stätten des Hamburger Widerstandes« wird vom Landesjugendring in Zusammenarbeit mit der Vereinigung der Verfolgten des Naziregimes (VVN) veranstaltet.[2] Die

TIMO JUGENDCLUB

lädt ein:

Geht uns das was an?

Einige Timoleute haben ein Programm vorbereitet mit dem sie euch informieren wollen.

Hier nun die Veranstaltungen:

So. 13.1.80: 13⁰⁰	Stadtrundfahrt
Do. 17.1.80: 19⁰⁰	Theater, Aktionen Infoabend im Club
Do. 24.1.80: 19⁰⁰	Film über Neonazis
Sa. 26.1.80: 11⁰⁰	Planspiel (im Gemeindehaus)

Wenn diese Veranstaltungen vorbei sind, könnte in einer Gruppe an diesem Thema weitergemacht werden.

Jawoll!

Ich komm mit bei der Stadtrundfahrt

____
Vor + Zuname

Bitte am Tresen oder bei Christian abgeben

Timo-Gemeinde und die benachbarte Kreuzkirchen-Gemeinde Schiffbek hatten zwei Busse gemietet, die auch gut besetzt waren.
Uns war es wichtig, mit dieser Rundfahrt ein deutliches Zeichen unsererseits für die nachfolgenden Veranstaltungen zu setzen: Hier geht es gegen Neo-Faschisten und Faschismus! Das wurde von den Jugendlichen auch akzeptiert. Nicht zuletzt der Erlebnisaspekt, den eine solche Rundfahrt hat, war auch ein Grund, sie an den Anfang zu setzen.
Zunächst muß festgehalten werden, daß das Interesse überaus groß war – es kamen immerhin 100 Jugendliche und ehrenamtliche Mitarbeiter. Klar war uns auch, daß für viele Jugendliche der kommunikative Aspekt einer solchen Rundfahrt weit vor den Inhalten steht, mit denen sie so ohne weiteres nichts anfangen können. So kamen viele jüngere in erster Linie, weil am Sonntagnachmittag »zu Hause eh nur Nerv angesagt ist« und weil die Freunde eben auch mitfahren: »in der Timo ist Sonntag was los!« Diese Einschätzung trifft gewiß für einen Teil der Jugendlichen, vor allem die Jüngeren, zu, die überwiegende Zahl wird sich aber doch aus inhaltlichen Gründen für die Teilnahme entschieden haben.
Die Führung durch Mitglieder der VVN ging allerdings an vielen Jugendlichen und auch an Erwachsenen vorbei. Die Führer platzen vor Informationen. Sie haben sich lange mit den Ereignissen beschäftigt, sie zum Teil selbst erlebt und können zu jedem Detail unheimlich viel erzählen. Dazu geben sie einen Kurzabriß des gesamten Faschismus. Für jemanden, der Bescheid weiß, der sich mit der Geschichte intensiv beschäftigt hat, sind diese vielen Informationen vielleicht gerade noch verdaulich. Aber für die Arbeiterjugendlichen, die höchstens bis zur 9. Klasse in die Schule gegangen sind, im Fach Geschichte den Faschismus nur gestreift haben, muß eine ganz andere Didaktik angewandt werden, will man ein gewisses Interesse der Jugendlichen für diese Dinge erreichen. Von selbst stellt sich dieses Interesse nicht ein, denn für sie ist kein greifbarer Bezug zu ihrer eigenen Situation herstellbar, und Arbeiterjugendliche lernen nun mal nicht primär über die abstrakte verbale Wissensvermittlung. Anstatt dreistündiger, fast ununterbrochener Reden, wäre es sinnvoller, an zwei bis drei markanten Punkten stärker erlebnisorientiert über die Naziherrschaft zu informieren. So schalteten viele Jugendliche nach einiger Zeit ab und machten durch

entsprechende »Störungen« auch auf diese Überforderung aufmerksam.
Die in Hamburg praktizierte Konzeption der Stadtrundfahrt ist eher für Gruppen geeignet, die die Möglichkeit zur Vor- oder Nachbereitung haben. Als Einzelaktion in der offenen Jugendarbeit, in der das Freiwilligkeitsprinzip Vorrang hat, ist die Rundfahrt nicht sinnvoll. Wir hatten sie allerdings als Auftakt der Veranstaltungsreihe gedacht und die Nacharbeit gewissermaßen in den nachfolgenden Veranstaltungen gesehen.
Trotz der Kritik, die beim anschließenden gemeinsamen Kaffeetrinken, wozu noch rund 80 Prozent der Jugendlichen dageblieben waren, deutlich geäußert wurde (»Die haben einen ja totgeredet«; »es ging alles viel zu schnell«; »wie soll man das denn alles behalten«), hatten wir den Eindruck, daß die Rundfahrt ganz gut angekommen war. Was sicher hängengeblieben ist, ist die Tatsache, daß es in Hamburg überhaupt Widerstand gegen die Nazis gegeben hat, eine Tatsache, die sie von ihren Eltern bisher kaum gehört hatten. Pauschal gesehen, glauben wir, daß die Rundfahrt also doch ein guter Einstieg gewesen ist; wäre sie ein totaler Reinfall gewesen, wären wahrscheinlich die meisten Jugendlichen nicht mehr zu den folgenden Veranstaltungen gekommen.

Der Info-Abend oder: »Es war überraschend viel los«

Dieser Abend hatte verschiedene Elemente:
- eine umfangreiche Wandzeitungsausstellung,
- ein kurzes selbsterdachtes Theaterstück,
- eine Fragebogenaktion zum Thema Neonazis,
- Büchertisch, Infomaterial und Gespräche.

Die Wandzeitungen, die den ganzen Raum dekorierten, waren nur zum Teil von uns selbst gemacht worden. Wir hatten Glück und kannten Lehrer der benachbarten Gesamtschule, die mal eine größere antifaschistische Ausstellung mit Schülern erarbeitet hatten. Diese Ausstellung konnten wir ausleihen, sichten und das entnehmen, was für uns gut erschien. Es wäre kaum zu leisten gewesen, eine ähnlich gute Ausstellung selbst zu machen, die Zeit und wahrscheinlich auch die kontinuierliche Motivation hätten der Vorbereitungsgruppe gefehlt. Aber immerhin haben wir einige Sachen schon selbst gemacht. So z. B. eine Wandzeitung über die Neonazigruppen in Hamburg, ihre Publikationen und ihre Ideologie. Insgesamt gliederte sich die Ausstellung in folgende Bereiche:

– Neonazis (allgemeine Informationen / Gruppen in Hamburg / Aktionen / Presseberichte / Publikationsbeispiele / Dokumentationen),
– antifaschistischer Widerstand heute (Plakate verschiedener Antifa-Initiativen / Landesjugendringplakate zu Antifaveranstaltungen / allgemeine Informationen / Informationen über den Stadtteil);
– Faschismus (Bilder und Aussagen über die Naziherrschaft);
– Konzentrationslager (Informationstafeln zu verschiedenen KZs);
– Frauen im Faschismus (Bilder und Beschreibung über die Situation der Frau im III. Reich).

Die Tafeln über die Konzentrationslager hatten wir reingenommen, um einen Kontrapunkt zu der dargestellten »Millionen-Lüge« der Neonazis zu bilden, das Thema »Frauen« deshalb, weil es eine Mädchengruppe bei uns gibt, und weil dieser Aspekt in den üblichen Faschismus-Darstellungen häufig vernachlässigt wird.
Wir konnten beobachten, daß vor allem die Informationen über den Alltag von Jugendlichen im Dritten Reich (Sport, HJ-Organisation usf.) besonders interessiert von den Jugendlichen aufgenommen wurden, wahrscheinlich, weil sie darüber bislang wenig oder gar nichts in der Schule erfahren hatten. Eine Wandzeitungsausstellung bietet darüber hinaus den Vorteil, daß die Jugendlichen sich informieren können, ohne nach ihrem Wissen befragt zu werden. Aus diesem Interesse für Faschismus könnte man durchaus mehr machen.

Das Theaterstück oder: »Bei uns in der HJ hätte es so was nicht gegeben!«

Das Theaterstück wurde von der Vorbereitungsgruppe selbst erdacht. Streng genommen war es eher ein umfangreicheres Rollenspiel, ohne Requisiten, frei gespielt und zu einem großen Teil improvisiert. Sinn des Stückes sollte die Darstellung

der Uninformiertheit vieler Jugendlicher sein, wenn es um Faschismus und Nazis geht. Dahinter steckte die Meinung der Vorbereitungsgruppe, daß jemand, der über Faschismus aufgeklärt ist, für Neonazis nicht anfällig sei. Wir haben über diese, unserer Meinung nach etwas verkürzte Aussage in der Vorbereitung gesprochen, und die Jugendlichen verstanden auch unsere Einwände, daß Jugendliche auch aus anderen Gründen, nicht nur wegen mangelnder Aufklärung, zu den Neonazigruppen gehen; aber sie wollten diesen Aspekt im Vordergrund wissen.
Das Zustandekommen des Stücks ist bezeichnend für die ganze Art der Vorbereitung, in der vieles offen blieb. So wurde das Stück bis zur Aufführung nie ganz durchgespielt. Es wurden immer nur einzelne Szenen geprobt. Und wenn wir Teamer dann nochmal das Ganze im Zusammenhang sehen wollten, winkten die Jugendlichen ab: »Das läuft schon, laß man!« Und es lief wirklich – besser, als wir uns das vorgestellt hatten.
Das Stück traf in seiner Aussage und in seiner Darstellung die reale Lebenssituation der Zuschauer. Da wurden Familien- und Schulszenen gespielt, wie sie alle kannten. Und es wurde gespielt von Leuten, die sie auch kannten, denen sie das Gespielte abnahmen. Die Jugendlichen waren sehr gespannt auf das Stück. Als es dann losging, gab es keinen, der meckerte oder nicht zuhören wollte. Auch während des Spiels machten sie in Reaktionen und Kommentaren engagiert mit.
Das Theaterstück behandelte die Situationen eines ganz normalen Jugendlichen, der bisher nichts oder wenig von der Zeit des Dritten Reiches gewußt hat und nun anfängt, sich dafür zu interessieren. Bei seinen Bemühungen muß er allerdings feststellen, daß eigentlich niemand so recht seinem Informationsbedürfnis nachkommen will. So beschließt er schließlich, sich anderswo zu informieren. Das Theaterstück hatte mit Neonazis insofern zu tun, als eine Verbindung von der Uniformiertheit der Jugend über den Faschismus zu dem Mitläufertum bei Neonazigruppen unterstellt oder zumindest für möglich gehalten wurde. Im Stück selbst kommen solche Gruppen nicht vor. Das Stück dauerte knapp 20 Minuten. Es spielten etwa zehn Jugendliche mit.

1. Szene: Vater und Mutter sitzen am Tisch. Sie warten auf ihren Sohn, der mal wieder zu spät kommt. Da der Vater reichlich genervt ist, beschimpft er den Jungen, weil der immer noch keine Lehre gefunden hat, zu Hause und in Kneipen rumhängt und vergammelt aussieht. »Bei uns in der HJ hätte es sowas nicht gegeben« – eine zentrale Aussage des Vaters. Im Streit trennt sich die Familie.

2. Szene: Es ist kurze Zeit nach dem Essen. Der Jugendliche trifft sich mit seinem Freund und erzählt ihm über den gerade hinter ihm liegenden Trouble mit seinen Alten. Dabei kommt raus, daß er mit den Sprüchen seines Vaters (HJ) nichts anzufangen weiß. Sein Freund ist ganz erschrocken über soviel Unkenntnis und weckt im Gespräch das Interesse des Jugendlichen, sich für die Dinge unter Hitler mehr zu interessieren (Infomöglichkeit in der Timo).

3. Szene: Schule – Geschichtsunterricht. Es droht wieder mal eine nervige Geschichtsstunde zu werden. Der Jugendliche erinnert sich an sein Gespräch mit dem Freund und bittet den Lehrer, doch mal etwas über die HJ zu erzählen. Obwohl der Lehrer stoffmäßig noch beim Zweiten Weltkrieg ist, will er sich mit dem HJ-Thema nicht mehr beschäftigen. Das sei schon lange dran gewesen, und wenn eben nicht aufgepaßt wird, könne man nicht alles dreimal wiederholen. Jetzt müsse es im Unterricht weitergehen. Die anderen Mitschüler unterstützen den Jugendlichen nur teilweise. Viele sind auch bei seinem Vorschlag eher desinteressiert, was dem Lehrer in seiner Ablehnung zugutekommt. Es wird deutlich, daß der Lehrer sich nicht unbedingt mit dem Thema HJ beschäftigen will, daß der Jugendliche diesen Teil verschlafen hatte und der Lehrer nicht bereit ist, sich auf diese »Störung« einzulassen.

4. Szene: Jugendlicher und seine Mutter in der Küche. Der Sohn fragt seine Mutter über das, was der Vater da neulich gesagt hatte und wie das denn so war damals. Die Mutter geht aber gar nicht weiter auf ihn ein. Für sie sei dieses Thema erledigt, sie wolle mit Politik nichts mehr zu tun haben. Das sei doch alles vergangen und vergessen. Es sei doch viel wichtiger über die Zukunft, vor allem über die Zukunft des Jungen, über die Lehre und so zu sprechen. Auch hartnäckiges Nachfragen des Sohnes bringt ihm keine neuen Informationen.

5. Szene: In dieser letzten Szene führt sich der Jugendliche noch einmal vor Augen, was er nun eigentlich weiß. Dabei hat er zur Linken das schlechte, zur Rechten das gute »Gewissen«. Beide Teile streiten sich nun über die Richtigkeit der Informationen. Der Jugendliche weiß nun gar nicht mehr, was los ist.
– Auf der einen Seite hört man: Hitler war doch gut, da konnte man sich als Frau noch nachts allein auf die Straße traun. Überhaupt: den Frauen ging es sehr gut unter Hitler.
– Auf der anderen Seite hört man dann: Von wegen. Kriminalität gab es im Faschismus auch nicht weniger. Und wie die SA-Leute mit den »nichtarischen« Frauen umgegangen sind, war schlimm. Und überhaupt: die Frauen waren die reinsten Gebärmaschinen. Wer möglichst viele »kleine Soldaten« für die großartige Armee produzierte, bekam dafür sogar noch einen Orden.
– Auf der einen Seite hört man: Aber Hitler hat doch die Autobahnen gebaut und die Arbeitslosigkeit beseitigt.

– Auf der anderen Seite hört man aber: Die Arbeitslosigkeit ging auch schon vor der Machtübernahme der Faschisten 1933 zurück. Die große Weltwirtschaftskrise war weitgehend überwunden. Und dann ist es ja auch kein Wunder, daß es weniger Arbeitslose gab. Wenn ein Staat innerhalb von sechs Jahren so aufrüstet, um einen Weltkrieg anzufangen und alle anderen Bereiche dem untergeordnet sind, dann soll es wohl keine Arbeitslosen mehr geben. Dafür gab es aber keine Gewerkschaften mehr, keine Lohnerhöhungen, sogar Lohnverschlechterungen – es war ja alles für den Führer. Der größte Witz ist aber, daß Hitler die Autobahnen baute – den möchte ich mal mit 'ner Schaufel in der Hand gesehen haben.
– Auf der einen Seite hört man dann auch noch: Aber Hitler hat doch für Ruhe und Ordnung gesorgt.
– Und auf der anderen Seite dann dies: Ruhe und Ordnung waren Mord, Terror, Gewalt, Vernichtung und Vertreibung Andersdenkender, Konzentrationslager, staatliche Willkür und so weiter. Schöne Ruhe und Ordnung!
Da der Jugendliche nun vollends verwirrt ist, und diesem Streitgespräch nicht viel Endgültiges entnehmen konnte, beschließt er, mal in die Timo zu gehen. Die machen da gerade was über Neonazis. Vielleicht können die einem mal 'ne vernünftige Auskunft geben – so geht das jedenfalls nicht weiter.

Da das Stück so gut ankam, war eigentlich beabsichtigt, im Anschluß an den Film noch ein kurzes Stück zum Thema »Neonazis« zu machen. Aber obwohl wir drängten, klappte es nicht. Das war dann wohl doch zu viel. Einmal Theater reicht, und der Film ist schon stark genug.
Abschließend kann man wohl sagen, daß Jugendliche sehr gerne solche Rollenspiele machen. Wenn sie sich für das Thema echt interessieren, wird das Stück inhaltsreich, lebendig und wirklichkeitsnah.
Übrigens: der Club war an diesem Abend gedrängelt voll. Rund 70 Leute waren da. Es war überraschend viel los.

Fragebogenaktion oder: »Die haben Bock auf Hitler!«

Die Vorbereitungsgruppe hatte einen Fragebogen ausgearbeitet, der die Meinungen und Kenntnisse der jugendlichen Besucher zum Thema Neonazis erforschen sollte. Wer so einen Fragebogen ausfüllte, bekam dafür eine Plakette »Horner gegen Nazis.«
Wir waren einfach der Meinung, daß die Jugendlichen sich über die Plaketten freuen, daß sie den Fragebogen zwar vielleicht auch so ausgefüllt hätten, daß sie es mit dem Anreiz der

Plakette aber eher tun. Und um die Fragebögen ging es uns primär. Zudem fanden wir es gut, wenn möglichst viele Jugendliche mit einer so deutlichen Plakette rumlaufen. Einige Jugendliche tragen sie übrigens heute noch.

Die Fragen lauteten:
1. Was weißt du von Neonazigruppen?
2. Hast du selbst oder Freunde von dir schon mal Kontakt mit solchen Leuten gehabt?
3. Hältst du es für wichtig, daß wir uns mit dem Thema Neonazis beschäftigen?

Dazu der Text:
»Schreibt bitte die Antworten auf und gebt den Zettel wieder ab, weil wir daraus fürs nächste Mal eine Wandzeitung mit den verschiedenen Meinungen machen wollen. Zum Dank für Eure Beteiligung erhaltet ihr eine exklusive Plakette!«

Nach etwas zögerndem Beginn kam es zu zahlreichen lebhaften Gesprächen, sowohl zwischen den Interviewpartnern als auch sonst in kleinen Gruppen. Jüngere hörten die Erlebnisse der Älteren, die diese mit Neonazis gehabt hatten. Das Thema wurde überall aufgegriffen und damit war unsere Absicht, dieses Thema clublöffentlich aufzugreifen und parteilich darzustellen, gelungen.
Die Auswertung der Fragebögen, die auf der nächsten Veranstaltung auf einer großen Wandzeitung präsentiert wurde, war für uns alle sehr interessant. Wir hatten nicht erwartet, daß relativ viele Jugendliche schon mal Kontakt mit Neonazis gehabt hatten (ca. 25 Prozent) und daß ebenfalls viele recht klare Meinungen zu dem Thema hatten.

Auswertung des Fragebogens (44 Bögen wurden abgegeben):

1. 25 wissen was von solchen Gruppen, 19 wissen nichts darüber. Kommentare zu der Frage »Was weißt du von Neonazigruppen?«:

»Sind Gruppen mit Spaß am Abenteuer«; »treten militant auf«; »verprügeln Leute, die anderer Meinung sind«; »sind intolerant«; »wollen autoritäres Gesellschaftssystem aufbauen«; »der einzelne hat dann keine Entfaltungsmöglichkeit mehr«; »treten ohne viel nachzudenken für Faschismus ein«; »haben Bock auf Hitler«; »was sie machen, ist falsch«; »kein Verständnis dafür – sind Idioten!« »toben ihre Aggressionen ähnlich wie Rocker aus«; »marschieren mit Hakenkreuzen durch die Straßen«; »verprügeln kommunistische Zeitungsverkäufer«.

2. Bisher haben 32 keinen Kontakt gehabt und 10 haben schon mal Kontakt gehabt.
Bemerkungen zur Frage: »Hast du schon mal Kontakt gehabt?«: »leider«; »immer, wenn wir ihnen auf die Glocke gehauen haben«; »Kontakt nicht, aber Ärger!«; »in der Schule«; »in Lurup« (einem Stadtteil, in dem eine Antifademo stattfand); »mit der Michael-Kühnen-Gruppe«; »mit einem von der Wiking-Jugend«; »nee – bloß nicht!«; »bei einer Demo gesehen«; »in der Gesamtschule sind Linke, die schon Zusammenstöße mit Neonazis hatten«.

3. Auf die Frage: »Hältst du die Beschäftigung mit dem Thema für wichtig?« antworteten 29 mit »ja«, 4 mit »weiß nicht« und 6 mit »nein«.
Bemerkungen: »für die, die nichts wissen«; »nur für Interessierte«; »die Neonazis stellen keine Gefahr dar – ignorieren am besten!«; »etwas tun gegen solche, die andere unterdrücken!«; »nicht nochmal Hitler«; »in Gruppen sind sie gefährlich – genau wie Linke«.

Filmabend oder: »Gibt es einen Film, der action bietet?«

In der Vorbereitungszeit haben wir, die Hauptamtlichen, uns alle Filme, die wir zum Thema bekommen konnten, angesehen und dabei selbst eine Menge gelernt.
Gesucht wurde ein Film, der über Neonazis informiert und gleichzeitig auch »action« bietet, in dem nicht nur »gelabert« wird. Die Videofilme schieden deshalb aus, weil wir mit mehr als 50 Leuten rechneten und Fernsehen mit sovielen Leuten leicht nervig ist. Schließlich haben wir uns für »Wotans Erben« entschieden, der als 16 mm-Farbfilm bei der Landesbildstelle auszuleihen ist. Ein kurzes Wort zum Film: Den Inhalt wollen wir hier nicht wiedergeben, aber einige kritische Anmerkungen. Der Film bietet natürlich nicht die »action«, die die Jugendlichen von Western und ähnlichen Filmen gewohnt sind, aber das macht auch nichts. Wichtiger ist, daß der Film der Darstellung der verschiedenen Neonazigruppen recht breiten Raum gibt, ohne jedoch kritisch auf sie

einzugehen. Der Film ist eher für Leute gemacht, die schon über einen gewissen Hintergrund verfügen, der sie die Ideologie der Neonazigruppen kritisch einschätzen läßt. Für Leute aber, die diesen Hintergrund nicht haben, wird kaum eine klare Kritik an diesen Gruppen geübt. Zeigt man diesen Film also, müssen andere Dinge gleichzeitig laufen: Vorbereitung, Diskussion hinterher. Wir glaubten, den Film deshalb zeigen zu können, weil durch die bis dahin gelaufenen Informationen genügend Hintergrundinformationen bei den Jugendlichen angekommen sein müßten.
Die Filmvorführung war sehr gut besucht, rund 80 Leute füllten den Raum. Interessant zu beobachten war, daß der Film, obwohl er eben nicht den Sehgewohnheiten der Jugendlichen entsprach, aufmerksam verfolgt wurde. Entsprechend ihrer Eigenart wurde er während der Vorführung laut kommentiert und die Jugendlichen regten sich über bestimmte Sachen, Meinungen der Leute im Film usw. auf. Dabei äußerten sich auch Jugendliche, von denen man sonst wenig zu hören bekommt, die selten eine Meinung zu haben scheinen.
Das bestätigte unsere Vermutung, daß die bisher gelaufenen Informationen am Infoabend und durch die Stadtrundfahrt doch einiges gebracht haben. Diese Vorbereitung hatte in bezug auf den Film ermöglicht, daß das vorhandene grundsätzliche Interesse der Jugendlichen, Filme zu sehen, genutzt werden konnte. Ohne die Einbindung in die Veranstaltungsreihe wären sicher nicht so viele Jugendliche gekommen oder hätten mehrere während der Vorführung den Saal verlassen, weil sie eben einen Film nach ihrer Gewohnheit, nicht aber einen inhaltlichen, politischen Film erwartet hätten.
Die Diskussion nach dem Film war nicht mehr so wichtig. Dort fanden sich eher redegewandtere Gymnasiasten zusammen, die »normalen« Timo-Besucher hatten ihre Meinung während des Films geäußert und gingen in den Club, wo informell am Tresen und beim Spielen und Klönen das Thema noch dran war.
Die Diskussion, das sei noch kurz erwähnt, ging vor allem auf die Fragen ein: Warum gehen Jugendliche in solche Gruppen? Was kann man tun, um attraktivere Angebote als die Neonazigruppen zu machen? Was hat die Jugendarbeit bisher falsch gemacht? Fragen, zu denen man sich vielleicht einmal einen guten Spielfilm wünschen würde, der gerade in der Arbeit mit Arbeiterjugendlichen einsetzbar ist.

Das Planspiel fiel ins Wasser

Wir, die Teamer, waren in der Vorbereitung ausgesprochen skeptisch, ob die Durchführung des Planspiels wohl gelingen könnte. Denn man konnte den Jugendlichen ja nicht verraten, worum es im Spiel gehen sollte, man konnte ihnen also nur sehr allgemeine Informationen als Anregung geben. Dann glaubten wir auch, daß es sie etwas abschrecken würde, den ganzen Tag lang selbst was zu tun. Bisher war die Veranstaltungsreihe eher auf passive Beteiligung aufgebaut. Hier sollte man nun selbst aktiv werden. Aber die Vorbereitungsgruppe wollte das Planspiel unbedingt durchziehen. Sie hatten ein solches Spiel selbst auf einem Seminar erlebt und dachten, daß ihre Begeisterung dafür auch auf die anderen überspringen müßte. Nach längeren Debatten, die fast immer im berühmten »Das läuft schon« endeten, beschlossen wir dann, dieses Spiel durchzuführen. Doch: Das Spiel fand nicht statt, weil viel zu wenig Leute gekommen waren, um die Spielgruppen einigermaßen ausreichend zu besetzen. Für uns Teamer kein Grund zu falscher Rechthaberei. Da diese Aktion aber zum Abschluß einer bisher sehr gelungenen Veranstaltungsreihe stand, war kaum Frust bei den Vorbereitern zu spüren. Insgesamt war eben alles ganz gut gelaufen, besser als erwartet.

Nachbemerkung: Politische Themen in der offenen Jugendarbeit

Die hier vorgestellte Veranstaltungsreihe kann sich sicher nicht mit anderen, größer angelegten Projekten messen, vor allem auch nicht in bezug auf Originalität. Es sind ja auf den ersten Blick vergleichsweise einfache Dinge, die wir gemacht haben. Doch das Interessante und vielleicht auch Besondere ist der Rahmen der Veranstaltungsreihe: die offene Jugendarbeit. Allen, die diese Arbeit aus der praktischen Erfahrung kennen, ist sicher verständlich, was es bedeutet, solch ein Projekt mit politischem Inhalt über drei bis vier Veranstaltungstermine durchzuziehen, ohne daß die Leute wegbleiben, ja, sogar mit steigenden Besucherzahlen und während der Zeiten und an dem Ort, in dem sonst der offene Betrieb stattfindet. Abschließend können wir wirklich sagen: Das,

was wir wollten, haben wir erreicht. Hier sind Erfahrungen für weitere Aktionen gewonnen worden. Dabei sind wir uns darüber klar, welche begrenzten Auswirkungsmöglichkeiten eine solche Art politischer Bildung im Freizeitbereich hat, wissen wir doch aus den verschiedenen Theorien zur Jugendarbeit und aus einzelnen Untersuchungen, daß Erfahrungen im Freizeitbereich von weit weniger prägender Auswirkung sind als Erfahrungen im Produktionsbereich und in der familialen Sozialisation. Doch glauben wir, daß auch in der offenen Arbeit Anregungen, Informationen und Anstöße gegeben werden können und sollten.
Wir wissen sehr wohl, daß wir wenig Einfluß auf die politische Bewußtseinsbildung der Jugendlichen in bezug auf die Einschätzung von Neonazis und rechtsradikalen Jugendlichen nehmen können. Auch sind wir uns darüber im klaren, daß wir hier einige Bereiche herausgegriffen haben, die sehr viel ausführlicher und theoretisch besser untermauert, behandelt werden müßten (Faschismus). Dennoch möchten wir mit diesem Beitrag unsere Erfahrungen weitergeben, die Erfahrungen, daß es möglich ist, politische Themen in die offene Arbeit einzubringen, daß das auch Spaß machen kann und gleichzeitig Informationen vermittelt werden können. Es gilt, Schnittpunkte zwischen den Interessen der Jugendlichen und den inhaltlichen Überlegungen für einen Themenkomplex zu finden. Solche Schnittpunkte sind leicht sichtbar, wenn man die Lebenswelt der Jugendlichen wirklich kennt, wenn man in ihren Interessen und Bedürfnissen nicht Defizite sucht, sondern sie ernst nimmt, und wenn man als hauptamtlicher Pädagoge bereit ist, persönlich eindeutig Position zu beziehen, sich mit seiner Meinung, auch der politischen, einzusetzen. Ferner gehört etwas Risikofreudigkeit dazu, etwas Abstand von akademischer »Feinplanung«, Improvisationstalent und vor allem Spaß an der Sache.

Anmerkungen

(1) Das Team bestand aus Projektstudenten des Sozialpädagogischen Zusatzstudiums der Uni Hamburg, Praktikanten, Zivildienstleistenden und den beiden pädagogischen Mitarbeitern. Für die Durchführung des Neonaziprojekts waren dann die Autoren dieses Artikels verantwortlich.
(2) Vgl. den Beitrag von Sigi Pach zu den Hamburger »Alternativen Stadtrundfahrten« in diesem Band.

Autorenkollektiv
Unabhängiges Jugendzentrum Glocksee

Auf den Spuren der Geschichte
Ein antifaschistisches Stadtspiel

Konzeption und Vorarbeiten

Was weißt du über die Zeit des Nationalsozialismus?
Hans: Gar nichts! Kenn ich nicht!
Weißt du was das ist – Nationalsozialismus?
Hans: Nein, hat mir noch nie einer gesagt.
Hast du schon mal was über Hitler gehört?
Hans: Ja, hab ich schon – viel! Der hat den Krieg verloren und dann hat er Deutschland geteilt deswegen. Später ist er abgehauen.
Weißt du denn, wie Hitler an die Macht gekommen ist?
Hans: Nee, weiß ich nicht. Keine Ahnung.
Habt ihr das ganze Thema in der Schule schon mal besprochen?
Hans: Nein, haben wir noch nicht.
Hast du schon mal was über Neonazis gehört?
Hans: Nee, hab ich noch nicht.
Meinst du, Politik sollte man lieber anderen überlassen?
Hans: Ja, find ich besser.

Diese und ähnliche Fragen stellten wir ca. 15 Jugendlichen in unserem Jugendzentrum Glocksee. Wir wollten wissen, was die Jugendlichen, die jeden Tag bei uns sind, über die Zeit des Nationalsozialismus wissen und wie sie darüber denken. Die obigen Antworten, die wir von einem Tonband abgeschrieben haben, sind leider keine Ausnahme. Später, in Diskussionen mit Jugendlichen aus anderen Jugendzentren, mußten wir ähnliche Erfahrungen machen. Wir mußten erfahren, daß die Jugendlichen, die wir ansprachen, in einem erschreckenden Ausmaß geschichtliche »Analphabeten« waren: Entweder sie wußten so gut wie überhaupt nichts zu dem Thema zu sagen, oder es hatten sich – aufgrund von Fehlinformationen – falsche Einstellungen bei ihnen geprägt. Obwohl die wenigsten Jugendlichen eine offene Zuneigung für neonazistische Gruppen zeigten, deuten viele Äußerungen auf ein faschistoides Alltagsbewußtsein hin (Kanacken raus!).
Wir fragten uns, wie diese Jugendlichen eine erneute faschistische Gefahr erkennen, geschweige denn verhindern sollen? Gleichzeitig fragten wir uns, wie das kommt, daß so viele Ju-

gendliche über das jüngste Kapitel deutscher Geschichte so wenig Bescheid wissen und wie man das verändern kann.
Das war die Situation, als wir uns überlegten, welchen Beitrag wir als Jugendzentrum zu den beiden antifaschistischen Wochen, die vom 22. 9.–6. 10. 79 unter dem Motto »Rock gegen Rechts« in Hannover liefen, leisten können.
Klar war, daß zu einem allgemeinen Informationsabend nur wenige Jugendliche kommen würden. Wir mußten also eine lebendige Form der Aufklärung finden, mußten irgendwie Interesse und Betroffenheit wecken. Wir durften nicht Schule im Jugendzentrum praktizieren, sondern mußten eine Form des politischen Lernens entwickeln, die dem Freizeit- und Erlebnisbedürfnis der Jugendlichen angepaßt ist und nicht zuletzt auch Spaß macht!
Irgendwann kam dann jemand auf die Idee mit dem Stadtspiel. Eigentlich ist es mehr ein Reporterspiel. Die Beteiligten sind nicht Konsumenten von Zahlen, Daten und bestimmten Meinungen, sondern entdecken ihre Geschichte selbst! Die Jugendlichen sind Reporter, Interviewer und Sherlock Holmes in einem. Ihre Kulisse ist die Stadt, in der sie wohnen, die Straßen, durch die sie vielleicht jeden Tag gehen. Die Geschichte dieser Straßen und dieser Stadt wird ihnen nicht wohlaufbereitet serviert, sondern erwacht in dem Maße zu neuem Leben, wie unsere Reporter sie erforschen.
Sowohl bei der Vorbereitung als auch bei der Durchführung des Spiels war manchmal tatsächlich kriminalistischer Spürsinn erforderlich. Denn die Zeugen der Geschichte, die wir entdecken und zum Sprechen bringen wollten, waren häufig kaum mehr aufzufinden. Zufall?
Ist es wirklich Zufall, wenn es in Hannover kein einziges Museum gibt, das Jugendliche über die Zeit des Nationalsozialismus aufklärt und daß in der Abteilung für Stadtgeschichte des Historischen Museums die Zeit von 1933–1945 schlicht fehlt? Ist es wirklich Zufall, wenn die Stadtbüchereien noch keine eigene Abteilung über diese Zeit und dieses Thema eingerichtet haben? Ist es wirklich Zufall, wenn die wenigen Mahnmale faschistischen Terrors, die ja eigentlich die nachfolgenden Generationen wachrütteln sollten, unbeachtet im Abseits liegen? Und schließlich: Soll man noch an Zufall glauben, wenn viele Jugendliche uns berichteten, daß sie bis heute nicht oder nur völlig unzureichend über das Thema Nationalsozialismus in der Schule unterrichtet wurden?

Wir glauben das inzwischen nicht mehr. Wir glauben vielmehr, daß es einen Zusammenhang gibt zwischen unseren anfangs zitierten »historischen Analphabeten« und einer Gesellschaft, die ihre eigene Vergangenheit zukleistert bzw. in einer Weise filtert, daß Jugendliche heute nicht die notwendigen Lehren aus dieser Vergangenheit ziehen können. Unser Stadtspiel ist ein kleiner Versuch, dieses staatlich verordnete Defizit aufzuholen. Wir freuen uns, wenn es einige Leute nachspielen!

Mitarbeiter als Kriminalisten

Als wir mit der Planung des Stadtspiels anfingen, stellten wir mit Erschrecken fest, wie wenig wir selbst über die Zeit des Nationalsozialismus wissen. Wir haben aus dem Buch von Gerda Zorn »Widerstand in Hannover« (Frankfurt 1977) herausgearbeitet, was während der Nazi-Zeit in Hannover an Widerstand, aber auch an Verbrechen gelaufen ist. Um zu testen, ob sich die Planung des Spiels auch in die »Praxis« umsetzen läßt, versuchten wir uns auch als Reporterteam. Dabei machten wir einige interessante Erfahrungen:

1. Es gibt in Hannover verschiedene Straßen, die nach Widerstandskämpfern der Nazi-Zeit benannt wurden. Wir befragten einige Bewohner der Straßen, ob sie wissen, warum die Straße, in der sie wohnen, so heißt. Leider wußte es keine der von uns befragten Personen.

2. Eine Frage im Stadtspiel sollte heißen: »Was war zu der Nazi-Zeit im Polizeipräsidium in der Hardenbergstraße los?« (Zur Nazi-Zeit war dort die Gestapozentrale). Wir gingen zum Polizeipräsidium und fragten einen Beamten, ob wir ein paar Jugendliche vorbei schicken können, die im Rahmen eines Stadtspiels die genannte Frage stellen würden. Der Beamte sagte uns, daß dies keiner wüßte, da die Kollegen so jung sind, daß sie zu dieser Zeit noch nicht im Dienst waren. Trotzdem ging er zu seinem Vorgesetzten, um nachzufragen, ob er vielleicht Auskunft geben kann. Er konnte nicht, und wir wurden von einer Etage und von einem Abteilungsleiter zum anderen gebracht (ein Beamter begleitete uns), bis wir vor der Tür des Polizeipräsidenten standen. Der war dann leider nicht zu sprechen, und uns wurde gesagt, wir sollen eine schriftliche Anfrage machen und an den Präsidenten

schicken. Zur Begründung wurde uns gesagt, nur der Polizeipräsident kann entscheiden, ob solche Auskünfte gegeben werden, da er auch die Verantwortung dafür trägt. Wir haben es dann aufgegeben, da wir das Gefühl hatten, man wollte uns keine Auskunft geben.

3. Wir wußten, daß am Mühlenberg ein KZ-Außenlager gewesen ist und daß eine Mahntafel daran erinnern soll. Wir fuhren also zum Mühlenberg und suchten die Tafel, die direkt bei der »Preußen Elektra« liegen soll. Nachdem uns zwei Passanten den genauen Standort beschrieben hatten, konnten wir sie endlich zwischen hohem Gras entdecken. Die lange Suche nach dem Gedenkstein beschreibt schon sehr gut, wie klein er ist, nämlich einen Quadratmeter groß und etwa 50 cm hoch. Jeder Vorübergehende, der von dem Vorhandensein der Tafel keine Ahnung hat, wird sie also beim Vorbeigehen nicht bemerken. Am Mühlenberg war ein KZ-Außenlager, wo Menschen gefoltert wurden, vor Hunger und Erschöpfung starben oder in andere KZ verschleppt wurden, um teilweise dort dann zu sterben. Heute ist davon nichts mehr zu sehen! Vielleicht ist das sogar Absicht, damit sich keiner mehr an die Brutalitäten der Nazi-Zeit erinnert. Und: Es gab noch mehr KZ-Außenstellen in Hannover: KZ-Stöcken, Ahlem und Misburg. Auch von diesen Außenlagern ist nichts mehr zu sehen und keine Tafel weist darauf hin.

4. Zwei von uns fuhren zum Seelhorster Friedhof, wo eine Mahntafel stehen soll, die an die Massenermordung von mehreren hundert Menschen erinnern soll. Aufgrund der Grausamkeiten, die dort geschehen sind, haben wir eine große Tafel am Eingang des Friedhofes erwartet. Aber die Tafel war nicht am Eingang, und wir liefen fast eine ganze Stunde über den Friedhof und suchten die Tafel. Nachdem uns einige Friedhofsarbeiter den Weg beschrieben hatten, fanden wir die Mahntafel am hinteren Ende des Friedhofes. Wir waren erschüttert, ein so wichtiges Mahnmal an einer Stelle zu finden, wo nur wenige Besucher des Friedhofs vorbeikommen.

5. Am 2. Mai 1945 fand ein Schweigemarsch vom Seelhorster Friedhof zum Maschsee statt. Das Mahnmal, welches heute in der Nähe des Maschsees steht, soll daran erinnern, aber leider geht aus der Inschrift nicht hervor, was damals passiert ist. Auch wird der vorbeigehende Besucher nicht auf die Tafel hingewiesen.

Nach unserer Rundfahrt war unsere Stimmung ziemlich gedrückt. Uns wurde klar, daß nur sehr wenig Menschen über die Nazi-Zeit etwas wissen. Viele haben diese Zeit verdrängt und wollen auch nichts mehr davon wissen. Um so notwendiger schien uns die Aufklärung darüber.

Die Durchführung des Stadtspiels

Die Vorbereitungen waren abgeschlossen. Wir hatten erst zwei Zusagen aus der Glocksee. Nachdem wir in verschiedenen Jugendzentren angerufen hatten, hörten wir, daß kaum jemand Interesse an dem Stadtspiel hatte und dachten, alles fällt ins Wasser. Um so mehr haben wir uns dann gefreut, als um 14 Uhr ca. 40 Jugendliche auf dem Glockseehof versammelt waren. Es bildeten sich fünf Gruppen:

1. *»Die Harenberger«* sind eine Gruppe, die überwiegend aus Lehrlingen besteht, die in Kleinbetrieben arbeiten. Sie haben sich in der Glocksee einen Jugendraum eingerichtet. Gemeinsam mit zwei Mitarbeitern des Unabhängigen Jugendzentrums (UJZ) betreuen sie unser Jugendcafé. Sie kommen fast täglich nach der Arbeit ins Jugendzentrum, und es war relativ leicht, sie für unser geplantes Stadtspiel zu motivieren, zumal sie auch sonst an politischen Fragen interessiert sind.

2. Sehr gefreut haben wir uns, daß fast das gesamte *»Disco-Kollektiv«* mitmachen wollte. Die Schüler und Lehrlinge dieser Gruppe veranstalten einmal in der Woche in Eigenverantwortung die Diskothek des Jugendzentrums. An politischen Problemen zeigten sie bislang wenig Interesse. Eine Rolle spielte sicher, daß sich auch der Betreuer der Gruppe an dem Stadtspiel beteiligte.

3. Die dritte Gruppe bestand aus Mitgliedern des *»Aktivraums«* (Glocksee). Zur einen Hälfte waren es Studenten, die zur Zeit in diesem Bereich ihr Praktikum machen und zur anderen Hälfte 13- bis 14jährige Teenies, die in Hannover eine Sonderschule besuchen. Die beteiligten Jugendlichen hatten bisher noch nie etwas über die Zeit des Faschismus gehört und beteiligten sich an dem Spiel teils aus Neugierde, teils aus Langeweile.

4. Kontakt zu der *»Falken-Gruppe«* bekamen wir durch gemeinsame Aktionen und Veranstaltungen während der vorangegangenen Woche. Die Falken waren aktiv an der Gestaltung der beiden antifaschistischen Wochen beteiligt, und es war klar, daß eine Gruppe bei dem Spiel mitmachen würde. Die meisten Teilnehmer dieser Gruppe waren Schüler im Alter von 14 bis 16 Jahren; sie hatten sich bereits mit der Zeit des Nationalsozialismus auseinandergesetzt.

5. Schließlich kam noch eine Gruppe aus dem *UJZ-Kornstraße*, dem zweiten unabhängigen Jugendzentrum in Hannover. An dieser

Gruppe beteiligten sich noch zwei Schülerinnen, die auf unseren Flugblättern von dem Stadtspiel gehört hatten.

Insgesamt war es also eine nach Alter, Motivation und politischem Bewußtsein sehr bunt gemischte Gruppe, die sich voller Erwartung auf dem Glockseehof eingefunden hatte. Erfreulich war auch, daß sich fast ebenso viele Mädchen wie Jungen an dem Spiel beteiligten. Dabei hat sich gezeigt, daß die wichtigste Voraussetzung für die Teilnahme von Jugendlichen der persönliche Kontakt ist. Die Resonanz wäre sicher noch größer gewesen, wenn wir das Spiel gemeinsam mit Kollegen aus anderen Jugendzentren durchgeführt hätten, die ihrerseits direkten Kontakt zu vielen Jugendlichen haben. Doch für's erste waren wir sehr zufrieden. Das Stadtspiel konnte beginnen!

Jede Gruppe bekam von uns einen Fotoapparat mit Film, einen Kassettenrecorder mit Kassette, einen Schreibblock mit Kugelschreiber, einen Briefumschlag mit den Aufgaben und einen antifaschistischen Stadtplan. Die Gruppen, die eine Mahntafel besuchen sollten, bekamen noch einen Blumenstrauß mit. Die Gruppen, die Hakenkreuze übermalen sollten, Pinsel und weiße Farbe. Wir sagten allen Gruppen, daß es nicht auf Schnelligkeit ankommt, und wir sie nicht vor 19 Uhr zurückerwarten. Es komme auch nicht auf die lükkenlose Erfüllung aller Aufgaben an. Der anschaulichste Bericht würde am Abend prämiert werden.

Die Gruppen zogen mit Auto und Straßenbahn in die verschiedenen Stadtteile los. Wir verbrachten den Nachmittag damit, den Abend vorzubereiten. Um 19 Uhr waren alle Gruppen wieder da und fielen über Brote, Brause und Bier her. Wir hatten eine »unabhängige Jury« gebildet. Über zwei Stunden berichteten die verschiedenen Gruppen. Es war eine tolle Atmosphäre, weil jeder den Berichten interessiert zuhörte. Da alle Berichte gleich informativ und lebendig waren, konnte und wollte die Jury keinen Gewinner benennen. Es bekamen alle Mitmacher wahlweise eine Freikarte für »Rock gegen Rechts« oder ein antifaschistisches Buch.

Als alles vorbei war, waren wir unheimlich kaputt, aber auch froh, daß alles so dufte gelaufen war.

Die Spielaufgaben

Jede Gruppe erhielt zunächst ein Flugblatt, auf dem die allgemeine Zielsetzung des Stadtspiels erläutert wurde und Hinweise auf die Durchführung gegeben wurden.

> Nur wenige wissen, was vor einigen Jahrzehnten an Grausamkeiten und Verbrechen mitten in unserer Stadt passiert sind. Viele Spuren sind verwischt!
> Ihr seid ein Reporterteam!
> Eure Aufgabe ist es, diesen Spuren nachzugehen und Leute, die nichts oder nur wenig über diese Zeit wissen, durch eine kleine Reportage aufzuklären. Denn nur, wenn man über diese Zeit Bescheid weiß, können wir verhindern, daß sich solches wiederholt.
> Eine Jury wird heute abend entscheiden, welches Reporterteam die anschaulichste Reportage gemacht hat. Deshalb macht euch möglichst viele Notizen und denkt an gute Fotos für den Fotowettbewerb.
> Die Ergebnisse aller Gruppen werden in einer kleinen Zeitung zusammengetragen.
> Wir wünschen Euch viel Erfolg!

Detailliert wurden dann die einzelnen Spielaufgaben erklärt.

Gruppe I:

1. Im Freizeitheim Linden findet heute eine Tagung statt. Was ist das für eine Tagung? Verteilt eure Flugblätter und fragt die Besucher, was sie von »Rock gegen Rechts« halten (nehmt es auf den Recorder auf!). Befragt 3 Besucher der Tagung, wie es ihrer Meinung nach zum Nationalsozialismus kommen konnte.
2. Fahrt zur Franz-Nause-Straße (Limmer) und befragt mindestens 3 Bewohner der Straße, wer Franz Nause war. Findet ihr es nicht heraus, könnt ihr zurück ins Freizeitheim Linden fahren, dort gibt es einen Franz-Nause-Club. Jetzt habt ihr euch ein Eis verdient. Geht in ein Eiscafé und macht Vorschläge, wie man im Jugendzentrum über die Zeit des Nationalsozialismus informieren kann. Ihr könnt auch Themen vorschlagen, die ihr besonders wichtig findet. Schreibt alles auf!
3. Fahrt zur Wunstorfer Landstraße. Hinter der Eisenbahnbrücke geht auf der linken Seite der Straße ein Privatweg ab. Bei dem alten Haus mit der Nr. 5–6 liegt ein Zettel mit Informationen. Wenn ihr den Brief gelesen habt, könnt ihr Fotos von den beschriebenen Häusern machen und mit eurem Recorder Passanten auf der Wunstorfer Landstraße befragen, welche Bedeutung die Gartenbauschule im Zweiten Weltkrieg hatte. In einem der Häuser in der Gartenbauschule befindet sich eine Wandtafel. Findet heraus, was auf der Tafel steht und schreibt es ab.
4. Was geschah in der Nacht vom 9. November 1938? Ruft bei der jüdischen Gemeinde an. Erkundigt euch über die Bedeutung des Judensterns. Warum hat der nationalsozialistische Staat besonders die jüdischen Mitbürger verfolgt?

Auszug aus dem Bericht der Gruppe (die Harenberger): Die Gartenbauschule, die die Gruppe besuchte, war früher eine Ausbildungsstätte für jüdische Jugendliche gewesen. 1943 haben die Nazis die Schule geschlossen und bis Kriegsende als Dienststelle der Gestapo Hannover benutzt. Es wurden dort auch verschleppte Juden untergebracht, bis sie in ein KZ oder Arbeitslager kamen.

Die Schule war geschlossen, so daß wir einen Teil unserer Aufgaben nicht erledigen konnten. Wir gingen hoch zur Ahlemer Kreuzung. Da dort kaum Leute waren, hatten wir Probleme, unsere Interviews zu machen. Die Antworten, die wir bekamen, waren ziemlich dumm; keiner wußte richtig Bescheid.
F: Wissen Sie, was die Gartenbauschule zur Nazizeit für eine Funktion hatte?
A: Das wissen wir nicht!
F: Das war eine Ausbildungsstätte für jüdische Jugendliche. 1943 haben die Nazis die Schule geschlossen und bis Kriegsende als Dienststelle der Gestapo Hannover benutzt.
A: Woher wissen Sie denn das? (aggressiv!)
F: Das sind ganz genaue Informationen!
A: Das sind Informationen (ha ha ha ... geht weg)
F: Wissen Sie, was hier früher in der Gartenbauschule war?
A: Das kann ich Ihnen auch nicht ... das waren früher ... da waren Juden früher. Das waren Jungs und Mädchen ...
F: Genaueres wissen Sie auch nicht?
A: Nein!
F: Ich hab mal ne Frage. Wissen Sie zufällig, was in der Zeit des Nationalsozialismus hier in der Gartenbauschule war?
A: Was war da? (Hundegebell) Wir sind nicht von hier.
F: Wissen Sie ...
A: Das ist von den Polen, die haben das einverleibt. Ich weiß nicht, ob Sie das wissen, daß das mal deutsch war. Was wissen Sie denn davon? Kennen Sie überhaupt die deutschen Grenzen vor 39?
F: Ja!
A: Wo waren denn die?
F: Teilw ...
A: Oder vor 19?
F: Vor 19 ...? – Ne! Wir machen 'ne Umfrage und wollen herausfinden (...)
A: Ich bin nicht von hier ... Ich bin vertrieben. Wissen Sie, was sowas heißt? Machen se mal das Ding aus!
Die Inschrift der Wandtafel in der Gartenbauschule konnte nicht herausgefunden werden, da die Schule an dem Tag geschlossen war. (Sie lautet: »Zur Erinnerung an die israelitische Gartenbauschule Ahlem 1894–1941«).
Leider war der Fotoapparat uns fremd, so daß wir nicht wußten, ob die Bilder was geworden sind. Wir warten immer noch mit Spannung, was bei den Bildern rausgekommen ist.

Wir fanden interessant an dem Spiel, wie die Leute reagiert haben bei den Interviews. Am Abend haben wir viele Informationen bekommen, die man sonst nicht kriegt, besonders, daß es Widerstandsgruppen in Hannover gegeben hat.

Gruppe II:

1. Geht in das Historische Museum (Pferdestraße). Dort gibt es eine Abteilung für Stadtgeschichte.
Findet heraus, ob es über die Zeit von 1933–1945 Informationen gibt. Wenn ja, notiert euch diese Informationen.
2. Zwischen dem Museum und der Schule Am Hohen Ufer befinden sich Wandschmierereien mit Symbolen aus der Nazizeit. Um welche Symbole handelt es sich?
Übermalt sie mit weißer Farbe!
3. In der Kreuzstraße befindet sich eine ehemalige berüchtigte Nazikneipe. Heute ist dort ein türkisches Restaurant. Beim Wirt findet ihr einen Zettel mit weiteren Informationen.
4. Findet heraus, was in dem Haus Schlägerstraße 55 während der Nazizeit war. Fragt mindestens drei Bewohner der Straße. Haltet das Ergebnis der Befragung fest.
5. Wer gab den Auftrag, den Maschsee zu bauen und wer – glaubt ihr – hat den Maschsee gebaut?
6. Am Maschsee stehen zwei Denkmäler, die an die Nazizeit erinnern. Findet die unterschiedliche Bedeutung heraus und schreibt die Inschriften auf.
Anschließend befragt drei Besucher der nahegelegenen Spielbank, ob sie die Frage 5 beantworten können.

In dem Lokal in der Kreuzstraße befand sich folgende Nachricht für die Gruppe:

Spezialaufgabe: Geht zum Bahnhof ins »Pressecenter« und fragt nach, was es an Büchern und Zeitschriften über die Nazizeit gibt und wie viele Exemplare davon verkauft werden.

Aus dem Bericht der Gruppe (Disco-Kollektiv):

Zu Aufgabe 1: Es werden zeitweilig Ausstellungen zu verschiedenen Themen gemacht, z. B. Reichskristallnacht 1938 in Hannover, Hannover im 20. Jahrhundert und Nationalsozialismus in Niedersachsen. Für eine ständige Ausstellung für den Zeitraum von 1933–1945 ist noch kein Geld bewilligt.

Zu Aufgabe 2: Zwischen Museum und der Schule waren neun Hakenkreuze zu sehen. Hakenkreuze sind germanische Runen, sie stehen symbolisch für die »arische Rasse« und die NS-Volkstumsideologie. Alle Hakenkreuze zwischen Historischem Museum und Schule Am Hohen Ufer wurden übermalt!

Zur Spezialaufgabe: Folgende Bücher werden häufig verkauft: »Das waren die deutschen Jagdflieger«, »Arnheim 44, Deutschlands letzter Sieg«, »Höllischer Himmler«, »VW im Kriege«, »Die Tigerfamilie«. Von der Nationalzeitung werden täglich etwa 15 Stück verkauft. Sie ist die viert-größte Wochenzeitung.

Zu Aufgabe 4: In der Schlägerstraße war ein Gestapo-Keller.
F: Können Sie uns ein paar Fragen beantworten?
A: Nein, ich weiß nicht!
F: Vielleicht wissen Sie ja doch etwas über die Nazi-Zeit in der Schlägerstraße 55?
A: Schlägerstraße? Das ist doch hier. Soll da was gewesen sein?
F: Ja, im Naziregime.
A: Da wüßte ich gar nichts. Sollen die da was gemacht haben? (Die Antworten wurden abwechselnd von einem Ehepaar gegeben)
A: Ja, da war doch die Gestapo früher, ne. Ach das war doch die Ecke Ostermannstraße.
F: Wissen Sie, was da los war?
A: Ja, was soll da los gewesen sein. Die Leute, die sie geschnappt haben, sind da verhört worden.
A: Alle sind nicht wieder herausgekommen.
F: Wann ist das gewesen?
A: Es fing 1933 an und ging bis 1945.
F: Was ist denn da genau passiert?
A: Na, die Leute, die politisch nicht rein waren, sind geschnappt worden, oder die, die DDR-Radio gehört haben, was man nicht durfte, sind in den Keller gekommen und verhört worden.
A: Aber was sie dann mit denen gemacht haben, das weiß ich nicht.
F: Wie hat denn die Bevölkerung darauf reagiert?
A: Die mußten ja den Mund halten, wehe wenn jemand was gesagt hätte.
F: Wissen Sie, was mit den Leuten gemacht worden ist, die von der Gestapo festgenommen wurden?
A: Den Zahnarzt hier, den hat die Gestapo erschossen. Eine Kaufmannsfrau ist zu ihm gegangen, hat sich mit ihm unterhalten und so getan, als wäre sie gegen die Gestapo. Danach hat sie ihn angezeigt. Die Gestapo hat daraufhin den Zahnarzt abgeholt, nach Berlin gebracht und dort erschossen. All so was ist gewesen. Ich habe auch gehört, daß Söhne ihre Eltern verraten haben.
F: Ja, man hört ja immer, daß in der Nazi-Zeit soviel grausame Sachen passiert sind.
A: Ja, so eine Zeit wollen wir nicht wieder haben, um Gottes Willen!
F: Was ist mit den Leuten von der Gestapo nach dem Krieg passiert?
A: Gar nichts, die haben sich ja alle dünne gemacht, die sind ausgerückt. Die sind alle weg. Ja, das war eine schlimme Zeit.
A: Man hatte kein Recht, keinen eigenen Willen. Man mußte sich ja ducken, man war nicht mehr frei, man war ja nicht mehr frei. Man mußte ja den Mund halten.
F: Was halten Sie von der heutigen NSDAP?
A: Ja, das ist genau dasselbe. Die machen es ja genauso wie damals.
F: Die Leute gehen heute mit ihrer Lederkleidung auf die Straße.
A: Ja, genauso hat es damals auch angefangen. Da haben sich so Schlägertrupps gebildet und sind dann auf die Straße gegangen. So geht es heute auch wieder los. Sie sind zwar noch eine kleine Minderheit.

A: Und es sind auch solche, die damals die Nazi-Zeit nicht miterlebt haben, die haben ja keine Ahnung und wissen gar nicht, was wir ausgestanden haben. Ich meine, das ist doch nix, wenn man die Schnauze, nicht den Mund aufmachen darf und wehe, wenn einer gegen die Gestapo war.
A: Das einzige Gute war, jeder konnte in Ruhe auf der Straße gehen. Überfälle und so gab es nicht. Heute können sie einem auf der Straße die Taschen wegnehmen, so was gab es damals nicht. Da haben sie ja durchgegriffen. Heutzutage kann die Polizei ja gar nichts machen, weil heute die Gesetze so dämlich sind.

Eindrücke der Gruppe: Das Stadtspiel hat mir und den anderen, die in meiner Gruppe mitgespielt haben, eigentlich sehr viel Spaß gemacht. Man sollte solche Spiele auch öfters machen, denn dadurch lernt man doch sehr die Geschichte Deutschlands kennen. Denn das eintönige Geplappere in der Schule, das ist in meinen Augen totaler Blödsinn, da kriegt man etwas in die Hand gedrückt und fertig, aber bei solchen Spielen, da muß man Leute auf der Straße ansprechen, wie es nun damals überhaupt war, und was da gelaufen ist. Und wie sich die Leute so im einzelnen auf die Fragen, die man so stellt, verhalten, z. B. ein Herr und eine Frau um die 70–80 sagen frei ihre Meinung und andere wieder, die im Pelzmantel und Mercedes durch die Stadt hetzen, überhaupt nichts davon wissen wollen, das ist schon wieder eine Sauerei, denn den Zweiten Weltkrieg sollte man nicht hinter sich verstecken, sondern ihn sich immer vor Augen halten und darauf aufpassen, daß so etwas nicht wieder vorkommt.

Gruppe III:

1. Am Freizeitheim Lister Turm befindet sich eine Mahntafel. Seht sie euch an! Wer waren W. Heese und W. Großkopf und wie kam es zu ihrer Ermordung? Befragt mindestens drei jugendliche Besucher des Freizeitbereichs; findet heraus, ob sie die Bedeutung der Tafel kennen.
2. Wegen der Ermordung fand im Februar 1933 eine Protestkundgebung mit 50000 Teilnehmern statt. 45 Jahre später gibt es wieder Gründe für Antifaschisten, auf den Klagesmarkt zu gehen. Findet heraus, was am 8. 4. 1978 auf dem Klagesmarkt los war. Welche Rolle spielte die Polizei dabei? Falls ihr nicht wißt, was am 8. 4. 1978 auf dem Klagesmarkt los war, seht euch mal die Telefonzellen auf dem Klagesmarkt genauer an.
3. Ganz in der Nähe des Klagesmarkts befindet sich das DGB-Haus, früher ADGB. Findet heraus, wann die Gewerkschaftshäuser von den Nazis besetzt wurden. Zur Beantwortung dieser und folgender Fragen fahrt zu Frau Käthe Brenner, Leistikoweg 4 (Buchholz).
Stellt Frau Brenner noch folgende Fragen:
– Waren nach 1933 noch Streiks möglich?
– Was wurde gegen die Widerstandskämpfer im Faschismus unternommen und mit welchen Schwierigkeiten hatten sie zu kämpfen?
– Berichtet über zwei Widerstandskämpfer.

Aus dem Bericht der Gruppe (Falken-Team):

Erst hatte ich gar keine richtige Lust, bei dem Stadtspiel mitzumachen, da ich nicht genau wußte, worum es dort geht. Ich wußte zwar, daß es dort um die Nazi-Zeit geht, aber nicht genau, wie das Spiel ablaufen sollte.
Bei Frau Brenner war es sehr interessant. Zuerst waren wir alle ein bißchen gehemmt, was sich aber gegeben hat, als wir darüber gesprochen haben. Frau Brenner hat sehr interessant erzählt. Sie kam zwar oft vom Thema ab, aber dadurch haben wir mehr erfahren, als wir wissen wollten.

Gruppe IV:

1. In Hannover gibt es ein Jugendzentrum, das nach einem Antifaschisten benannt ist. Nach dem gleichen Antifaschisten wurde in Ricklingen eine Straße benannt, die in der Nähe des Heinrich-Bock-Hofes liegt. Wer war Heinrich Bock und was hatte er mit dem o.g. Antifaschisten gemeinsam?

2. Fahrt zum Mühlenberg. Dort, in der Nähe des IGS und der Preußen-Elektra, befindet sich eine Mahntafel. Welche Bedeutung hat diese Tafel? Legt Blumen nieder! Befragt drei vorübergehende Leute, ob sie die Tafel kennen und was sie davon halten.
3. Geht anschließend zum Freizeit- und Bildungszentrum »Weiße Rose« und fragt dort die Leute, was es mit dem Namen »Weiße Rose« auf sich hat. Bringt Informationsmaterial mit. Hängt ein Plakat von »Rock gegen Rechts« aus.
4. Danach sucht euch ein Café und macht Vorschläge, wie man im Jugendzentrum über die Zeit des Nationalsozialismus informieren kann. Ihr könnt auch Themen vorschlagen, die ihr besonders wichtig findet. Schreibt alles auf!

Aus dem Bericht der Gruppe (UJZ-Kornstraße):

Zu Aufgabe 1: Das Jugendzentrum Roderbruch wurde umbenannt und heißt jetzt Friedrich-Lohmeyer-Zentrum. Friedrich Lohmeyer und Heinrich Bock waren Widerstandskämpfer in der Nazi-Zeit. Beide waren SPD-Funktionäre, die unter der Nazi-Herrschaft umgekommen sind.

Zu Aufgabe 2: Am Mühlenberg war eine KZ-Außenstelle. Zwangsarbeiter und Kriegsgefangene aus ganz Europa waren dort untergebracht, die für die Rüstungsindustrie in Hannover arbeiten mußten. Die Tafel soll an das KZ und die dort ermordeten Menschen erinnern.

Zu Aufgabe 3: Die »Weiße Rose« war eine Widerstandsorganisation in der Nazi-Zeit. Die Organisation ist aufgeflogen und alle Mitglieder sind ermordet worden. Zum Gedenken an die Widerstandskämpfer und an das KZ Mühlenberg wurde das Freizeit- und Bildungszentrum »Weiße Rose« gegründet. Alle Straßen am Mühlenberg wurden nach den Widerstandskämpfern benannt.

Gruppe V:

1. Fahrt zur Stadtbücherei Hildesheimer Straße und findet heraus, welche Bedeutung die Bücherei in der Zeit des Nationalsozialismus hatte. Fragt nach, ob es in der Bücherei eine Abteilung über Nationalsozialismus gibt. Findet heraus, was in der Nacht vom 9. November 1938 in Hannover geschah. Klärt folgende Begriffe: Reichsbanner; Sozialistische Front; SS; SA; Gestapo; HJ; BDM.
2. Fahrt zum Seelhorster Friedhof. Dort steht ein Mahnmal zum Gedenken an die 1945 von den Faschisten Ermordeten. Seht es euch an und legt Blumen nieder. Im hinteren Teil des Friedhofs seht ihr viele Gräber. Versucht beim Pförtner die Umstände der Massenermordung herauszufinden!
3. Verteilt direkt vor dem Friedhof eure Flugblätter und notiert die Reaktionen der Leute.
4. Geht in den Letterhausweg und den Unverzagtweg und befragt drei Bewohner, warum die Straßen so genannt wurden.

Aus dem Bericht der Gruppe 5 (Aktivraum-Gruppe):

Unsere erste Aufgabe bestand darin, in die Stadtbücherei an der Hildesheimer Straße zu gehen und Begriffe aus der NS-Zeit zu klären. Nur einer von fünf Angestellten der Bücherei konnte uns sagen, welche Aufgabe die Bücherei im Dritten Reich hatte, nämlich faschistisches Propagandamaterial weiter zu verbreiten. Kritische und antifaschistische Bücher wurden aus dem Verkehr gezogen.
In der Bücherei gibt es auch keine Abteilung über Nationalsozialismus, wir mußten die Bücher, die wir brauchten, überall zusammensuchen. Jeder von uns hat durch die Klärung der Begriffe neue Informationen bekommen.
Als nächstes sollten wir zum Seelhorster Friedhof gehen und Blumen auf einem Mahnmal für die Opfer des Nationalsozialismus niederlegen. Auch hier konnte uns der Pförtner nicht sagen, welche konkrete Bedeutung dieses Mahnmal hat, das erfuhren wir erst später bei dem Treffen mit den anderen Gruppen.
Anschließend haben wir Flugblätter von »Rock gegen Rechts« vor dem Friedhof verteilt, wir bemerkten dabei das deutliche Desinteresse bei den Leuten. Sie liefen vorbei, machten abfällige Bemerkungen oder warfen die Blätter in den Papierkorb. Darum war es für uns schwierig, mit den Leuten zu diskutieren. Wir haben uns auch nicht so richtig getraut.
Um die Bestimmung der Namen von zwei Straßen herauszubekommen, sollten wir die Anwohner befragen, das hat sehr viel Spaß gemacht. Wir hatten unsere Hemmungen überwunden und haben uns sehr gefreut, daß zwei alte Frauen wußten, worum es ging.
Wir waren eine relativ große Gruppe von elf Leuten bei dem Spiel, uns allen hat es sehr viel Spaß gebracht, und es war sehr interessant. Sehr gut fanden wir es, wie am Abend nach dem Abendessen an der Glocksee alle Gruppen ihre Ergebnisse und Eindrücke erzählt haben. Dazu muß man noch sagen, daß wir ganz tolle Fotos gemacht haben, aber am Ende merkten wir, daß der Film falsch eingelegt war.

Das Stadtspiel fand im Rahmen von »Rock gegen Rechts« statt. Die Veranstaltungen in den verschiedenen Jugendzentren, die das Thema »Neonazismus Heute« inhaltlich behandeln sollten, sind während der zwei Wochen neben den beiden großen Musikveranstaltungen zu kurz gekommen. Da die Abschlußveranstaltung in der Glocksee stattfand und wir uns um die Organisation kümmern mußten, war die Zeit, das Stadtspiel vorzubereiten, sehr kurz.
Wir hörten von einigen Leuten, daß sie mit dem Wort »antifaschistisches Stadtspiel« nichts anfangen konnten. Wir haben also nicht genug informiert und Werbung gemacht. Fünf Tage vor Beginn mußten wir erst einmal unter uns klären, was wir unter diesem Spiel verstehen und damit erreichen wollen. Wir haben Bücher über den Nationalsozialismus in Hannover durchgelesen, Informationen aufgeschrieben und daraus Fragen entwickelt.
Wir wollten auch für jede Gruppe jemanden finden, der am aktiven Widerstand beteiligt war und den Jugendlichen darüber etwas erzählen kann. Zunächst mußten wir einige Widerstandskämpfer kennenlernen, sie besuchen und mit ihnen reden. Wir hätten gern mit der Vereinigung der Verfolgten des Naziregimes (VVN) Kontakt aufgenommen, weil dort viele alte Widerstandskämpfer organisiert sind. Auch fehlte uns die Zeit, mit der Historikergruppe der Universität Kontakt aufzunehmen, die sich intensiv mit dem Widerstand in Hannover befaßt hat. Aus Zeitmangel konnten wir uns nur mit Frau Brenner und Leo Heinemann unterhalten. Leider hatte nur Frau Brenner Zeit, an dem Stadtspiel mitzuwirken. Die Gruppe, die während des Spiels Frau Brenner besuchte, war sehr begeistert, weil sie von persönlichen Erfahrungen der Nazi-Zeit gehört hatte, die sonst in keinem Buch so nachzulesen sind. Es ist schade, daß wir es nicht geschafft haben, jeder Gruppe diese Möglichkeit zu geben. Für die Jugendlichen war es dann sehr gut, daß Frau Brenner, während die Berichte vorgetragen wurden, anwesend war und noch wichtige Sachen ergänzen konnte.
Auch hätten wir gern Informationen über die Rolle der hannoverschen Rüstungsbetriebe (Hanomag, VAW, Conti) in das Stadtspiel eingearbeitet. Dazu hätten wir Kontakt mit

dem jeweiligen Betriebsberater aufnehmen müssen, was wir aber auch aus zeitlichen Gründen nicht geschafft haben.
Von den Fotos, die während des Stadtspiels geschossen wurden, wollten wir eigentlich einen Fotowettbewerb machen. Viele Fotos sind aus technischen Gründen nichts geworden und deshalb mußten wir diese Idee leider aufgeben.
Die Mitspieler waren nach dem Stadtspiel über die Brutalitäten der Nazi-Zeit sehr betroffen. Diese Betroffenheit hätten wir aufgreifen müssen, um weiter an diesem Thema zu arbeiten.
Trotz der Schwierigkeiten und der Fehler, die wir gemacht haben, waren die Vorbereitungen und das Spiel selbst wichtige und gute Erfahrungen für uns und sicher auch für die beteiligten Jugendlichen. Insgesamt meinen wir, daß es eine wichtige Aufgabe ist, solche und andere Formen antifaschistischer Jugendarbeit zu finden und weiterzuentwickeln.

Karin Hauck

Zusammenhänge aufzeigen
Erfahrungen mit einer Ausstellung

Hintergründe und Entstehung des Projekts

Im Frühjahr 1978 wurde eine Seminarreihe zum Thema »Neonazismus« im Pädagogischen Institut (PI) der Stadt Nürnberg angesetzt. Das PI ist eine Einrichtung der Stadt Nürnberg, dem Schul- und Kulturreferat angegliedert und dient der Lehrerfortbildung. Aus dem Teilnehmerkreis der gut besuchten Seminarreihe bildete sich eine Arbeitsgruppe, die sich intensiver mit dem Thema befassen wollte. Die Gruppe setzte sich hauptsächlich aus Lehrern, Sozialarbeitern und Studenten zusammen.

Motiviert zur antifaschistischen Arbeit wurden die einzelnen Mitglieder der Gruppe aus den unterschiedlichsten Motiven. Ein wesentlicher Grund und der Beginn unserer Arbeit war der im Sommer 1977 in Nürnberg geplante »Auschwitz-Kongress«, auf dem Erwin Schönborn vom Kampfbund Deutscher Soldaten (KDS), Thies Christopherson (der Verfasser des Buches »Die Auschwitz-Lüge«), die Wehrsportgruppe Hoffmann (WSG) und andere nachweisen wollten, daß in Auschwitz nicht ein einziger Jude vergast worden sei. Als dieses Vorhaben bekannt wurde, bildete sich dagegen eine Aktionseinheit, in der fast alle politischen Gruppen und Parteien vertreten waren (mit Ausnahme der CSU). Diese Aktionseinheit organisierte eine Demonstration, verteilte Flugblätter und erstellte Broschüren. Nach diesem massiven Protest der Nürnberger Bevölkerung wurde der Kongreß vom Ordnungsamt der Stadt Nürnberg verboten (er fand dann aber mit nur rund 10 Teilnehmern in einem Hinterzimmer eines Gasthofes im fränkischen Raum statt). Mitglieder unserer Ausstellungsgruppe waren aktiv an diesem Protest beteiligt und entschlossen sich, die antifaschistische Arbeit kontinuierlich weiterzuführen.

Ein weiterer Grund für das aktive Handeln einzelner Mitarbeiter ist das in Nürnberg allgegenwärtige Problem der »Wehrsportgruppe Hoffmann«. Die immer frecher auftretende paramilitärische Gruppe, die mit Kampftraining und

Wehrübungen in Uniform die Nürnberger Wälder unsicher machte, zwang geschichtsbewußte Bürger zum Handeln. Bei den Lehrern in der Gruppe war es die ständige Konfrontation mit neonazistischen Äußerungen von Schülern und in einem Fall sogar eines Lehrerkollegen. Auch war es hier wohl der Wunsch, sich für die berufliche Arbeit sachkundig zu machen und mit Kollegen die Materie methodisch aufzuarbeiten.
Das Thema Nationalsozialismus erschien uns in Nürnberg besonders wichtig, da diese Stadt zu Unrecht die »Stadt der Reichsparteitage«, die Stadt Hitlers und Streichers genannt wird. Es erschien uns wichtig, auch vor lokal-historischem Hintergrund aufzuzeigen, wie die Bevölkerung unserer Stadt sich wirklich im Nationalsozialismus verhalten hat. Anhand von Wahlanalysen wurde das Wahlverhalten vor 1933 in sozial verschieden strukturierten Stadtteilen aufgezeigt, wobei deutlich wurde, daß sich in Nürnberg der Nationalsozialismus vor 1933 ebenso wenig durchsetzen konnte wie in anderen Städten vergleichbarer Struktur.
Unser erstes Ziel war es nun, eine Unterrichtseinheit zum Thema Nationalsozialismus zu verfassen. Nach umfangreichen Vorarbeiten und Diskussionen wurde schließlich aber ein anderer methodischer Weg für sinnvoller gehalten, der Plan, eine Ausstellung zum Thema zu machen. Zwar hatte keiner der Beteiligten je zuvor an einem ähnlichen Projekt gearbeitet; das Interesse an einer solchen Arbeit war aber so groß, daß sich eine ganze Reihe neuer Mitarbeiter fand. Die Gruppe umfaßte schließlich ca. 15 aktive Personen.
Das Hauptproblem war zunächst die Finanzierung. Glücklicherweise lief in Nürnberg gerade ein Modellversuch »Kooperation Schule und Freizeit«; über diesen konnten auf begrenzte Dauer unsere und ähnliche Initiativen mit Bundesmitteln unterstützt werden.
Die Konzeption der Ausstellung sah von vornherein eine Verknüpfung des historischen Faschismus in Deutschland mit dem Neofaschismus und anderen demokratie-gefährdenden Tendenzen vor.

Inhaltliche Gliederung der Ausstellung

Um einen Überblick über die inhaltliche Gliederung zu geben, folgt nun eine stichpunktartige Aufzählung der bearbeiteten Themen. Jede aufgezählte Thematik entspricht in der

Regel zwei Halbtafeln bzw. einer Stellwand in der Ausstellung.

1. Thema der Ausstellung: Aus der Geschichte lernen: Nie wieder Faschismus, nie wieder Krieg!
2. »Wie kamen die Nazis an die Macht?«: Situation in der Weimarer Republik; Geldgeber der NSDAP. Hier wurden lokal-historische Konkretisierungen vorgenommen, z.B. Wahlverhalten vor 1933 in sozial verschieden strukturierten Stadtteilen; Bildmaterial, um Schülern vor bekanntem Hintergrund historische Tatsachen näherzubringen.
3. »Wie beseitigte Hitler die Arbeitslosigkeit?«: Arbeitsdienst; Militärausgaben; Rüstungsinvestitionen.
4. »Der Bürger im NS-Staat«: Situation der Frau; Situation des Arbeiters.
5. »Jugend unter dem NS«: Ausnutzung jugendlicher Bedürfnisse nach Kameradschaft, Sport etc. bis zum bitteren Ende. Gegenübergestellt wird die Behandlung »nicht-arischer« Kinder in den KZ's.
6. »Der Eroberungs- und Vernichtungskrieg«: Überblick über Kriegsziele und -verlauf.
7. »Staatlich geplanter und organisierter Massenmord«: KZ-System.
8. »Die Gleichschaltung der Bevölkerung durch die Massenmedien«.
9./10. »Widerstand gegen den NS«: Widerstandsgruppen nach Herkunft und Motiven (2 Stellwände).
11. Übergang zum aktuellen Teil. Text: »Wer sich des Vergangenen nicht erinnert, ist verurteilt, es nochmals zu erleben«.
12. »Bonn ist nicht Weimar« (Text). Um nach zahlreichen Konflikten von vornherein die Absicht der Ausstellung deutlich zu machen, wird hier eine kurze Einschätzung des Neonazismus in der Bundesrepublik gegeben.
13. »... aber die Unbelehrbaren organisieren sich«: Aufstellung neonazistischer Organisationen und Aktionen von 1945 bis heute.
14. »Neonazis beim Namen genannt«: Heutige neonazistische Organisationen im Überblick.
15. »Wie gefährlich sind die Neonazis?« Aktionen und Aktivitäten.
16. »Die Ideologie der Neonazis«.

17. »Der Faschist in jedem von uns«: Exemplarische Behandlung von Mentalitätsmustern, hier: Minderheitenhaß (damals: Juden, heute: Gastarbeiter, Sinti etc.).
18./19. »Was suchen Jugendliche?«; »Was finden Jugendliche vor?«; »Scheinlösungen – am Beispiel der Sekten«; »So fangen Neonazis die Jugendlichen!« (2 Stellwände)

Nach diesen Tafeln erstellten wir dann 4 Stellwände mit insgesamt 8 Halbtafeln zum Thema »Abbau demokratischer Rechte«. Wir wollten an dieser Stelle der Ausstellung, also nach dem historischen Teil und dem Teil, in dem der Neonazismus behandelt wird, deutlich machen, daß nicht die Neonazis die eigentliche Gefahr sind, daß Faschismus heute nicht mehr in Braunhemd und Schaftstiefeln auftritt, sondern daß demokratie-gefährdende Tendenzen auch in unserem Staat vorhanden sind und daß es wichtig ist, wachsam zu bleiben gegenüber jedem Abbau unserer persönlichen Rechte und Freiheiten.
Deshalb folgen – nach einem erläuternden Zwischentext – die Tafeln, die sich mit dem Abbau demokratischer Rechte befassen, unter der Überschrift »Diskussion tut not«. Im einzelnen sind dies:

20a) »Warum ein aktueller Anhang?« Wenn man mit Jugendlichen das Thema Faschismus behandelt und im positiven Fall echte Betroffenheit erzeugten konnte, kommen regelmäßig die Fragen, was man heute tun könne gegen ähnliche Gefahren. Um nicht im »hilflosen Antifaschismus« zu landen, muß man zunächst die allgemeine Lehre ziehen, daß gegen *alle* antidemokratischen oder demokratie-gefährdenden Tendenzen anzugehen ist. Es ist klarzustellen, daß es sich bei solchen Tendenzen nicht stets um faschistische oder neonazistische Strömungen handeln muß. Daher ist neben den undemokratischen Verhaltensmustern in jedem von uns auch das Thema »starker Staat« anzuschneiden. Jugendliche (ebenso wie Erwachsene) müssen erkennen, daß auch von seiten des Staates Gefährdungen der FdGO ausgehen können. Man muß diese daher möglichst frühzeitig aufdecken und diskutieren. Aus diesen hier nur kurz skizzierten Gründen folgt ein Zwischentext (»Bonn ist nicht Weimar«), an den sich dann die folgenden Halbtafeln anschließen.

20b) Erfassung von Informationen über Bürger in vielerlei Computern: Die elektronische Datenverarbeitung bietet heute die Möglichkeit, Informationen über jeden Bürger zu speichern und jederzeit abzurufen. Durch Mißbrauch dieser Daten mit bestimmten Computersystemen werden wichtige Grundrechte des Bürgers ausgehöhlt. Diskussion tut not . . .
21a) Radikalenerlaß: Die seit 1972 geübte Praxis in Bund und Ländern hat in vielen Bereichen dazu geführt, daß Bürger ihr Grundrecht auf freie Meinungsäußerung nicht mehr wahrzunehmen wagen. Diskussion tut not ...
21b) Polizei-Aufgabengesetz: Kein Land der Welt kommt ohne Polizei und eine gesetzliche Regelung ihrer Aufgaben aus. Doch auch die Gesetzgeber können übers gebotene Ziel hinausschießen. Diskussion tut not . . .
22a) Konzentration in der Presse: Der mündige Bürger braucht zur Meinungsbildung ein umfassendes und vielfältiges Informationsangebot. Wir wissen aus der Geschichte, welche Folgen eine Presse haben kann, in der nur eine Meinung vertreten ist. Diskussion tut not . . .

Wenn wir diese kritische Diskussion führen, tun wir für die Festigung und Erhaltung unserer Demokratie mehr als durch ängstliches Verschweigen von Problemen.
Zuletzt wird mit Tafel 23 »Antifaschistische Aktivitäten« ein Ausblick gegeben, wo Demokraten in unserem Land tätig werden können.
Als Begleitmaterial für die Hand des Schülers und Lehrers ist ein Beiheft in Vorbereitung. Es soll zu den Themen der einzelnen Tafeln vorwiegend Quellentexte und Bildmaterial enthalten, um die notwendigen Vor- und Nachbereitungen im Unterricht zu erleichtern. Außerdem ist eine Ton-Dia-Schau in Vorbereitung, die die gleichen Inhalte und Materialien wie die Ausstellung enthält, und eine optisch-akustische Vertiefung im Unterricht ermöglicht.

Zur Realisierung der Ausstellung

Die Gruppe der Aktiven setzte sich aus Lehrerinnen und Lehrern aller Schulgattungen, Sozialpädagogen und Studenten zusammen. Fast alle waren noch in anderen Gruppen und Organisationen engagiert. Die Motivation zur Mitarbeit war

bei allen sehr hoch. Trotzdem konnte die Erfahrung gemacht werden, daß die Arbeit zeitweise sehr zähflüssig vor sich ging, was wohl in erster Linie mit der Dauer des Projektes zusammenhing. Da jeder äußere Druck fehlte, mußten wir ihn selbst erzeugen. Es erwies sich schließlich als notwendig, immer wieder feste Termine zu vereinbaren, zu denen bestimmte Arbeiten fertig werden mußten.
Nach Möglichkeit traf sich das Plenum mindestens alle zwei Wochen. Dazwischen trafen sich Arbeitsgruppen zu einzelnen Tafeln je nach Bedarf. Gegen Ende der Arbeit, als sehr viel rein handwerkliche Arbeit anfiel, legten wir mehrere »Wochenendseminare« ein, d.h. alle Aktiven sowie deren Freunde oder Familien legten Hand an. Bei solchen Gelegenheiten konnten erstaunlich große Arbeitspensen bewältigt werden. Zum Abschluß solcher Wochenenden fand meist ein großes gemeinsame Essen oder ein Fest statt. Trotz unterschiedlicher politischer Standorte und langer Streitgespräche zu inhaltlichen Fragen konnten das Projekt und die Form der Zusammenarbeit ein insgesamt sehr angenehmes Arbeitsklima schaffen und die Gruppe zusammenhalten.
Nach einer allgemeinen Konzeptdiskussion stand die Zielgruppe fest. Wir wollten uns an Jugendliche, vor allem Berufsschüler, wenden, da in den Berufsschulen in Bayern das Thema Nationalsozialismus aus den Lehrplänen gestrichen wurde. Denn gerade hier liegt erfahrungsgemäß ein hohes Wissensdefizit vor. Außerdem würde man mit den Berufsschülern den größten Teil der Jugendlichen erreichen.
Im nächsten Schritt wurde die Themenstellung einzelner Ausstellungstafeln konkretisiert und die Anzahl der Tafeln (Themen) festgelegt. Zwei Arbeitsgruppen – eine zum historischen Faschismus und eine zum aktuellen Teil – produzierten nun »Lay-out-Entwürfe«. Wir verfuhren so, daß auf einem DIN A-4-Blatt skizzenhaft die Bild- und Textanordnung einer Tafel entworfen und dieser Entwurf im Plenum diskutiert, verändert und verabschiedet wurde.
Die Realisierung erfolgte dann in Zweier- bzw. Dreiergruppen. Als Präsentationssystem wählten wir folgenden (relativ billigen) Weg: Die Exponate wurden auf farbigen Karton geklebt und dieser mit Doppel-Klebeband auf Hartfaserplatten (»Halbtafeln« 96x67 cm) befestigt. Bei eventuellen Beschädigungen kann so der gesamte Karton abgelöst und teilweise wieder verwendet werden. Jede »Halbtafel« (Hartfaserplatte

mit Exponat) wurde mit einer auswechselbaren Schutzfolie überzogen. Zur Präsentation wurden jeweils zwei Halbtafeln auf eine Stellwand (lackierte Spanplatte 100x205x1,6 cm) geschraubt. Am oberen Rand der Stellwände wurde in jeweils gleichen Schriftzügen das Leitthema der Halbtafeln als Überschrift angebracht. Am unteren Rand jeder Stellwand wurde das Motto der Ausstellung in Form eines Aufklebers wiederholt. Die Stellwände werden von Leichtmetall-Gelenken gehalten, die an den senkrechten Kanten der Stellwände befestigt wurden, so daß sich diese gegenseitig stabilisieren.
An zwei Beispielen sollen nun Grundgedanken der Realisierung gezeigt werden[1]:

Thema: »Frau im Nationalsozialismus«:
In der vorbereitenden Diskussion wurde das Thema festgelegt und eine Art Stoffsammlung gemacht. Anhand dieser Stoffsammlung begann die Literatur- und Bildsuche. Zwei bis drei Leute legten einen Lay-out-Entwurf vor. Dieser Entwurf enthielt meist mehr an Bild- und Textmaterial, als letztlich verarbeitet werden konnte (Beiheft!). Im Beispiel »Frau im NS« schälten sich drei inhaltliche Säulen heraus:
1. Die Frau wird im NS aus dem Berufsleben und der Öffentlichkeit hinausgedrängt. Ist sie dennoch berufstätig, erhält sie nur untere Positionen und weniger Lohn.
2. Die Rolle der Frau soll auf die Ehefrau- und Mutterrolle reduziert werden.
3. Passen Frauen nicht ins Weltbild der Nazis, werden sie genauso vernichtet wie Männer.

Thema: »Erfassungssysteme in der Bundesrepublik«:
Nach Themenfestlegung und Stoffsammlung sollten folgende Inhalte aufgenommen werden: Namen und Erklärungen der wichtigsten Datensysteme, Probleme des Datenverbundes, Umfang der Erfassung, Überwachung und Erfassung.
Es zeigte sich, daß bei diesem Thema viel Text verarbeitet werden mußte. Eine Verteufelung der Technik sollte vermieden werden. Da wir davon ausgingen, daß Schüler praktisch keinerlei Vorkenntnisse auf diesem Gebiet haben, sollte die Tafel nur einen Einstieg in die Problematik bieten.

Daß eine Ausstellung, die in engagierter Weise den Nationalsozialismus, aber vor allem auch neofaschistische Kontinuitäten und antidemokratische Tendenzen in unserem Staat behandelt, Widerspruch und politische Kontroversen hervorruft, ist nicht überraschend. Zwar nicht überraschend, aber deprimierend ist es allerdings, wie schnell und vereinfachend dabei mit Klischees und Pauschalunterstellungen gearbeitet wird und differenzierende Denkansätze dabei verschüttet werden.

Gleich bei der ersten Präsentation Ende Februar 1980 löste die Ausstellung Kritik, aber auch scharfe politische Angriffe aus. Ein CSU-Stadtrat sprach z. B. von »Politberserkern und kommunistischen Machenschaften« und vertrat die Auffassung, daß bei »einigen Tafeln eindeutig eine kommunistische Diktion zu erkennen« sei. Eine sachliche Auseinandersetzung ließ sich auf dieser Ebene nicht mehr führen.

Wesentlich differenzierter und konstruktiver fiel die Kritik des Nürnberger Schuldezernenten Dr. Glaser (SPD) aus, der ebenfalls zunächst »schwerwiegende Bedenken« äußerte und Überarbeitungen vorschlug. Es kam – wenn auch unter erheblichen Schwierigkeiten – schließlich zu einem Dialog zwischen der Ausstellungsgruppe und Herrn Dr. Glaser, in deren Verlauf von dem Schuldezernenten auch konstruktive Vorschläge zur Überarbeitung der Ausstellung gemacht wurden. Danach überarbeitete die Arbeitsgruppe nochmals die Ausstellung, die nun mit Zustimmung des Schulreferates in den Nürnberger Schulen nicht nur gezeigt werden kann, sondern auch oft gezeigt wird.

Inzwischen wurde auch ein unabhängiger »Ausstellungsverein Nürnberg« gegründet, der ein zweites Exemplar der Ausstellung angefertigt hat und zum Verleih außerhalb von Schulen anbietet.[2]

Anmerkungen

(1) Wer sich speziell für die Frage der didaktisch-pädagogischen Umsetzung interessiert, kann bei der Staatlichen Fachhochschule in Nürnberg eine über unser Projekt angefertigte Zulassungsarbeit zur Ausleihe anfordern: »Das Medium Ausstellung als politische Bildung, dargestellt an einer Ausstellung des Pädagogischen Instituts

der Stadt Nürnberg«, Verfasserin: Gabi Kneifel, Haspinger Str. 2, 8500 Nürnberg.

(2) Ausstellungsverein Nürnberg, c/o Karin Hauck, Wissmannstr. 24, 8500 Nürnberg (Tel. 0911/512028). Für den Verleih an Schulen sind Anfragen und Bestellungen zu richten an: Pädagogisches Institut der Stadt Nürnberg, Hintere Insel Schütt, 8500 Nürnberg (Tel. 0911/162551). Gebühren werden für den Verleih nicht erhoben. Lediglich die Transportkosten müssen übernommen werden sowie die Behebung eventuell aufgetretener Beschädigungen.

Eckehart Scherzer

Eine Stadt klärt auf
Ein lokalhistorisches Projekt

Vom 5. Februar bis 30. März 1979 veranstaltete die Stadt Rüsselsheim ein Projekt zum Thema »Hintergründe und Auswirkungen des deutschen Faschismus«[1]. Vorausgegangen waren erste positive Erfahrungen städtischer Institutionen (Kulturamt, Stadtbücherei, Jugendförderung, Volkshochschule, Museum, Schulen u.a.) und kulturell engagierter Gruppen mit der Kooperation bei der Organisation des multimedialen Bildungsprojekts »Indianer« im Juni 1978[2], verschiedene Vorbereitungstreffen im Herbst und Winter 1978/79 und ein Beschluß des Magistrats vom 12. Dezember 1978, 8000 DM für das Projekt bereitzustellen.
Am Projekt beteiligt war eine Vielzahl städtischer, politischer gewerkschaftlicher und kultureller Institutionen und Gruppen: das Kulturamt, die Stadtbücherei, das Museum, die Volkshochschule, die Stadtjugendförderung, das DGB-Ortskartell, die Arbeitsgemeinschaft »Arbeit und Leben«, der Kreisverband Groß-Gerau der GEW, die Außenstelle Groß-Gerau des Hessischen Instituts für Lehrerfortbildung (HILF), die Gruppe Rüsselsheim des Modellversuchs »Künstler und Schüler«, das Frauenforum, das Bücherhaus, die SDAJ, die Schülervertretung der Humboldt-Schule (einer Haupt- und Realschule), Schüler des Max-Planck-Gymnasiums, die evangelische Kirchengemeinde und die evangelische Dekanatsjugend.
Schon diese Aufzählung macht deutlich, wie breit getragen das Faschismusprojekt war und welche Möglichkeiten der Zusammenarbeit es allen Beteiligten bot. Zwar war jeder Veranstalter inhaltlich selbst für seine Beiträge verantwortlich, es gab jedoch auch mehrere gemeinsame Beiträge von zwei und mehr Veranstaltern:
– Die Stadtbücherei veranstaltete zusammen mit der Arbeitsgruppe Deutsch / Sek. I der Außenstelle Groß-Gerau des HILF einen Nachmittag über Jugendbücher zum Faschismus und gab eine kommentierte Liste dazu sowie eine Liste mit Büchern zum Faschismus heraus.
– Der Kreisverband Groß-Gerau der GEW und die Außen-

stelle Groß-Gerau des HILF boten gemeinsam eine Seminarreihe mit insgesamt sechs Veranstaltungen für Lehrer an.
– Die GEW, die Außenstelle des HILF und der Modellversuch »Künstler und Schüler« machten zum Thema »Augenzeugenberichte im Unterricht« Videoaufnahmen mit Verfolgten des Nazi-Regimes.

Die Erfahrungen aus dem Indianerprojekt, bei dem zu viele Veranstaltungen in einem gedrängten Zeitraum von nur zwei Wochen angeboten worden waren, veranlaßten die Vorbereitungsgruppe zwar, die Veranstaltungen des Faschismusprojekts über zwei Monate zu verteilen. Trotzdem folgten die Veranstaltungen noch zu dicht aufeinander, als daß es jemandem hätte gelingen können, alle zu besuchen, die ihn interessiert hätten. Ein andermal würden wir also ein derart umfangreiches und vielseitiges Projekt auf mehrere Monate verteilen.

Inhalte und Darstellungsformen

Infolge der Beteiligung zahlreicher und verschiedenartiger Organisationen und Institutionen war das Programm von den Inhalten und Darbietungsformen her sehr vielseitig.

Die Veranstaltungs*themen* betrafen den Faschismus, seine Ursachen und Folgen, die Rolle der Wirtschaft und der Kirchen, Presse, Politik, Propaganda, Kunst und Musik im Dritten Reich, die Rolle der Frauen im Faschismus, Verfolgung und Vernichtung, Widerstand und Exil, die Darstellung des Faschismus in Film, Theater, Fotomontagen, Revue, Roman und Jugendbuch, Spuren des Faschismus am Wohnort Rüsselsheim und in Augenzeugenberichten von Beteiligten des Widerstandes oder KZ-Häftlingen sowie Beispiele und Gefahren des Neo-Faschismus und antifaschistische Solidaritätsveranstaltungen z. B. mit Chile.

Bei den Darbietungs*formen* überwogen zwar herkömmliche Veranstaltungstypen wie Referat, Diskussion und Podiumsdiskussion, also Kommunikationsformen, die eher geeignet sind, Erwachsene aus der Mittelschicht anzusprechen als zum Beispiel Arbeiterjugendliche. Daneben gab es aber auch Filme, ein Theaterstück (»Furcht und Elend des Dritten Reiches«), eine Ausstellung »Rüsselsheim in der NS-Zeit«, eine Stadtrundfahrt, Fotomontagen John Heartfields, Gespräche mit Augenzeugen des Faschismus, in der Gruppe vorbereitete Besuche von Konzentrationslagern, Anfertigen von Collagen auf einem Wochenendseminar der Schülervertretung, Kabarett, Revue und »Rock gegen Rechts«.

Ein gelungenes Beispiel: die Revue

Als im Zusammenhang mit dem Thema Faschismus besonders ungewöhnliche, aber dann doch sehr gelungene Veranstaltungsform möchte ich die Revue »Und dann kommt etwas and'res« herausgreifen, die die Schauspieler der Gruppe Rüsselsheim des Modellversuchs »Künstler und Schüler« als ihren Beitrag zum Faschismusprojekt selber verfaßten und aufführten.

Als Vertreter der Schauspieler bei einem der Vorbereitungstreffen ihre Absicht mitteilten, eine Revue zum Faschismus zu schreiben und aufzuführen, war ich skeptisch, ob sich ein so ernstes Thema mit einer so lockeren Darbietungsform vertragen würde. Nachdem ich die Aufführung gesehen hatte, war ich positiv überrascht darüber, wie es die Schauspieler verstanden hatten, ernste Inhalte und Spaß an der Vortragsweise so gelungen miteinander zu verbinden, daß die Lernchancen für den Zuschauer sicher größer waren als bei Referaten oder Podiumsdiskussionen.

Wenn zwischen Informationen über wirtschaftliche und politische Ereignisse der Weimarer Republik wie Kapp-Putsch, Inflation, Ruhrkampf, Wirtschaftskrise und Arbeitslosigkeit die Schauspieler in echter Tingeltangel-Kolportage stutzer- und vamphaft zurechtgemacht sich gemeinsam auf der Bühne wiegten und eine nicht endenwollende Reihe von Schlagern der zwanziger Jahre sangen wie »Mein Papagei frißt keine harten Eier«, oder »Ich hab' das Fräulein Helen baden sehn«, dann erlebte man als Zuschauer den Widerspruch zwischen politischen Ereignissen und der Verschleierung durch Schlager derart stark, daß er einem geradezu physisch unerträglich wurde.

Die stärkste Szene der ganzen Revue, ganz ohne Worte, zeigte nichts weiter als das uns allen vertraute Gesellschaftsspiel »Die Reise nach Jerusalem«, – nur war es immer derselbe, der anfangs keinen Stuhl fand, nachher gewaltsam verdrängt wurde, wenn er einen gefunden hatte und schließlich immer brutaler zum Außenseiter gemacht und mit Schlägen und Fußtritten traktiert wurde. Für mich war diese Szene der Revue der Augenblick im gesamten Faschismusprojekt, in dem es am besten gelungen war, gerade durch eine ungewohnte und non-verbale Darstellungsform besondere Betroffenheit zu erzielen und damit auf der emotionalen Ebene Lernchancen im Hinblick auf eine größere Immunität gegenüber faschistischen Tendenzen zu erreichen. Auf dieser Ebene waren z. B. auch Hauptschüler der 9. Klasse ansprechbar, und sie haben eine der zahlreichen Aufführungen der Revue auch in verhältnismäßig großer Anzahl gesehen.

Beteiligung und Betroffenheit von Jugendlichen

Insgesamt ist es uns jedoch sicher viel zu wenig gelungen, gerade die große Gruppe von Jugendlichen über 15 Jahre anzusprechen, die nicht mehr zur Schule geht oder nicht in Jugendgruppen organisiert ist. Wir haben dieses Problem zwar schon im Stadium der Planung gesehen und angesprochen. In der Kürze der Zeit, die uns zur Planung blieb, war es uns aber leider nicht möglich, geeignetere Formen zu finden, diese Altersgruppe anzusprechen.
Hauptsächlich erreicht haben wir Schüler zwischen 14 und 20 Jahren, teilweise auch jüngere, und Mitglieder organisierter Jugendgruppen. Sie waren es, die zwei Aufführungen des Theaterstücks »Furcht und Elend des Dritten Reiches«, zahlreiche Schülerveranstaltungen der Revue, Filme und Ausstellungen und Konzentrationslager besuchten, an Stadtrundfahrten und Wochenendseminaren teilnahmen, Augenzeugen interviewten, »Rock gegen Rechts« hörten und mit ihren Lehrern Jugendbücher zum Faschismus lasen.
Auch wenn man diese Einschränkung auf Schüler und Jugendgruppen machen muß, kann man andererseits wohl kaum schätzen, welche Anstöße und Anregungen das Faschismusprojekt gerade für diese Bevölkerungsgruppe und welche Hilfen es Lehrern und Leitern von Jugendgruppen gegeben hat. Als Beleg dafür nur drei Beispiele:

1. Nach den Osterferien 1979: Eine zwölfjährige Schülerin einer Rüsselsheimer Haupt- und Realschule mit Förderstufe, deren Klasse im Zusammenhang mit dem Faschismusprojekt im Frühjahr im Deutschunterricht das Jugendbuch »Nie

wieder ein Wort davon« von Barbara Gehrts gelesen hat, erzählt ihrer Lehrerin, daß sie in den Ferien mit ihrer Mutter in München war. Das Thema Nationalsozialismus habe sie so sehr interessiert, daß sie ihre Mutter gebeten habe, mit ihr nach Dachau zu fahren, um sich gemeinsam mit ihr das ehemalige Konzentrationslager anzuschauen.

2. Etwa 120 Besucher einer Aufführung von Brechts Szenenfolge »Furcht und Elend des Dritten Reiches« durch das Junge Theater Göttingen im Rüsselsheimer Stadttheater folgten nach Schluß der Vorstellung einer Aufforderung des Projektkoordinators, Wolfgang Schneider, sich zu einer Diskussion mit den Schauspielern im Foyer zu sammeln. Das Publikum bestand überwiegend aus Schülern zwischen 16 und 20 Jahren. Die Diskussion drehte sich vor allem um folgende Fragen:
– Jetzt kann ich mir noch viel konkreter vorstellen, was Faschismus heißt: Aber warum erfahren wir das alles erst so spät?
– Was waren das für Menschen, die besonders anfällig für den Faschismus waren? Inwiefern hat ihre Erziehung etwas damit zu tun? Gibt es solche Menschen heute noch?
– Haben wir nicht alle etwas von den Ängsten und Sehnsüchten des autoritären Charakters in uns?
– In welcher Situation befinden wir uns heute in der Bundesrepublik? Ist sie in irgendeiner Weise mit den Jahren vor 1933 vergleichbar? Sind (Jugend-) Arbeitslosigkeit, Berufsverbote, Unterdrückung und Denunziation aller kritischen Gedanken bis hin zur (freiwilligen) Selbstzensur auf der einen, wachsender Neonazismus, der um so unverschämter auftritt, je öfter er offiziell verharmlost wird, auf der anderen Seite nicht gesellschaftliche Erscheinungen, die in fataler Weise an die Szenen erinnern, die gerade gezeigt wurden?
– Welche Möglichkeiten haben Jugendliche, ihre kritischen Einsichten über Faschismus anderen zu vermitteln und sich gemeinsam mit anderen gegen neofaschistische bzw. autoritäre Tendenzen zu wehren?

3. Gerade der letzte, handlungsorientierte Gedanke wurde am folgenden Nachmittag nach der Lesung Ingeborg Bayers aus ihrem Buch »Ehe alles Legende wird« (einer Mischung aus autobiografischem Jugendbuch und Archiv- und Bildma-

terial) in der Stadtbücherei Rüsselsheim von einer Gruppe jüngerer Schüler (7.–10. Schuljahr) noch einmal angeschnitten und um einige, nachdenklich machende Zusammenhänge ergänzt:
Ausgangspunkt war der in sich sehr widersprüchliche Bericht eines politisch sehr interessierten und engagierten Schülers. Er erzählte vom offenen neofaschistischen Verhalten einer kleinen Gruppe in seiner Klasse und betonte, wie sehr ihn, moralisch und auf der Verstandesebene gesehen, deren große Sprüche abstießen. Gleichzeitig gab er jedoch offen zu, das Gruppenverhalten der Mitschüler und ihre Möglichkeit, sich an etwas zu orientieren, übe auf ihn und andere seinesgleichen sozusagen wider Willen, emotional eine starke Anziehungskraft aus und erfülle ihn insgeheim mit Neid. Auf Ingeborg Bayers erstaunte Rückfragen, ob er und andere, die so dächten wie er, denn keine Möglichkeiten hätten, sich anderweitig zu orientieren und sich in Jugendgruppen mit etwas zu identifizieren, kam die ganze Misere der Jugendlichen in Rüsselsheim zutage: »Wo sollen wir denn hingehen? Wenn wir nur vor dem Stadtjugendzentrum stehen und uns unterhalten, werden wir schon als »Politrocker« beschimpft und fortgejagt!« – Nirgendwo während des gesamten Projekts wurde von den betroffenen Jugendlichen dieser Zusammenhang so klar formuliert.

Hauptziel der Veranstalter war schließlich weniger Information über etwas Vergangenes um ihrer selbst willen, sondern der Versuch, neofaschistischen Tendenzen gerade unter Jugendlichen entgegenzuwirken, daß wir ihnen durch umfassende und auf möglichst anregende Weise dargebotene Informationen aufzeigen wollten, welche notwendigen Konsequenzen Faschismus für den einzelnen wie für die Gesellschaft hat.
Was nützt das aber alles, wenn wir ihnen nicht auch auf *der* Ebene etwas anbieten können, wo die Aktivitäten der Neofaschisten sie deshalb neidisch machen, weil sie für ihre eigenen Bedürfnisse nach Gruppenzugehörigkeit und Gemeinschaftserlebnissen unter Gleichaltrigen ohne die ewigen Vorgaben, Einschränkungen und Nörgeleien der Erwachsenen offensichtlich kaum geeignete Verwirklichungsmöglichkeiten finden?
In diese Richtung müßten die vorhandenen Jugendgruppen

ihre Angebote erweitern und verändern. Vor allem müßten Politiker, Dezernenten, Jugendgruppenleiter und Sozialarbeiter überlegen, wie ihre Angebote an Jugendliche attraktiver gestaltet werden könnten, um nicht in einigen Jahren über gestiegene Jugendkriminalität, noch größeren Drogenverbrauch und weiter anwachsenden Neofaschismus jammern zu müssen.

Anmerkungen

(1) Das Projekt »Hintergründe und Auswirkungen des deutschen Faschismus« ist ausführlich dokumentiert in dem PDI-Sonderheft Nr. 11 »Eine Stadt klärt auf. Dokumentation eines antifaschistischen Projekts der Stadt Rüsselsheim«, hrsg. von Eckehart Scherzer und Wolfgang Schneider, München 1979. Das Projekt fand auf Beschluß des Magistrats der Stadt Rüsselsheim statt. Es stand unter der Federführung des Kultur- und Schuldezernenten Gerhard Löffert. Das Projekt führte im Frühjahr 1979 zu heftigen Angriffen der CDU bis hin zu Rücktrittsforderungen an Löffert und zu einem Mißbilligungsantrag in der Stadtverordnetenversammlung, aber auch zu einer breiten Solidaritätsaktion für den Kulturdezernenten über Rüsselsheim hinaus.
(2) Bei diesem Projekt der Kulturverwaltung wurde in den unterschiedlichsten medialen Formen, durch Aktionen, Spiele, Straßenumzüge über die Leidensgeschichte der Indianer aufgeklärt.

Sigi Pach

Alternative Stadtrundfahrten
Das Hamburger Modell

Im Zusammenhang mit einer Großveranstaltung und einer Aktionswoche gegen zunehmende Rechtsentwicklung in der BRD und neonazistische Umtriebe, speziell in Hamburg, griff der Landesjugendring Hamburg die Anfang der siebziger Jahre von der VVN (Vereinigung der Verfolgten des Naziregimes / Bund der Antifaschisten) entwickelte Idee der Stadtrundfahrten zu Stätten des Widerstandes und der Hamburger Arbeiterbewegung auf. Damit sollte Jugendlichen die Möglichkeit gegeben werden, einen anderen Teil der Hamburger Geschichte kennenzulernen, von dem meist weder durch die Schule noch von den Eltern etwas zu erfahren ist. Nachdem die erste sogenannte alternative Stadtrundfahrt von den Teilnehmern begeistert aufgenommen worden war, entschloß sich der Landesjugendring Hamburg, derartige Fahrten regelmäßig anzubieten, unter anderem auch deshalb, weil der Landesjugendring endlich eine Möglichkeit sah, an Schwerpunktthemen, zu denen Großveranstaltungen durchgeführt worden waren, kontinuierlich weiterzuarbeiten.
Voraussetzung für die Durchführung der Stadtrundfahrten war eine mehrjährige Arbeit der sogenannten »Antifaschistischen Initiative«, einem losen Zusammenschluß verschiedener Organisationen, Initiativen und Einzelpersonen, deren gemeinsames Ziel der Kampf gegen neonazistische Tendenzen in der BRD und speziell in Hamburg ist. Neben dem Landesjugendring arbeiten in dieser Initiative unter anderem mit: Jusos, Landes-Asten-Konferenz, Schülerkammer, SDAJ, Chile-Gruppen, Vereinigung demokratischer Juristen sowie zahlreiche Einzelpersonen und Parteienvertreter. Hauptsächlich getragen wird die Arbeit zur Zeit von der VVN. Vorläufiger Höhepunkt der gemeinsamen Arbeit der »Antifaschistischen Initiative« war im Herbst 1978 die Durchführung einer Demonstration aus Anlaß des 40. Jahrestages der »Reichskristallnacht«, an der über 15000 vor allem junge Menschen teilnahmen. Insbesondere durch die Arbeit dieser Initiative wurde im Hamburger Raum immer wieder auf alt- und neonazistische Aktionen hingewiesen.

Auch in den Vollversammlungen des Landesjugendrings berichteten die Vertreter der Jugendverbände immer häufiger über Auseinandersetzungen mit jugendlichen Rechtsradikalen. Dies führte beim Landesjugendring schließlich zum Beschluß, neben einer Aktionswoche unter dem Motto »Für Demokratie gegen Neonazis« die alternativen Stadtrundfahrten regelmäßig weiterzuführen.

Konzeption

Zu den Orten der Geschehnisse zu fahren, Geschichte konkret werden zu lassen, das ist die Idee der alternativen Stadtrundfahrten. Anhand von Gebäuden, die Jugendlichen meist seit Jahren bekannt sind, erzählen die die Stadtrundfahrten begleitenden ehemaligen Widerstandskämpfer/innen, was in diesen Häusern zur Zeit des Nationalsozialismus geschehen ist, wie der Terror aussah, welche Formen des Widerstandskampfes angewandt wurden.
Mit den Stadtrundfahrten sollen folgende Hauptziele erreicht werden:
a) Die Teilnehmer sollen exemplarisch Formen und Auswirkungen der nationalsozialistischen Herrschaft in Hamburg kennenlernen.
b) Den Teilnehmern soll an ausgewählten Beispielen und durch die Konfrontation mit ehemaligen Widerstandskämpfern/innen ein Stück der demokratischen Tradition Hamburgs vermittelt werden. Sie sollen einen Eindruck vom Umfang und von den verschiedenen Formen, Richtungen und Ausprägungen des antifaschistischen Widerstandskampfes in Hamburg bekommen.
c) Anhand spezifisch lokaler Ereignisse soll versucht werden, den Teilnehmern Kenntnisse oder zumindest einen Eindruck von den Ursachen des Nationalsozialismus zu vermitteln.
d) Auf Konsequenzen und Schlußfolgerungen für die Gegenwart soll die Geschichtsvermittlung und das Schließen historischer Kenntnislücken bei den Stadtrundfahrten bezogen sein. Die Teilnehmer sollen anhand der offiziellen Auseinandersetzung/Nichtauseinandersetzung mit dem Nationalsozialismus für Widersprüche zwischen Anspruch und der Wirklichkeit in der BRD sensibilisiert werden, um im weite-

sten Sinne antifaschistisches oder demokratisches Engagement zu entwickeln.
Gerade der letzte Punkt ist für den Landesjugendring bei der Durchführung der Stadtrundfahrten entscheidend. Bei den Fahrten ergeben sich immer wieder Ansatzpunkte für Auseinandersetzungen mit aktuellen Geschehnissen: sei es die Frage, warum die Grabsteine der Widerstandskämpfer von jugendlichen Neonazis immer wieder mit Hakenkreuzen beschmiert werden, und die Steine oft wochenlang nicht gereinigt werden, oder auch die Frage, warum im Hamburger Rathaus immer noch keine Gedenktafel für die von den Nazis ermordeten Bürgerschaftsabgeordneten hängt, stattdessen aber sehr wohl die Opfer des Ersten Weltkrieges mit einer Gedenktafel geehrt werden.
Die Teilnehmer der Rundfahrten werden mit derartigen Fragen konfrontiert, sie müssen sich überlegen, warum der Hamburger Senat nicht bereit war, auf dem Gedenkstein in Neuengamme, die nach den jeweiligen Betrieben benannten KZ-Außenstellen mit ihren ursprünglichen Namen aufzuführen, sondern stattdessen neutrale Straßenbezeichnungen wählte. Derartige Vorkommnisse machen Jugendlichen den Widerspruch zwischen dem Anspruch und der Wirklichkeit unserer Gesellschaft deutlich und sind manchmal Ausgangspunkt für eine Auseinandersetzung mit aktuellen gesellschaftlichen Strukturen und Machtverhältnissen.
Eine ganz besondere Bedeutung haben für die Teilnehmer der Rundfahrten die Stadtführer. Jede Fahrt wird von einem jüngeren Stadtführer und einem ehemaligen Widerstandskämpfer begleitet. Diese Kameraden, die sich über die VVN bereit erklärt haben, die Rundfahrten zu begleiten, erzählen an ausgewählten Punkten der Stadtrundfahrt, was sie selbst z. B. im Gestapo-Hauptquartier erlebt haben, wie sie gefoltert wurden und wie sie dem Terror widerstehen konnten. Gerade an ganz persönlichen Erlebnissen sind die Jugendlichen besonders stark interessiert. Häufig werden die Stadtführer z. B. gefragt, wie sie die Trennung von der Familie ausgehalten haben, wie sie den Erpressungsversuchen der Nazis, die Angehörigen zu ermorden, standhalten konnten. Gerade diese Gespräche, der persönliche Kontakt zwischen den Stadtführern und den Jugendlichen, sollen im Mittelpunkt der Rundfahrten stehen. Für viele Teilnehmer ist es das erste Mal, daß sie einen Widerstandskämpfer erleben, daß sie einen Menschen

hören und auch fragen können, der selbst dabei war. Dadurch wird für sie Geschichte lebendig und vorstellbar.

Die Routen der Stadtrundfahrt

Bei der Ausarbeitung der Routen für die Stadtrundfahrt hat sich eine Schwerpunktsetzung als notwendig herausgestellt. Der Widerstand in Hamburg war umfangreich und relativ breit gefächert. Deshalb lassen sich an den verschiedensten Orten der Stadt Anhaltspunkte finden. Aus organisatorischen Gründen wurde auf Stadtteilrouten verzichtet und eine Rundfahrt I hauptsächlich für den Hamburger Innenstadtbereich ausgearbeitet, der vor allem die Aufgabe zukommt, die Breite, die verschiedenen Formen und Ausprägungen des Widerstandes zu vermitteln. Demgegenüber konzentriert sich die Rundfahrt II auf das KZ Neuengamme. Bei dieser Fahrt steht die faschistische Terrorherrschaft mit ihren Auswirkungen und der Widerstandskampf im KZ stärker im Vordergrund.

Die *Rundfahrt I* besteht aus insgesamt 26 Stationen, die mit einem Bus angefahren werden. Während der Fahrt oder bei kurzen Stops, berichten die Stadtführer über die Fakten und Geschehnisse, die Widerstandskämpfer ergänzen diese Informationen durch eigene Erlebnisse. An drei Orten wird ausgestiegen, Gedenktafeln und Gedenkstätten werden besichtigt. Die Teilnehmer haben dann besonders die Möglichkeit, Fragen zu stellen und selbst mit den Widerstandskämpfern ins Gespräch zu kommen. Auf Wunsch der Teilnehmer wird bei der Rundfahrt I eine ca. einstündige Pause in der Uni-Cafeteria angeboten, die die Teilnehmer entweder »zum Abschalten« oder zu informellen Gespräch untereinander und mit den Stadtführern nutzen können. Teilweise kann auch auf Wunsch der Gruppen nach der Fahrt in einer Gaststätte weiterdiskutiert werden.

Im folgenden einige Stationen der Rundfahrt I sowie stichwortartig das jeweils damit verbundene Thema:
Gewerkschaftshaus: Haltung der Gewerkschaften zum Faschismus anhand der Auseinandersetzungen um den 1. Mai 1933 (Aufruf des ADGB zur faschistischen 1. Mai-Kundgebung der Nazis, Besetzung des Gewerkschaftshauses durch die SA am 2. Mai, Auflösung

des ADGB), Arbeiterbewegung als Hauptgefahr für und Hauptgegner der Nationalsozialisten, Terror gegen die Gewerkschaften, konkrete Beispiele.
Hotel Atlantic: Bereits 1926 hielt Adolf Hitler im Hotel Atlantic eine programmatische Rede vor dem Hamburger Nationalclub, einer Vereinigung »führender Persönlichkeiten« aus Hamburgs Wirtschaft und Politik. Sehr deutlich und ohne sozialdemagogische Maske, proklamierte Hitler seine Ziele. »Diese Rede war seine erste vor Industrievertretern und diente als Musterrede für ähnliche spätere Veranstaltungen. An diesem Beispiel kann vermittelt werden, daß einerseits die Spitzen der Industrie und Politik bereits 1926 genau wußten, was sie bei einer nationalsozialistischen Herrschaft zu erwarten hätten, und daß andererseits ohne die Unterstützung führender Wirtschaftskreise die NSDAP niemals an die Macht gelangt wäre.«[1]
Thalia-Theater: Arbeitsstätte der Schauspielerin und Widerstandskämpferin Hanne Mertens. Information über ihre Widerstandsarbeit. Der Keller des Theaters diente als Archiv der Bästlein-Jacob-Abshagen-Widerstandsgruppe. Kurzinformationen über diese Gruppe, auf die im Verlauf der Fahrt mehrfach eingegangen wird.
Rathausmarkt: Machtübernahme der Nazis 1933 in Hamburg, Wahlergebnisse, 20 Bürgerschaftsabgeordnete wurden von den Nazis ermordet. Am Beispiel des Werdegangs zweier Abgeordneter werden verschiedene Seiten der Widerstandsarbeit vermittelt.
Stadthaus: (ehemaliges Gestapo-Hauptquartier). Ein Widerstandskämpfer berichtet über die »Verhör-Methoden« und Folterungen im Hauptquartier, meist aus eigenem Erleben.
Hafen: Gegenüberstellung »Franco-Hafen« (Hauptumschlagsplatz für faschistische Truppenverschiebungen und Waffenlieferungen an Franco während des spanischen Bürgerkrieges, Kriegsproduktion in den Werften etc.) und Zentrum des Widerstandes (Sabotage der Waffenproduktion, Solidaritätsparolen mit der spanischen Volksfront an Schuppen und Kaimauern. Über 120 Hamburger kämpften in den Internationalen Brigaden in Spanien. Illegale Gruppen in fast allen größeren Betrieben und Werften).
Hütten-Gefängnis: »Bei Staatsbesuchen und Besuchen führender Nazis wurden hier Antifaschisten in Schutzhaft gesteckt. Heute Helmuth-Hübener-Haus. Benannt nach einem Jugendlichen, der aus religiösen Motiven zum Widerstand kam und mit Freunden eine bedeutende Widerstandsorganisation aufbaute« (Holger Butt, s. Anm.[1]).
Jüdisches Getto: Beim heutigen zoologischen Institut ehemaliger Standort der in der sogenannten »Reichskristallnacht« zerstörten jüdischen Hauptsynagoge. Bericht über Judendeportationen und Zwangseinweisung in leerstehende Wohnungen in dem Stadtteil.
KZ Fuhlsbüttel: Bericht über Hamburger KZ's. Bericht eines ehemaligen Häftlings über Terror im KZ. Heute Gefängnis.

Die Rundfahrt II konzentriert sich thematisch auf das KZ Neuengamme (Geschichte, Zusammensetzung des Lagers,

Lageralltag, persönliche Erlebnisse, internationale Solidarität im Lager, Widerstand unter KZ-Bedingungen usw.). Angefahren werden mit dem Bus drei Stationen.

Schule Bullenhuser Damm: Ehemaliges Außerlager des KZ's Neuengamme. Wenige Tage vor Kriegsende wurden hier 30 sowjetische Kriegsgefangene und 20 jüdische Kinder, an denen sogenannte medizinische Versuche durchgeführt worden waren, ermordet. Der für diese Morde verantwortliche Nazi lebt noch immer auf freiem Fuß. Verlesung von Auszügen aus den Prozessen über den Kindermord. Bericht über Kampf um Einrichtung einer Gedenkstätte in der Schule.

Bergedorfer Schloß: Modell des KZ's Neuengamme, erstellt in den Nachkriegsprozessen über Neuengamme nach 1945. Bericht über den Lageraufbau und Lageralltag.

Gedenkstätte Neuengamme: Besuch der Gedenkstätte Neuengamme und Bericht eines ehemaligen Lagerinsassen über sein Leben in Neuengamme. Vom ehemaligen KZ ist heute kaum noch etwas zu sehen. Kampf der ehemaligen Widerstandskämpfer, Gewerkschaftler und Jugendverbände um ein Informationszentrum in Neuengamme.

Die Zielgruppen der alternativen Stadtrundfahrt

Es lassen sich drei verschiedene Kategorien von Stadtrundfahrten mit unterschiedlichen Zielgruppen unterscheiden.
1979 wurden insgesamt 83 Rundfahrten vom Landesjugendring Hamburg durchgeführt mit insgesamt 4150 Teilnehmern. Rund 30 Prozent der Fahrten wurden öffentlich angeboten und vom Landesjugendring subventioniert. Die Teilnehmer dieser Fahrten meldeten sich einzeln oder in kleinen Gruppen an. Etwa 90 Prozent dieser Teilnehmer sind Jugendliche. Sie setzen sich etwa zu gleichen Teilen aus Schülern, Auszubildenden und Studenten zusammen, von denen rund die Hälfte nicht in Jugendverbänden organisiert ist und für die diese Fahrt zumeist der erste bewußte Kontakt mit dem Landesjugendring ist. Die restlichen 10 Prozent der Teilnehmer dieser Fahrten sind Lehrer, die eine Sonderfahrt mit ihrer Schulklasse beabsichtigen oder ältere Menschen, die die Zeit des Nationalsozialismus selbst erlebt haben. 70 Prozent der Rundfahrten sind sogenannte Sonderfahrten für geschlossene Gruppen. Von den insgesamt 83 Rundfahrten wurden knapp 30 Prozent von Jugendverbandsgruppen, Gewerkschaften, Parteien und politischen Gruppen gebucht, aber auch von Firmen, die einen Betriebsausflug machten. In

einem Fall wurde eine Stadtrundfahrt für einen antifaschistischen Arbeitskreis organisiert, mehrfach meldeten sich Ausländergruppen, die in Hamburg leben, für Rundfahrten an. Die Mehrzahl der Fahrten (rund 40 Prozent) wird für Schulklassen organisiert, wobei der Anteil von Gewerbe- und Berufsschulklassen mit 60 Prozent den Anteil der Fahrten für Gymnasialklassen übersteigt.

Einschätzungen und Reaktionen der Teilnehmer

Es gibt beim Jugendring kein empirisches Material über die Wirkungen der Rundfahrten. Die folgenden Ausführungen sind also statistisch nicht abgesichert.
Bei der Beurteilung der Reaktionen der Teilnehmer muß man zwischen den verschiedenen Zielgruppen, für die die Rundfahrten angeboten werden, unterscheiden.

Öffentlich angebotene Fahrten: Bei diesen Fahrten, zu denen sich die Teilnehmer einzeln oder in kleinen Gruppen aus eigenem Antrieb anmelden, ist die Reaktion meist sehr positiv. Der Informationsstand der Teilnehmer über die Zeit des Nationalsozialismus ist sehr unterschiedlich. Gemeinsam ist das Interesse am Thema. Aufgrund der Rückfragen der Teilnehmer ist anzunehmen, daß es sich überwiegend um schon ziemlich politisierte Jugendliche handelt. Aufgrund des Werbematerials (Flugblätter, Zeitungsartikel, Rundfunk-Berichte) wissen die Teilnehmer im allgemeinen, daß sie drei bis vier Stunden überwiegend im Frontalunterricht von den Stadtführern informiert werden und die Möglichkeit, während der Fahrt zu diskutieren, sehr begrenzt ist. Um die etwas starre Form der Stadtrundfahrten aufzulockern und die Informationen zu vertiefen, werden zur besseren Anschaulichkeit Fotos und Dokumente im Bus herumgereicht. Insgesamt werden die Stadtrundfahrten von fast allen Teilnehmern gelobt. Es wird sehr positiv aufgenommen, daß überhaupt einmal über die Zeit des Nationalsozialismus und über Widerstandskampf informiert wird.

Fahrten von Schulklassen: Schulklassen sind mittlerweile die Hauptzielgruppe der Stadtrundfahrten geworden. Die Klassen werden vom Lehrer angemeldet, meist wird die Rund-

fahrt im Zusammenhang mit einer Unterrichtseinheit zum Thema Nationalsozialismus durchgeführt. Bei der Anmeldung erhält der Lehrer einen zweiseitigen Brief, in dem auf die Notwendigkeit der Vorbereitung verwiesen wird, zu bearbeitende Themen vorgeschlagen und Materialhinweise gegeben werden. Von der Intensität der Vorbereitung ist das Interesse der Schüler im hohen Maße abhängig.
Da die Fahrten während der Schulzeit stattfinden, ist die Teilnahme für die Schüler verbindlich. Deshalb kommt es vor, daß bis zu einem Viertel der Schüler an den Fahrten kein Interessse hat und freiwillig wohl nicht teilgenommen hätte. Diese Schüler unterhalten sich im allgemeinen im Bus über andere Themen, albern im Bus herum, dösen vor sich hin und toben in der Gedenkstätte Neuengamme auf dem Rasen herum. Sofern die Störungen die anderen Schüler nicht zu sehr behindern, wird darauf von den Stadtführern nicht reagiert. Wenn es sehr massiv wird oder bei persönlichen Erlebnisberichten der Widerstandskämpfer herumgealbert wird, versuchen die Stadtführer, den Schülern zu verdeutlichen, was es für einen Menschen bedeutet, von derartigen Erlebnissen zu berichten. Im allgemeinen haben wir festgestellt, daß die Schüler sehr intensiv und betroffen den persönlichen Erlebnisschilderungen folgen. Je nachdem wie die Widerstandskämpfer über ihre Erlebnisse berichten, beeinflussen sie damit auch die Aufnahmebereitschaft der Jugendlichen. Ist die eigene Betroffenheit noch derart unmittelbar, daß sie nur unter Tränen erzählen können, führt das bei einem großen Teil der Jugendlichen zum Abblocken. Berichtet der Widerstandskämpfer allerdings routiniert mit monotoner Stimme über Folterungen und Quälereien, ohne eigene Betroffenheit zu zeigen, »schalten« die Jugendlichen ebenfalls »ab« und hören nicht mehr zu. Bei einigen Fahrten ist es allerdings auch schon vorgekommen, daß einzelne Schüler derart stark betroffen sind, daß ihnen übel wurde, sie sich übergaben, zu weinen anfingen oder bewußtlos wurden.
Unklarheit herrscht bei den Schülern in den meisten Fällen über das, was Widerstandsarbeit bedeutete. Sie erwarten einen bewaffneten Kampf, so ungefähr wie im Western im Fernsehen und sind sehr enttäuscht, wenn wir ihnen das nicht bieten. Widerstandskampf ist für sie etwas Heldenhaftes, Abenteuerliches. Die Stadtführer versuchen dieses Bild zu zerstören. Sie versuchen auf die notwendige »Kleinarbeit« im

Widerstand und auf die teilweise vorhandenen moralischen Widersprüche hinzuweisen. Am besten gelingt es wohl den Widerstandskämpfern selbst, das Heldenbild durch ihr eigenes Auftreten zu zerstören.
Bisher sind an den Stadtrundfahrten keine organisierten neonazistischen Jugendgruppen aufgetreten. Außer vereinzelten Telefonanrufen im Jugendring mit »Rotfront verrecke« oder einigen Beschimpfungsbriefen, blieben der Jugendring und auch die Fahrten bisher verschont. An einer Berufsschulklassenfahrt nahmen etwa 5 Schüler in schwarzer Lederkleidung mit Nazi-Abzeichen und Gürtelschnalle mit SS-Runen teil. Die Jugendlichen fielen durch Zwischenrufe und »Frotzeleien«, die nicht genau zu bestimmen waren, auf. Die Stadtführer waren bemüht, sich durch diese Jugendlichen nicht aus dem Konzept bringen zu klassen, der Lehrer suchte das Gespräch mit den Schülern, allerdings ziemlich ergebnislos. Nachdem der Widerstandskämpfer aus seinem eigenen Leben berichtet hatte, wurden diese Jugendlichen immer ruhiger, und es schien zumindest so, als würden sie wirklich zuhören. Insgesamt kann man feststellen, daß für viele Schüler, insbesondere für jüngere Klassenstufen, zu viele Informationen gegeben werden, die für die Jugendlichen oftmals nicht mehr zu verarbeiten sind. Leider gelingt es den Stadtführern aufgrund ihrer eigenen Betroffenheit häufig nicht, ihre Beiträge zu reduzieren.
Bei einer etwas genaueren Auswertung der Stadtrundfahrt einer Schulklasse im Unterricht wurde deutlich, daß einige Schüler durch die Informationen über die KPD stark verunsichert waren. Der bei vielen Schülern vorhandene Antikommunismus war durch den direkten Kontakt zu den Widerstandskämpfern, die meist der KPD angehörten, stark in Frage gestellt worden, weil die meisten Schüler von diesen Menschen sehr beeindruckt waren. Während ein großer Teil der Schüler den Besuch der Ernst-Thälmann-Gedenkstätte mit den Informationen über die Widerstandsarbeit der KPD als Höhepunkt der Fahrt bezeichnete, empfanden einige Schüler den Kurzvortrag als kommunistische Propaganda und waren nicht bereit, sich damit auseinanderzusetzen. Wir haben aber festgestellt, daß die Schüler sehr sensibel auf die Art und Weise des Vortrages reagieren und bei sachlicher Berichterstattung sehr wohl bereit sind, sich mit den Positionen auseinanderzusetzen. Werden im Vortrag allerdings Infor-

mationen und politische Einschätzung nicht klar erkennbar voneinander getrennt und Fakten glorifiziert dargestellt, wie es leider in der Gedenkstätte bei einigen alten Widerstandskämpfern der Fall ist, bestätigen sich eher die Vorurteile der Schüler.
Trotz dieser Schwierigkeiten sind die Teilnehmer der Rundfahrten im allgemeinen sehr beeindruckt und es gibt mittlerweile Lehrer, die mit verschiedenen Klassen regelmäßig Stadtrundfahrten durchführen.

Fahrten mit geschlossenen Gruppen: Allgemeine Aussagen bei dieser Zielgruppe über Reaktionen der Teilnehmer lassen sich kaum machen, weil die Gruppen zu unterschiedlich sind. So kam es bei einer Fahrt von SPD-Bezirksabgeordneten und alten Sozialdemokraten zu einem sehr emotionsgeladenen Streit über die KPD- und SPD-Politik während des Nationalsozialismus, in dessen Folge sich einige Sozialdemokraten weigerten, die Ernst-Thälmann-Gedenkstätte zu besichtigen. Für andere Gruppen war die Stadtrundfahrt Ausgangspunkt für eine kontinuierliche antifaschistische Arbeit. Gruppen aus dem Ausland lernten durch die Stadtrundfahrt Hamburg mit anderen Augen sehen und waren tief beeindruckt, weil ihr Bild von »den Deutschen« sich stark relativierte. In Hamburg ansässige Ausländerorganisationen bekamen einen anderen Eindruck von der Stadt, in der sie leben und arbeiten.

Schwächen der Stadtrundfahrt

Mangel an Systematik: Im Gegensatz zur Rundfahrt II zum KZ Neuengamme, die thematisch einfach einzugrenzen ist und bei der geschichtliche Fakten in ihrer zeitlichen Reihenfolge dargestellt werden können, springt die Berichterstattung bei der Rundfahrt I durch die Hamburger Innenstadt zeitlich und thematisch. Für Teilnehmer, die sich bisher nicht mit der Zeit des Nationalsozialismus beschäftigt haben, ist es kaum möglich, einen einigermaßen systematischen Überblick über die Zeit des Faschismus in Deutschland zu bekommen. Was im allgemeinen bei den Jugendlichen in Erinnerung bleibt, sind einzelne Aspekte und Geschichten aus der Zeit des Nationalsozialismus und Widerstandskampfes.

Informationsfülle und Frontalunterricht: Beide Routen der Stadtrundfahrten dauern je drei bis vier Stunden. Abgesehen von den Zwischenstops sind die Stadtführer in dieser Zeit fast pausenlos am Erzählen. Häufig sind die Teilnehmer dadurch einfach überfordert[2]. Den Stadtführern fällt es aufgrund ihrer eigenen Betroffenheit oft schwer, aus der Fülle der zu erzählenden Fakten und Geschichten auszuwählen und vielleicht einmal auch scheinbar wichtige Dinge wegzulassen. Auch wenn wir uns bemüht haben, die Fahrten durch das Herumreichen von Fotos und Dokumenten aufzulockern, ändert das nichts grundsätzlich an der Methode des Frontalunterrichts, die allein schon durch den Bus, in dem die Fahrten durchgeführt werden, vorgegeben ist.

Fehlende Vor- und Nachbereitung durch den Landesjugendring: Auf den Flugblättern, die für die Rundfahrten werben, wird auf die Notwendigkeit der Vor- und Nachbereitung der Fahrten hingewiesen. Dennoch entzieht sich dieser Bereich dem Einfluß des Landesjugendringes. Dadurch sind wir auch nur in Einzelfällen über die Wirkung der Stadtrundfahrten auf die Teilnehmer informiert. Insbesondere bei den öffentlich angebotenen Fahrten, zu denen sich Jugendliche einzeln oder in kleinen Gruppen anmelden, ist es fraglich, ob eine ausreichende Vorbereitung der Fahrt erfolgt. Bei der Anmeldung von Sonderfahrten wird vom Landesjugendring nochmals auf die Notwendigkeit der Einbettung der Fahrten hingewiesen und es werden Anregungen zur Vorbereitung gegeben. Aufgrund des Verhaltens der Teilnehmer bei Schulklassenfahrten können wir in diesem Bereich im allgemeinen auch von einer umfassenden Vorbereitung ausgehen. Wir selbst halten die Erstellung eines didaktisch aufbereiteten Medienkoffers für sinnvoll, der den verschiedenen Gruppen zur Vor- und Nachbereitung angeboten werden kann und aus dem sich die Lehrer und Jugendgruppenleiter Unterrichtseinheiten bzw. Seminarmaterialien zusammenstellen können. Erste Ideen für diesen Medienkoffer liegen vor, aber aus zeitlichen und insbesondere finanziellen Gründen konnte der Landesjugendring diese Idee bisher nicht realisieren. Um die Teilnehmer bei der Vor- und Nachbereitung der Rundfahrt nicht ganz allein zu lassen, wurde vom Landesjugendring eine Begleitbroschüre zu den Rundfahrten erstellt, die für 3,50 DM von jedem Teilnehmer zu kaufen ist[3]. In dieser Broschüre werden die verschiedenen Stationen der Stadtrundfahrten aufgeführt. Darüber hinaus werden Literaturhinweise über die Zeit des Nationalsozialismus und des Widerstandskampfes gegeben. Dennoch muß festgestellt werden, daß die Fahrten weitgehend folgenlose Eintagsfliegen bleiben, wenn sie nicht z. B. bei Jugendgruppen ein Aspekt einer kontinuierlichen antifaschistischen Arbeit sind.

Stadtführer: Das Gelingen einer Fahrt hängt in starkem Maße von der Person und dem Verhalten der Stadtführer ab. Dabei stellt sich zunächst das Problem, überhaupt Stadtführer zu bekommen, da die jüngeren Stadtführer im allgemeinen tagsüber arbeiten müssen und für Schulklassenfahrten deshalb ausfallen. Von den älteren Widerstandskämpfern leben leider nur noch sehr wenige, deren Gesundheitszustand und damit deren Belastbarkeit aufgrund langer KZ-Haft meist sehr schlecht ist. Eine Kombination von jüngeren und älteren Stadtführern erscheint uns sinnvoll, da die jüngeren Kameraden häufig ein besseres Gespür für die Aufnahmefähigkeit der Jugendlichen haben und sich manchmal besser auf die Teilnehmer einstellen können. Dennoch ist die Teilnahme eines ehemaligen Widerstandskämpfers, der aus eigenem Erleben berichtet, unverzichtbar.
Bei der Auswahl der Stadtführer stellt sich das Problem, daß es bisher nicht möglich war, ehemalige Widerstandskämpfer zum Beispiel aus dem konfessionellen Bereich zu finden. Auch der sozialdemokratische und liberale Bereich ist unterrepräsentiert. Gerade aber aus sozialdemokratischem und konfessionellem Bereich wird – wenn auch nicht offiziell – ab und zu den Stadtrundfahrten der Vorwurf der KPD-Lastigkeit gemacht. Anfragen des Landesjugendrings nach Widerstandskämpfern aus diesen Bereichen, die bereit wären, die Rundfahrten zu begleiten, wurden entweder gar nicht oder abschlägig beantwortet.
Aufgrund der politischen Herkunft der Widerstandskämpfer wird der polit-ökonomische Erklärungsansatz des Nationalsozialismus in den Berichten relativ stark betont, während massenpsychologische Aspekte in den Hintergrund gedrängt werden. Gerade an diesem Punkt ist es die Aufgabe der jüngeren Stadtführer, den Jugendlichen auch über die Begeisterung der Bevölkerung für Hitler zu berichten, um ihnen ein einigermaßen realistisches Geschichtsbild zu vermitteln.

Trotz aller dieser Mängel halten wir die alternative Stadtrundfahrt für einen wichtigen Beitrag zur antifaschistischen Jugendarbeit. Vielfach haben die Rundfahrten Anregungen für die Arbeit in Jugendgruppen der Mitgliedsverbände gegeben und an verschiedenen Schulen sind aufgrund der Fahrten antifaschistische Arbeitskreise entstanden. Nicht zuletzt haben die Stadtrundfahrten für den Landesjugendring einen Werbeeffekt. Außerdem haben sich die Mitgliedsverbände des Jugendringes aufgrund der Stadtrundfahrten und insbesondere bei der Erstellung der Begleitbroschüre intensiv mit der eigenen Verbandsgeschichte auseinandergesetzt und teilweise selbst recherchiert, um Material anbieten zu können.
Auch wenn es noch viel zu verbessern gibt, finden wir die Stadtrundfahrten eigentlich ganz gut.

Anmerkungen

(1) Holger Butt: Alternative Stadtrundfahrten, in: deutsche jugend, 9/1979, S. 394ff.
(2) Vgl. den Beitrag von Karin Wienberg/Frank Düchting in diesem Band.
(3) Die Begleitbroschüre »Nazi-Terror und Widerstand in Hamburg – eine alternative Stadtrundfahrt« ist gegen Voreinsendung von 4,– DM erhältlich beim Landesjugendring Hamburg e.V., Hirschgraben 25, 2000 Hamburg 76.

Gerhard Paul

Alternative Stadtrundfahrten Beispiel Saarbrücken

Saarbrücken – Provinzhauptstadt im Südwesten der Republik, eine Stadt mit allen Vor- und Nachteilen kapitalistischer Zivilisation: Woolworth-Innenstadtarchitektur, Stadtautobahn, Rundfunksender, hoher Arbeitslosenquote, schmutziger Luft und einem um »linkes Image« bemühten sozialdemokratischen Oberbürgermeister, der es mit der verschlafenen CDU leicht hat. Saarbrücken – einstmals Zentrum des internationalen Kokainhandels und der Spionage, aber auch trügerische Hoffnungsstation von vielen Deutschen »drüben aus dem Reich«, die vor Hitler und seiner SA an die Saar flohen, als diese noch der Völkerbundsherrschaft unterstand. Aber davon ist vieles bereits wieder vergessen.
Seit einiger Zeit nun bemüht sich die um Imagepflege und Publizität bemühte Landeshauptstadt, Saarbrücken als »Messe- und Kongreßzentrum« zu profilieren. Dazu gehörte es nicht nur, die Stadt an das Intercitynetz anzuschließen, sondern auch den nun etwas zahlreicher fließenden Besuchern und ausländischen Gästen das schöne, moderne und restaurierte Saarbrücken zu zeigen. Zu diesem Zweck führt das »Amt für Öffentlichkeitsarbeit« nun regelmäßig Stadtrundfahrten durch. In zweieinhalb Stunden werden nicht nur 50 Kilometer und 38 »Sehenswürdigkeiten«, sondern auch etwa 600 Jahre Stadtgeschichte bewältigt. Kunterbunt reiht es sich da aneinander: Preußische Bergwerksdirektion, Zoo (14 ha, 1042 Tiere, 276 Arten), Stiftskirche aus dem 14. Jahrhundert, Jugendherberge mit 180 Betten, Spicherer Höhen (Schlachtfeld des Deutsch-Französischen Krieges 1870/71), Saarlandhalle mit Spielbank, Alte Brücke 1546–48 auf Anregung Kaiser Karls V. erbaut, Burbacher Hütte (»gehört zum ARBED-Konzern, größter Profilstahlhersteller Europas«), Schloß, Johannisbrücke (»327 m lang, überspannt den Hauptgüterbahnhof«) usf. Ausgeklammert bleiben die tristen Arbeiterviertel am Rande der Stadt, Informationen über die vielen Arbeitslosen, unerwähnt bleibt die hohe Umweltbelastung durch Stadtautobahn und nahe Hüttenwerke. Und gänzlich ausgespart in diesem Hin- und Herspringen durch

Jahrhunderte bleibt die Zeit des »braunen« Saarbrückens der dreißiger und vierziger Jahre dieses Jahrhunderts.

Entstehungsgeschichte der alternativen Rundfahrten

Die Schwierigkeiten, in den festgefahrenen Unterrichtsritualen einer traditionellen Bildungsinstution, wie sie eine Volkshochschule (VHS) darstellt, Jugendliche zur Auseinandersetzung mit dem Faschismus und der lokalen Geschichte zu motivieren, waren der Hintergrund, nach dem Vorbild der »alternativen Stadtrundfahrten zu den Stätten der Hamburger Arbeiterbewegung und des antifaschistischen Widerstandes« des Landesjugendringes Hamburg eine ähnliche Stadtrundfahrt auch für Saabrücken zu konzipieren. Zugleich reizte es mich selbst, mehr über die Stadt zu erfahren, die zwangsweise meine neue Heimat geworden war, hinter die Kulissen der lokalen Geschichte zu schauen, hinter den Fassaden der Häuser den historischen Alltag der »kleinen Leute«, der Mitläufer und der Menschen mit ungebrochenem Rückgrat, der »kleinen Alltagshelden«, zu rekonstruieren. Ich wollte mehr darüber erfahren, wie diese Menschen angesichts der großen Krise gelebt hatten, wie sie auf Veränderung gehofft hatten, wie sie der Nationalsozialismus, diese schiefgeratene deutsche Revolution, betrogen hatte, wie sie dann leiden mußten, aber auch wie einzelne von ihnen ungebrochen widerstanden hatten. Und es war für mich eine Möglichkeit, ansatzweise das zu realisieren, was mir theoretisch schon lange im Kopf herumspukte: auf der lokalhistorischen Schiene die begrenzten Möglichkeiten politischer Bildung im präventiven Kampf gegen jugendliche Rechtsorientierung einzusetzen.[1] Am historischen Beispiel des eigenen geographischen Nahbereichs wollte ich die Gefahren markieren, die aus einer extremen rechten Orientierung erwachsen können. Voraussetzung der Realisierung eines alternativen Rundfahrtprojektes war es, mich zunächst selbst intensiv in die historisch-politische Materie einzuarbeiten, vorhandene Literatur zu sichten, begrenzt auch eigene Archivarbeit zu betreiben und vor allem das Gespräch mit wichtigen Informationsträgern und Augenzeugen von damals zu führen.
Als wichtige Informationsträger in der Vorbereitungsphase erwiesen sich die Mitglieder der Saarbücker »Vereinigung der

Verfolgten des Naziregimes« (VVN), die die »weißen Flekken« in der Literatur anhand eigener Erlebnisschilderungen ansatzweise auszufüllen vermochten. Sie beantworteten einen umfangreichen Fragebogen zur Saarbrücker Topographie der Nazizeit und berichteten in ausführlichen Gesprächen über ihre Erfahrungen vor 1933, ihre politische Arbeit im Abstimmungskampf, über die dann folgende Emigration oder über Verfolgung und Haft. Aus diesem Gesprächskreis rekrutierten sich dann später die VVN-Begleiter der Rundfahrten.
Die aus einer Vortragsreihe der Volkshochschule zu den »Ursachen und Folgen der Saarabstimmung 1935«[2], aus den vielen Gesprächen, der eigenen Lektüre und Archivarbeit ermittelten Informationen wurden in einem 27 Punkte umfassenden Manuskript zusammengefaßt – Punkte, die einen Bezug zu Saarbrücker Straßen, Plätzen, Gebäuden usf. hatten. Die Punkte wurden auf einen Stadtplan übertragen und bildeten so das Grundgerüst für die späteren Rundfahrten.

Konzeption

Was ist aber nun »alternativ« an diesen Rundfahrten? Treffend heißt es zur Konzeption in einem Fernsehfeature des Saarländischen Rundfunks:

»Nationalsozialismus – das war nicht nur Feldherrnhalle und Reichskanzlei, Stalingrad und Auschwitz, das war nicht zuletzt auch Alltag. Das war die schleichende Faschisierung des Lebens, wachsender Terror und Bespitzelung, aber auch Widerstand im kleinen, mit dem sich Menschen gegen die braune Barbarei zur Wehr setzten. Jede Stadt hatte damals zwei Gesichter: das offizielle der Naziherrschaft – das inoffizielle des Widerstandes. Auf dieser Tatsache baut die alternative Stadtrundfahrt auf. Es geht nicht um die Entdeckung malerischer Fleckchen, wie sie Touristen allzu gerne besichtigen. Es geht um einen neuen Blickwinkel: die allen bekannte Saarbrücker Topographie soll mit anderen Augen betrachtet werden; die Teilnehmer lernen, ihre Stadt aus der Optik der Opfer zu sehen. Geschichte wird so nacherlebbar, konkret zu fassen in der gewohnten Umwelt. Sie tritt hervor hinter unscheinbaren Häuserfassaden, Straßennamen und Gedenktafeln.«

– Einen *anderen Umgang mit der Geschichte* einüben, hinter Geschichtsdaten und Häuserfassaden die Menschen nicht vergessen, die kleinen Leute – das ist *ein* wichtiges Ziel der Stadtrundfahrten. So wie Bertolt Brecht in seinen »Fragen eines lesenden Arbeiters« die Geschichte nach den Bauleuten, den Sklaven, den Soldaten, den Witwen befragt, so sollen auch hier nicht die »großen Männer«, die Haupt- und Staatsaktionen der »Führer« im Mittelpunkt stehen, sondern die einfachen Leute, die Geschichte allererst möglich machen. Durch das Gespräch mit Augenzeugen und das Aufsuchen historisch bedeutsamer Stätten soll Geschichte als etwas begriffen werden, das nicht einfach hinter uns liegt, sondern das vielfältig in die Gegenwart hineinreicht. Durch das Hineinholen der Geschichte in die Gegenwart läßt sich gerade bei jungen Menschen vermeiden, daß ihnen die NS-Zeit so weit entfernt erscheint wie Bauernaufstände oder napoleonische Zeit. Durch verfremdende Effekte, dadurch, daß das alltäglich Gewohnte in ungewohnter Weise und Umgebung erscheint, sollen Lernprovokationen zur längerfristigen Auseinandersetzung mit der Geschichte des eigenen geographischen Nahbereichs ausgelöst werden. So erscheint dann das in der Saarbrücker Öffentlichkeit viel diskutierte Schloß plötzlich nicht mehr als Streitobjekt der Parteien, sondern als berüchtigtes Gestapo-Quartier, in dem Menschen wegen ihrer nationalen, religiösen und politischen Herkunft und Überzeugung gelitten haben. Die Saarbrücker Bahnhofstraße wird zur langen Einbahnstraße zum Konzentrationslager Dachau.

– Die Teilnehmer sollen anhand lokaler Ereignisse die *alltägliche Herausbildung des Faschismus* bereits vor dem Machtantritt der Nazis kennenlernen, sowie deren politische und ökonomische Hintergründe. Hierzu ist das Verständnis der besonderen saarländischen Regionalgeschichte zwischen 1920 und 1935 eine wichtige Voraussetzung (Abtrennung des Saargebietes von Deutschland, Unterstellung des Saargebietes unter das Mandat des Völkerbundes, Frankreich als größter Arbeitgeber an der Saar, die Rolle des Großindustriellen Röchling, Abstimmungskampf 1933–1935, Bildung der »Deutschen Front« und der Einheitsfront gegen Hitler).
– Die Teilnehmer sollen einen *Einblick in die besondere Situation des Saargebietes zur Zeit des Abstimmungskampfes erhalten,* die Formen und Inhalte der antifaschistischen Kultur und Gegenöffentlichkeit und die Einschüchterungs- und Terrorpolitik der »Deutschen Front« kennenlernen und Überlegungen anstellen, warum sich die Saarländer 1935 zu

90 Prozent für Hitler und damit gegen Freiheit, Glück und Wohlstand entschieden haben.

– Die Teilnehmer sollen exemplarisch *Formen und Auswirkungen der nationalsozialistischen Herrschaft in ihrer Stadt* (Emigrationswellen, Judenverfolgung, Antifaschistenprozesse, Verschlechterung der Arbeitsbedingungen, Kriegsalltag, KZ, Standgerichtspraxis, aber auch NS-Herrschaftsarchitektur) aus der Sicht der Opfer, der Machtlosen und der Widerstehenden kennenlernen. Besonderer Wert wird dabei auf die Auswirkungen des Nationalsozialismus auf Kinder und Jugendliche – auf eine vergleichbare Altersgruppe also, in die man sich hineinversetzen kann – gelegt (jüdische Kinder, Emigrantenkinder, Kinder von Antifaschisten, Jugendliche im Widerstand und als Luftwaffenhelfer im Krieg).

– Den Teilnehmern soll durch exemplarische Geschichten und durch die Konfrontation mit Widerstandskämpfern *Form, Umfang und Wirkung des unterschlagenen Saarbrükker Widerstandskampfes* und der antifaschistischen Kultur vor 1935 wieder verfügbar gemacht werden. Insbesondere soll ihnen die Geschichte der Einheitsfrontpolitik von Sozialdemokraten und Kommunisten vermittelt werden und auf die heute fast wieder gänzlich vergessenen großen Hilfs- und Solidaritätsorganisationen der Arbeiterschaft (Arbeiterwohlfahrt, Rote Hilfe, Internationale Arbeiterhilfe) hingewiesen werden. Es geht somit um das Anknüpfen an eine verdrängte und unterdrückte demokratische und antifaschistische Stadtkultur, die sich auch unter den Bedingungen des keineswegs totalen nationalsozialistischen Kontroll- und Überwachungsapparates mit Lust und Phantasie weiter entfalten konnte.

– Durch das Aufsuchen historisch bedeutsamer Stätten (Grabstätten, Gestapo-Zelle, KZ, ehemalige Synagoge), die in der Stadt versteckt und kaum zugänglich sind, auf die in der Regel keine Informationstafel Hinweis und Auskunft gibt, die ungepflegt vor dem Verfall und dem Vergessen bedroht sind, aber auch durch das Kennenlernen der Saarbrücker Umbenennungspraxis von Straßennamen (zahlreiche Straßennamen von Antifaschisten wurden hier Mitte der 50er Jahre wieder entfernt) sollen *Kontinuitätslinien und offizielle Umgangsformen mit der »braunen Geschichte« der Stadt* herausgestellt und auf den offiziell proklamierten antifaschistischen Verfassungsauftrag der Bundesrepublik bezogen wer-

den. Der auffallende Widerspruch soll zur praktischen Aktion der Erhaltung und der Pflege der antifaschistischen Gedenkstätten auffordern. Gerade das unscheinbare Grab des Widerstandskämpfers der »Weißen Rose«, Willi Graf, auf dessen Bedeutung kein Hinweisschild am Eingang des Friedhofes hinweist, die von dem endgültigen Zerfall bedrohte Gestapo-Zelle im Saarbrücker Schloß, die mit unzähligen Inschriften von russischen, polnischen und französischen Kriegsgefangenen und Deportierten bedeckt ist und der Ort des ehemaligen Saarbrücker Konzentrationslagers »Neue Bremm«, auf den nur eine in die Erde eingelassene Gedenktafel in französischer Schrift aus dem Jahre 1947 den kundigen Besucher aufmerksam macht, die Straßenumbenennungspraxis von 1955, das Nichtvorhandensein von Gedenktafeln und Hinweisschildern für die zahlreichen Emigranten an der Saar provozieren immer wieder Fragen nach der Glaubwürdigkeit des offiziell bekundeten Antifaschismus aller Parteien und Diskussionen über die gegenwärtige politische Situation in der Bundesrepublik. Es geht hier nicht um die Erhaltung geschichtlicher Zeugnisse um ihrer selbst willen. Geschichtliche Dokumente sind dann wertvoll, wenn sie in unserem heutigen Leben eine Funktion haben, indem sie wichtige Orientierungsmarken in unserer alltäglichen Umwelt darstellen, und indem sie Gelegenheit geben, uns mit ihnen als unserer eigenen Geschichte auseinanderzusetzen. Nur in diesem Sinn ist Spurensicherung von Bedeutung.
Die Realisierung dieses umfangreichen Lernzielgesamtkatalogs der alternativen Stadtrundfahrten bemißt sich am Alter, dem Vorwissen, der Gruppenzusammensetzung und dem ausgewiesenen Lerninteresse der teilnehmenden Gruppen. Bei einer sechsten Schulklasse wird so mehr Gewicht gelegt auf die Auswirkungen der nationalsozialistischen Herrschaft auf Kinder und Jugendliche und auf das Gespräch mit Augenzeugen und weniger auf die Vorgeschichte und die Hintergründe des Nationalsozialismus, die bei älteren Teilnehmern wiederum stärker in den Vordergrund treten. Bei einer politischen Jugendgruppe wird dagegen der Aspekt des Umgangs mit der Saarbrücker Lokalgeschichte in den Mittelpunkt rücken. Die Informationsfülle kann auch dann reduziert werden, wenn die Rundfahrt in der Schule oder der Jugendgruppe vorbereitet wurde.

Methodisch bestehen die Stadtrundfahrten aus folgenden Elementen:

– Ein *einführender und kommentierender Vortrag des Stadtführers,* der Informationen zu den einzelnen Punkten gibt, der auf Zusammenhänge hinweist und die Augenzeugen vorstellt. Sein Vortrag ist in der Regel primär chronologisch, nicht thematisch orientiert. Dies soll die Orientierung der Teilnehmer erleichtern. Ergänzt wird der Vortrag des Stadtführers durch eine, vor Beginn der Fahrt verteilte grobe Zeitleiste, auf der die wichtigsten lokalen und nationalen Ereignisse der Jahre 1920 bis 1945 eingetragen sind. Diese Zeitleiste soll die Strukturierung der Informationen ermöglichen. Die Rolle des Stadtführers habe bei allen Rundfahrten bislang ich selbst übernommen. Anders als der Landesjugendring Hamburg kann die VHS Saarbrücken hierfür keinen zusätzlichen Mitarbeiter einsetzen. Zudem verfüge ich über eine jeweils genaue Kenntnis der Gruppe, überschaue das historische Material und kann die Inhalte der Rundfahrten mit der Struktur der jeweiligen Teilnehmergruppe abstimmen.

– Das *Vorstellen ausgewählter Text- und Bilddokumente,* die einzelne Informationen ergänzen und veranschaulichen sollen. Während der Rundfahrt werden so beispielsweise herumgereicht: Reproduktionen antifaschistischer Flug- und Tarnschriften, die in Saarbrücken vertrieben oder hergestellt worden sind, ein Zeitungsausschnitt aus der »Saarbrücker Zeitung« vom November 1938, in dem über die Zerstörung des jüdischen Gotteshauses in der »Reichskristallnacht« berichtet wurde, Fotografien aus der Zeit des Abstimmungskampfes und eine Fotografie der jüdischen Synagoge vor ihrer Zerstörung.

– Das *Einspielen von Tondokumenten* über die Lautsprecheranlage des Busses. Am Ort der ehemaligen Synagoge wird eine fünfminütige Erlebnisschilderung einer älteren jüdischen Dame über die Saarbrücker »Reichskristallnacht«, über die Zerstörung der Synagoge, die Durchsuchung ihrer Wohnung und die Verhaftung der jüdischen Männer eingespielt. Antifaschistische Saarlieder des Jahres 1934 von Erich Weinert und Bertolt Brecht nach der Musik von Hanns Eisler, eigens zu diesem Zweck von einem bekannten Saarbrücker Liedermacher aufgenommen, lockern an anderer Stelle die Stimmung wieder auf.

– Das *Aufsuchen von Orten und Gedenkstätten,* die mit der Saarbrücker Geschichte zwischen 1933 und 1945 in Verbindung stehen. So besuchen die Teilnehmergruppen den Alten Friedhof von St. Johann mit dem Grab von Willi Graf, die Gestapo-Zelle im Saarbrücker Schloß und das nahe bei Saarbrücken gelegene ehemalige KZ »Neue Bremm«.

– Das *Gespräch mit Augenzeugen aus dem Widerstand.* Jede Fahrt wird von zwei Augenzeugen der VVN begleitet, die an ausgewählten Punkten (der Gestapo-Zelle, der deutsch-französischen Grenze, dem KZ) über ihre persönlichen Erlebnisse berichten, die sie mit diesen Orten verbinden: warum sie dem Nazisystem entgegengetreten sind, wie sich ihre Emigration oder ihre Verhaftung konkret abgespielt und auf die familiäre Situation ausgewirkt hat. Das Gespräch mit diesen Augenzeugen soll im Mittelpunkt einer jeden Rundfahrt stehen. Für viele Teilnehmer ist es das erste Mal, daß sie einem Widerstandskämpfer, einem Emigranten, einem KZ-Häftling begegnen, der anhand seiner Biographie über die NS-Zeit Auskunft geben kann. Geschichte wird in den Augenzeugenberichten so langsam lebendig und ansatzweise nacherlebbar.

Die Besetzung der Rundfahrten mit Augenzeugen geschieht nach einem Rotationsprinzip. Um die älteren Damen und Herren der VVN nicht physisch und psychisch zu überfordern, wechseln sie sich, auch jeweils abhängig von ihrem doch oft schon labilen Gesundheitszustand, in der Begleitung der Rundfahrten ab. Das »Augenzeugen-Team« der VVN besteht aus Widerstandskämpfern des kommunistischen und katholischen Lagers, die wegen ihres politischen und moralischen Engagements in der Status-Quo-Bewegung, wegen der Nichtherausgabe erbbiologischer Unterlagen im Rahmen der Euthanasiebestrebungen und wegen Grenzarbeit verfolgt und verhaftet wurden.

Die Route der Stadtrundfahrten

Vorbei geht es zunächst am Landgerichtsgebäude am Saarufer, das zwischen 1920 und 1935 Sitz der Regierungskommission des Völkerbundes war, durch die »Straße des 13. Januar« (dem Tag, an dem die Saar mit überwältigender Mehrheit für Hitler votierte), die makabrerweise anschließend – wie der Weg zahlreicher Emigranten und Antifaschisten – von der Polizeikaserne zum Schlachthof führt, zur ehemaligen Ulanenkaserne, die zwischen 1933 und 1935 ein wichtiges Emigrantenquartier war und in den späten Kriegsjahren dann ein berüchtigtes Standgericht beherbergte, das zahlreiche Todesurteile fällte und auf der Reitbahn der Kaserne vollstrecken ließ. Der Bus passiert dann das Stadion am Kieselhumes, in dem eine Woche vor der Saarabstimmung die letzte große antifaschistische Kundgebung der saarländischen Antihitler-Koalition stattfand. Erster Haltepunkt ist der schöne alte Friedhof von St. Johann. Ein kurzer Spaziergang führt vorbei an monumentalen alten Bürgergräbern zum schmucklosen, unscheinbaren Grab von Willi Graf. Mit dem Bus geht es weiter, vorbei am ehemaligen Ev. Gemeindehaus »Wartburg«, dem Auszählungslokal der Saarabstimmung, zur Straßenkreuzung Neikes/Großherzog-Friedrich-Straße. Diese Straßenkreuzung zeigt exemplarisch den offiziellen Umgang mit der antifaschistischen Geschichte Saarbrückens. Auf Antrag von CDU und FDP wurde hier 1955 die 1945 nach dem Vorsitzenden der Sozialdemokratischen Partei des Saargebietes und Antifaschisten Max Braun benannte Straße wieder in Großherzog-Friedrich-Straße zurückbenannt. Die Querstraße hierzu ist dagegen nach dem Oberbürgermeister benannt, der bereits am 1. Mai 1934 Hitler die Ehrenbürgerwürde der Stadt Saarbrücken – die ihm offiziell nie aberkannt wurde – überbrachte, und der für zahlreiche Behinderungen der Anti-Hitler-Koalition verantwortlich zu machen war. Nachdem das Rathaus hinter uns liegt, vor dem am 1. März 1935 Hitler und die gesamte NS-Prominenz die Parade aller Formationen der »Deutschen Front« abnahm, dann eine verkehrsreiche Straßenkreuzung, an der sich bis zur »Reichskristallnacht« die schöne jüdische Synagoge Saarbrückens befand und an die heute nur eine kleine Tafel auf der Höhe des ersten Stockes, für Passanten kaum sichtbar, erinnert. Der Bus folgt dann der Route der in der »Reichskristallnacht« verhafteten jüdischen Männer auf ihrem Weg zum Schloßplatz, von wo aus es 1938 und 1940 in die Konzentrationslager ging. Während wir durch die geschäftige Bahnhofstraße mit ihren vielen bunten Schaufenstern fahren, läuft das Tonbandinterview zur »Reichskristallnacht« – ein mitunter gespenstiger Kontrast. Vor uns dann das Staatstheater, ein »Geschenk des Führers« für den Abstimmungssieg. Das ehemalige »Gautheater Saarpfalz« sollte als »Bollwerk deutscher Kultur in der westlichen Grenzmark« die Überlegenheit der deutschen Kultur über die französische ausdrücken. Architektonisch ist es das genaue Gegenteil: ein Musterbeispiel zusammengeklauter NS-Architektur, neoklassizistische Fassade, germanisches Walmdach usf. Am alten Schillerschul-Gebäude, in dem sich bis 1936 eine jüdische Volksschule befand, verweise ich auf die Etappen der Judenverfolgung bereits vor 1935. Weil die Übergriffe auf jüdische Schulkinder im gesamten Saargebiet schon 1933 derart zunahmen, sah sich die jüdische Gemeinde veranlaßt, ihre Kinder ab 1934 in diesem Schulgebäude selbst zu unterrichten. Ein Hinweis dann auf ein bekanntes Restaurant, das bis 1935 wichtiges Veranstaltungslokal der Einheitsfront war. Hier traten zahlreiche, den faschistischen Gefängnissen und ersten Konzentrationslagern bereits entkommene Antifaschisten auf und berichteten über die Zustände »drüben im Reich«. Hier gastierten aber auch bekannte Künstler und Schriftsteller, die sich auf der Seite der Einheitsfront gegen Hitler engagierten. Bis zum nächsten Haltepunkt dann die Einspielung von drei antifaschistischen Saarliedern von Brecht, Weinert und Eisler. Im nördlichen Flügel des Saarbrücker Schlosses, in dem ab 1935 die Gestapo residierte, besuchen wir in den dunklen Kellergewölben eine zufällig erhalten gebliebene Gefängniszelle. Die unzähligen Inschriften in russischer, polnischer und französischer Sprache zeugen vom Leid von verhörten und gefolterten Menschen – hauptsächlich Deportierten und Kriegsgefangenen, die wegen Flucht, Sabotageverdacht und ähnlichem hier inhaftiert waren. Mitglieder der VVN, ehemalige Widerstandskämpfer, berichten über Verhaftung und Behandlung in den Saarbrücker Gefängnissen, über den ersten großen Antifaschistenprozeß und über ihre stundenlangen Verhöre bei der Gestapo ein Stockwerk höher. Einen Einblick in den Umgang mit der NS-Geschichte geben Informationen über die Geschichte der Wiederentdeckung der Zelle: über die verschwundene Zellentür, die zufällig weiß übertünchten Inschriften an einer Zellenwand, die drohende völlige Zerstörung der Zelle im Zuge der geplanten Schloßrenovierung. Vorbei am Haus der Arbeiterwohlfahrt, wo ebenfalls zahlreiche Versammlungen der Einheitsfront stattfanden, wo die später in Berlin-Plötzensee hingerichtete Frank-

furter Widerstandskämpferin Johanna Kirchner zwischen 1933 und 1935 arbeitete, geht es entlang der deutsch-französischen Grenze zum ehemaligen KZ »Neue Bremm«. Die deutsch-französische Grenze passierten damals zahlreiche Widerstandskämpfer, um von den im lothringischen Forbach gelegenen Grenzstellen von KPD und SPD antifaschistisches Flugblattmaterial und Geld zur Betreuung der politischen Gefangenen zu holen. Die deutsch-französische Grenze war 1935 aber auch für viele Menschen, für politische Emigranten, saarländische Antifaschisten, Juden die rettende Linie vor dem Zugriff der Gestapo. Am Ort des ehemaligen Konzentrationslagers wird knapp die Geschichte dieses Lagers und seine Funktion im nationalsozialistischen Herrschaftsgefüge beschrieben, aber auch auf den Unterschied zu den riesigen Vernichtungslagern im Osten hingewiesen. Ein ehemaliger Saarbrücker Häftling dieses Lagers gibt einen Einblick in den Lageralltag. Letzte Stationen der Stadtrundfahrt sind dann das ehemalige Gestapo-Gefängnis, die Befestigunganlagen des Westwalls und der Standort eines Flakgeschützes, an dem an einem Oktobertag des Jahres 1944 16 jugendliche Flakhelfer bei einem Fliegerangriff umkamen.
Nach drei bis dreieinhalb Stunden ist die Rundfahrt beendet. Nach den vielen neuen Eindrücken und Informationen, aber auch der teilweise großen Betroffenheit, ist ein direktes Nachbereitungsgespräch nur in den seltensten Fällen und auch nur bei außerordentlich motivierten Teilnehmern möglich. Viele Teilnehmer machen sich während der Fahrt Notizen oder fertigen Tonbandmitschnitte an, die dann später in Jugendgruppe oder Schulklasse ausgewertet werden.

Werbung und Organisation

Aus arbeitsorganisatorischen Gründen, aber auch um die Mitglieder der VVN nicht zu überfordern – denn jede Rundfahrt bedeutet für sie auch eine psychische Belastung –, führen wir nur eine Stadtrundfahrt in der Woche durch. Wegen der großen Nachfrage – die Fahrttermine sind gegenwärtig schon mehrere Wochen im voraus ausgebucht – nehmen wir nur noch Anmeldungen von Gruppen mit mehr als 30 Personen entgegen. Bei Anmeldungen von Einzelpersonen werden diese entweder den Gruppen zugeordnet oder auf die zwei bis

drei jährlich stattfindenden, öffentlich ausgeschriebenen Termine für Einzelteilnehmer verwiesen. Die Rundfahrten, für die es (noch) keine öffentlichen Zuschüsse gibt, werden über einen Teilnehmerbeitrag von 5 DM pro Person finanziert. Damit können eben die Buskosten gedeckt werden. Die die Rundfahrten begleitenden Mitglieder der VVN versehen ihre Funktion ehrenamtlich.
Die Werbung für die Stadtrundfahrten erfolgt über die Ausschreibung im VHS-Verzeichnis, über das erfahrungsgemäß aber kaum Jugendliche erreicht werden, und über ein zielgruppenspezifisch gestreutes Flugblatt, aus dem nähere Informationen über Inhalt, Zielsetzung und Organisation der Rundfahrten hervorgehen. Eine werbende Wirkung hatten auch die Berichte in den lokalen Medien. Rundfunk, Fernsehen und die Saarbrücker Alternativzeitung berichteten zum Teil ausführlich. In der Zwischenzeit sind die Rundfahrten so populär, daß besondere Werbemaßnahmen nicht mehr notwendig sind. Interessierte Lehrer, Jugendgruppenleiter, Schüler und andere Einzelpersonen wenden sich direkt an die Volkshochschule und melden dort ihre Wünsche an.

Reaktionen und Resonanz

Im Jahr 1980 haben etwa 40 Gruppen mit mehr als 1600 Personen an den Fahrten teilgenommen. Neben den öffentlich ausgeschriebenen Rundfahrten an Samstagnachmittagen, an denen jeweils mehr als 60 Personen unterschiedlichen Alters und unterschiedlicher Profession teilnahmen, handelte es sich bei den anderen Gruppen größtenteils um Haupt-, Realschul- und Gymnasialklassen zwischen der 6. und der 12. Schulstufe. Schulklassen nutzten eine Rundfahrt entweder als Alternative zum traditionellen Wandertag, als den Unterricht ergänzende oder auch ersetzende Schulpflichtveranstaltung. Die Initiative zur Teilnahme an den Fahrten ging in vielen Fällen von Schülern aus. Weitere Gruppen waren Hauptschulabschlußkurse der Volkshochschule, politische und konfessionelle Jugendgruppen, ausländische Gästegruppen, Seminarteilnehmer der Friedrich-Ebert-Stiftung, Stadträte und Stadtverordnete.
Da eine gezielte und wissenschaftlich abgesicherte Wirkungsanalyse der Reaktionen der Teilnehmer bislang nicht erfolgen

konnte, ist es nicht möglich, gesicherte Erkenntnisse darüber zu formulieren, ob und wie die oben formulierten, sehr weitreichenden Lernziele auch nur ansatzweise realisiert worden sind. Dennoch möchte ich einige Beobachtungen und Erfahrungen mehr unsystematischer Art mitteilen.

Nach Auskunft der begleitenden Lehrer verhielten sich die teilnehmenden Schulgruppen in der Regel ruhiger und konzentrierter als in der schulischen Situation oder bei ähnlichen Busunternehmungen anderen Inhalts. Am größten ist die Konzentration in der Regel bei den Berichten der Augenzeugen. Ob diese Ruhe und Konzentration als Betroffenheit und als gedankliches Hineinversetzen in die geschilderte Zeit gedeutet werden kann, läßt sich nur vermuten. Je jünger die Teilnehmer sind, desto größer ist die Aufmerksamkeit und das durch Fragen verbalisierte Interesse. Gerade bei den jüngeren Teilnehmern ist öfters festzustellen, daß sie Tonbandaufzeichnungen und Notizen während der Fahrt anfertigen. Umgekehrt: je älter die Teilnehmer sind und je höher ihr Bildungsniveau, desto öfter sind Zwischenbemerkungen zu hören, desto größer ist die Skepsis oder auch das durch Unterhalten ausgewiesene Desinteresse.

In einem Fall wehrten Teilnehmer eines Seminars mit deutschstämmigen Umsiedlern aus Osteuropa die vorgetragenen Informationen mit dem Hinweis auf Lager in der Sowjetunion, der DDR und Polen ab. Ein Teilnehmer kommentierte die Inschriften polnischer Häftlinge im Gestapo-Keller gar mit dem Satz: »Das geschieht denen doch recht.« Am ehemaligen KZ weigerte sich eine ältere Frau aus dem Bus auszusteigen mit dem Hinweis, das kenne sie alles, auch Polen sei ja ein KZ.

Bei einer anderen Rundfahrt mit Saarbrücker Bürgern wurden jüngere Teilnehmer von älteren daran gehindert, die Gestapo-Zelle zu betreten. Die Glaubwürdigkeit der VVN-Augenzeugen wurde in Frage gestellt und diesen signalisiert, man werde ihre Informationen zu überprüfen wissen. Dieses Verhalten hatte unter den Teilnehmern dieser Gruppe gerichtliche Auseinandersetzungen zur Folge. Bei einer Gruppe eines Saarbrücker Gymnasiums konnten manifeste antikommunistische Haltungen registriert werden. Von Beginn der Rundfahrt an war für eine Gruppe der »Schülerunion« klar, daß die Rundfahrten parteipolitisch, im kommunistischen Sinne, eingefärbt sind. Diese Schüler schalteten dann,

auch bei den Berichten der Widerstandskämpfer, völlig ab. Informationen wurden nicht mehr entgegengenommen. Einige rechts orientierte Schüler beschwerten sich gar bei ihrem Direktor über den Charakter der Rundfahrt und weigerten sich, den Fahrtkostenbeitrag zu entrichten.
Die Reaktionen der begleitenden Lehrer und Jugendgruppenleiter war bislang in allen Fällen positiv. Sie lobten die Rundfahrten als Ergänzung bzw. als wichtige Motivation zum Weiterlernen in Schulklasse bzw. Jugendgruppe.
Das bei Lehrern, Jugendgruppenleitern und Jugendlichen geweckte Interesse setzte sich in eine Reihe von Aktivitäten um. Einige Schüler nahmen an einer weiteren Fahrt teil, weil sie noch mehr über diese Zeitperiode wissen wollten. Andere Schüler nahmen Kontakt mit den begleitenden Widerstandskämpfern auf und besuchten diese zu Hause. Mehrere Schüler konnten durch die Rundfahrten motiviert werden, an der gleichzeitig laufenden VHS-Veranstaltungsserie zu den »Ursachen und Folgen der Saarabstimmung 1935« teilzunehmen. Schul- bzw. Jugendgruppen berichteten ausführlich in ihren Schüler- bzw. Jugendgruppenzeitungen. Die Schülervertretung einer Schule gestaltete mit ehemaligen Widerstandskämpfern und mir in der Aula ihres Gymnasiums einen Film- und Vortragsabend zum Thema »Nationalsozialismus und Widerstand an der Saar«. An dieser Veranstaltung nahmen etwa 100 Schüler, Lehrer und Eltern teil. Die Juso-Hochschulgruppe organisierte in Fortsetzung der Stadtrundfahrt ein Wochenendseminar über die Ursachen der Saarabstimmung von 1935. Eine 7. Schulklasse führte in ihrem Klassenraum eine kleine Ausstellung über den Faschismus an der Saar durch. Ein begleitender Lehrer, gleichzeitig stellvertretender Vorsitzender einer FDP-Ortsgruppe, wandte sich in einem offenen Brief an die verantwortlichen Stellen und forderte von ihnen die Erhaltung und Renovierung der ehemaligen Gestapo-Zelle im Schloßkeller. Jungsozialisten nahmen im Juli 1980 die Stadtrundfahrten zum Anlaß, in einer Presseerklärung »endlich ... auch mit Hilfe von Straßennamen (mit kleinen Erklärungshinweisen) auf Menschen hinzuweisen, die z. T. bis in den Tod gegen die Zeit des Nationalsozialismus Widerstand geleistet haben«. In der Presseerklärung heißt es zur Begründung: »Gerade in einer Zeit, in der zunehmend die ›Geschichtslosigkeit‹ der Jugend (und nicht nur dieser) beklagt wird, gibt die Umbenennung von Straßenna-

men die Möglichkeit, kommunales Geschichtsbewußtsein zu vermitteln.« Eine Bürgeraktion zur Umbenennung von Straßennamen und zur Erhaltung und Restaurierung des Gestapo-Kellers wurde anläßlich des Saarbrücker Altstadtfestes durchgeführt. An einem eigenen Stand wurde für die alternative Stadtrundfahrt geworben, wurden zahlreiche Stadtführer verkauft und Unterschriftenlisten zur Restaurierung des Gestapo-Kellers ausgelegt. Die VVN forderte im Zusammenhang der Stadtrundfahrten einmal mehr die Erhaltung der Gestapo-Zelle und einen Gedenkstein am Grab von Willi Graf, der in der Zwischenzeit nun auch angefertigt und enthüllt wurde.
Neben den Augenzeugenberichten ist es der Skandal des öffentlichen Umgangs mit den Relikten der nationalsozialistischen Vergangenheit, der sich am nachhaltigsten im Bewußtsein der Teilnehmer festsetzt und als Lernprovokation wirkt. Dies sind einige, mehr zufällig registrierte Belege für das durch die alternativen Stadtrundfahrten gestiegene Interesse an der Saarbrücker Geschichte der Jahre 1933 bis 1945, die das Unternehmen Stadtrundfahrt vorweg rechtfertigen. Ob auch das oben formulierte »andere Verhältnis zur Geschichte« dieser Zeit realisiert werden konnte, bleibt fraglich. Nicht zuletzt aber macht es mir selber Spaß: mich immer tiefer in die Geschichte der Stadt einzuarbeiten, in der ich lebe, immer neue begeisterungsfähige junge Menschen kennenzulernen und in neue Arbeitskontakte mit Gruppen zu treten, die ich vorher nicht kannte und von den Alten zu lernen. Ihre Erzählungen machen Mut und geben Kraft. Und ein wenig Engagement gehört auch dazu, ein inneres Engagement, ohne das die vermittelten Informationen vielfach unglaubwürdig bleiben würden. Diese Zeit leidenschaftslos und ohne eigene Beteiligung Jüngeren zu vermitteln, scheint mir schlicht unmöglich. Und natürlich freut mich auch das öffentliche Interesse – und die Kritik –, die unsere Stadtrundfahrten gefunden haben. Denn ohne herbe, polemische Kritik geht es auch hier nicht ab. Nach einem Bericht über eine Stadtrundfahrt in den ARD-Tagesthemen trafen bei der Stadt Saarbrücken etliche Zuschauerzuschriften aus dem gesamten Bundesgebiet ein, die uns »Nestbeschmutzung« und ähnliches vorwarfen. Für uns ist, anders als diesen Kritikern, Geschichte eben nicht teilbar. Deutsche Geschichte war eben nicht nur die Geschichte der »Dichter und Denker«, sondern auch die

»braune Geschichte der Richter und Henker« zwischen 1933 und 1945 ... und danach!

Selbstkritische Anmerkungen

Nicht die Quantität des gelernten Stoffes sollte Erfolgs- und Leistungskriterium eines solchen Projekts sein, sondern die Qualität der Verarbeitung. Die Fähigkeit, das Gelernte zu reflektieren und anzuwenden, muß vor der Fähigkeit stehen, Informationen zu speichern. Aber bereits hier kommt es zu einem Problem. Denn eine ernste Gefahr unserer Rundfahrten besteht darin, daß hier die traditionelle Fütterungs-Pädagogik im Frontalstil – die »Bankiersmethode der Erziehung«, wie sie Paulo Freire nennt – mit nur anderen Inhalten reproduziert wird, daß die Teilnehmer mit einem Berg von Daten und emotionalen Eindrücken überfüttert und überfordert werden. Informationen und Daten speichern, neue und andere visuelle Bezüge zu ihrer Stadt herstellen, die Verarbeitung emotionaler Betroffenheit und die Konfrontation mit Augenzeugen: das alles sprengt sicherlich die Verarbeitungskapazitäten von Jugendlichen, blockiert eher, als daß es motiviert, bleibt vielleicht politisch-exotisches Erlebnis, anstatt ein kleiner Meilenstein zu praktischer Demokratiefähigkeit zu werden, wenn keine fundierten Vorbereitungen stattfinden, die auch Methoden vermitteln, wie solche Informationen und Eindrücke aufzunehmen und dann später zu verarbeiten sind.

Um die Vor- und Nachbereitung auf der kognitiven Schiene ein wenig zu erleichtern, haben wir einen »Alternativen Stadtführer« der Jahre 1933 bis 1945 herausgegeben, der die Route der Rundfahrt und eine Fülle von Informationen, Dokumenten und historischen Fotografien zu den einzelnen Orten der Naziherrschaft, der Emigration und des Widerstandes enthält.[3]

Die Vorabinformation durch die Lektüre dieses Stadtführers sollte daher ein Vorbereitungsschwerpunkt sein, um zumindest ein Vorverständnis herauszubilden. Das eigene, arbeitsteilige Anfertigen von Tonbandmitschnitten, von Notizen, das Fotografieren während der Fahrt wäre ein anderes wichtiges Hilfsmittel für die spätere Nachbereitung. Selbsterkundende und produktorientierte Lernformen, bei denen die Jugendlichen selbst den Lernmodus und den Lernrhythmus bestimmen und ihren Verabeitungsmöglichkeiten anpassen, sind sicherlich solchen Formen der Angebots-Pädagogik vorzuziehen, wie sie die Stadtrundfahrten darstellen. Sie lassen sich gegenwärtig eben nur nicht überall und massenhaft anwenden und erreichen auch oft nicht den »Durchschnittsjugendlichen«. Der unbestreitbare Vorteil unserer Rundfahrten ist dagegen, daß wir eben solche »Durchschnittsjugendliche« in großer Zahl erreichen können, allerdings um den Preis, daß diese in der Regel in ihrem traditionellen (schulischen) Objektstatus verbleiben. Sie haben – außer durch Raunen, Abschalten usf. – kaum eine Chance in diesem eingefahrenen Lernsetting, *ihre* eigenen Bedürfnisse und Interessen zu artikulieren. Sie werden zusätzlich aus ihrem alltäglichen Erfahrungs- und Lernzusammenhang künstlich isoliert. Das »Gelbe vom Ei« antifaschistischer Jugendarbeit sind diese Rundfahrten daher sicherlich noch nicht. Didaktisch stehen sie zumindest für eine traditionelle lernziel-, und eben nicht schülerzentrierte Didaktik. Die Erfahrung mit der »Schülerunion«-Gruppe zeigt zudem, daß es sich auch um keine dialogorientierte Didaktik handelt. Der Dialog mit bereits rechts orientierten Schülern war in diesem Fall zumindest nicht möglich.

Da ich von einer politischen Bildung wenig halte, deren Erkenntnisse im alltäglichen Leben nicht praktizierbar sind, und die daher dann auch bald vergessen werden, wäre weiter zu fragen, was mit dem Gelernten nach einer Rundfahrt geschieht. Wie wird mit dem erworbenen Wissen alltäglich umgegangen? Gibt es überhaupt Möglichkeiten, dieses Wissen anzuwenden? Welche Bedeutung haben die neuen Informationen und Eindrücke für das allgemeine Lernziel des Erwerbs praktischer Demokratiefähigkeit? Fragen – deren Beantwortung noch ausstehen.

Neben diesen mehr praktisch-pädagogischen Fragestellungen gibt es eine Reihe von wissenschaftlich-theoretischen Problemen, die noch ungeklärt sind und für künftige Projekte dieser Art genauer zu bedenken wären.

Dort, wo sich die Auseinandersetzung mit dem deutschen Faschismus, aus schlechtem Gewissen, auf die Teilnahme an einer solchen Stadtrundfahrt zur lokalen Geschichte reduziert, sind entscheidende Verzerrungen des Verständnisses von Faschismus möglich und zu erwarten. Aus den Besonderheiten der lokalen Geschichte, den Spezifitäten des historischen Alltags lassen sich die Strukturen des Allgemeinen, der überregionalen Geschichte, des politischen Systems nur ansatzweise und gebrochen erklären und rekonstruieren. Faschismus ist *mehr* als der Ort, die Region. Ein Vor-Begriff der Sache, vor solchen Exkursionen, ist zum wirklich begrifflichen Verständnis auch der faschistischen Regionalgeschichte unbedingt notwendig. Aber eben hier mangelt es, sind Lehrer und Jugendgruppenleiter oft selbst ungenügend qualifiziert, geben Geschichts- und Sozialkundebücher wenig her.

Die Auswahl der noch lebenden Augenzeugen, die berichten *können* und *wollen*, führt zu einem weiteren Problem. Nicht durch eine Opfer- und Widerstandspädagogik, die aus der Sicht der Verfolgten und der Widerstandskämpfer den Faschismus erschließen will, ist dieser wirklich begreifbar. Die Kaprizierung auf Verfolgung und Widerstand kann vielmehr »tödlich« sein. Aus der Perspektive der Verfolgten sind höchstens die persönlichen Konsequenzen der Verfolgungs- und Terrorspitzen begreifbar, nicht aber der faschistische Alltag der Mehrheiten, die dieses politische System möglich gemacht und getragen haben. Gerade die Verfolgten haben ja ab einem bestimmten Zeitpunkt die verführerische Alltagsrealität nicht mehr miterleben können, weil sie isoliert waren, in der Illegalität lebten, emigrieren mußten, in Gefängnissen und Konzentrationslagern von ihrer Umwelt abgeschnitten waren. Ihre Berichte müßten von den Zuhörern daher quellenkritisch eingeschätzt und eingeordnet werden. Dazu sind aber Jugendliche, die überhaupt zum ersten Male mit diesem Problemkomplex konfrontiert werden, nicht in der Lage. Ausgeklammert bleibt aus der Perspektive der Verfolgung das Mitläufertum, seine Erfahrungen, Hoffnungen und Motive, die Faszination, die der Nationalsozialismus auch auf die proletarischen Massen zunächst ausübte. Gerade aber, um Jugendliche gegenüber zukünftigen antidemokratischen Verlockungen zu immunisieren, wäre das Verständnis des Nationalsozialismus als Sehnsüchte und Hoffnungen organisierende Massenbewegung notwendig. Das leisten unsere Stadtrundfahrten nicht! Hier fehlen Augenzeugen, die ihr Mitläufertum, ihren Opportunismus nachträglich kritisch reflektiert haben und darüber heute zu berichten in der Lage sind.

Die Berichte von Widerstandskämpfern verzerren zusätzlich die Relation von Widerstand und faschistischem Gesamtsystem. Daß Widerstand auch an der Saar ansatzweise, wenn auch ohne Wirkung, möglich war, und diesen Menschen ein hohes Maß an Mut und Zivilcourage zuzusprechen ist, ist sicherlich wichtig zu erwähnen. Das heutige Herausstellen von Widerstandskämpfern, und an der Saar gab es aufgrund der Vorgeschichte wenig genug, überbetont die Widerstandskomponente nach 1935. Gerade an der Saar war organisierter Widerstand, wie wir ihn aus Hamburg, München, dem Ruhrgebiet kennen, durch die Isolierung und die Bespitzelung der nicht emigrierten und verhafteten ehemaligen Funktionäre und Sympathisanten der Linksparteien kaum mehr möglich. Ein Gesamtbild des Faschismus ist durch unsere Rundfahrten daher nicht zu erreichen. Ihr Wert und ihr Erfolg hängt von den Verarbeitungsqualitäten unserer Teilnehmer und somit a priori von einem qualitativ besseren Sozialkunde- und Geschichtsunterricht in unseren Schulen ab. Diesen kann die außerschulische Jugendarbeit und Jugendbildung nicht ersetzen.

Anmerkungen

(1) Vgl. Gerhard Paul, Grenzen und Möglichkeiten politischer Bildung im Kampf gegen den jugendlichen Rechtsextremismus, in: G. Paul/B. Schoßig (Hrsg.), Jugend und Neofaschismus. Provokation oder Idenitifikation?, Frankfurt a. M. 1979, bes. S. 196 ff.
(2) Zu dieser VHS-Veranstaltungsreihe vgl. ausführlicher: Gerhard Paul, Lokalhistorische Aufklärung. Ein Praxisbericht aus der politischen Bildung, in: VHS im Westen, H. 3, 1980.
(3) Alternativer Stadtführer 1933–1945, hrsg. von Gerhard Paul in Zusammenarbeit mit der VVN. Landesverband Saar, Saarbrücken 1980; erhältlich bei der VVN-Bund der Antifaschisten, Landesverband Saar, Lebacherstr. 31, 6600 Saarbrücken gegen Voreinsendung von DM 5,–

Christian Schubert

Friedensdienst in KZ-Gedenkstätten
Erfahrungen der Aktion Sühnezeichen

Die im Raum der evangelischen Kirche verwurzelte Aktion Sühnezeichen/Friedensdienste (AS/F) bietet seit 1967 etwa fünf bis zehn Tage dauernde Aufenthalte für Gruppen in den Gedenkstätten Auschwitz, Maydanek und Stutthof an, denen sich eine ca. einwöchige Reise durch Polen anschließt.

Zum Selbstverständnis der Aktion Sühnezeichen/Friedensdienste

1. Die Aktion Sühnezeichen beschloß, in den polnischen KZ-Gedenkstätten zu arbeiten, weil Polen neben Rußland und Israel das Land ist, dem »wir wohl am meisten wehgetan haben«, wie es im Gründungsaufruf von AS/F 1958 heißt. Doch welche »Schuld« trägt der Kreis von jungen Leuten, die fast zehn Jahre nach dem Aufruf in Polen eintreffen und Zeichen der Versöhnung, Sühnezeichen setzen?!
In unserem Selbstverständnis ist Sühne niemals im strafrechtlichen Sinn von Schuld und Sühne verstanden worden. AS/F wollte damit vielmehr einen Geschichtsbezug ausdrücken:

»Sühnezeichen heißt: Hier sind Deutsche, die zu dem stehen, was geschah. Es gibt keine andere Möglichkeit, sich zu dieser Vergangenheit zu verhalten, als sie zur Kenntnis zu nehmen und zu versuchen, aus ihr zu lernen. Bezüglich dieses Geschichtsbezuges heißt Sühnezeichen das Bemühen um die Überwindung der Grundlagen der gesellschaftlichen Entwicklung des deutschen Faschismus. Dies verband man mit dem praktischen Handeln gegenüber den Gegnern und Opfern von Gestern. Es kam darauf an, Umkehr von den Irrwegen des deutschen Faschismus und eine Veränderung des Bewußtseins zu erreichen. Dies ist nach christlichem Verständnis Buße. Verbinden wir Buße allzu oft mit einer ›Sack- und Asche-Mentalität‹ so heißt es im Sinne des Neuen Testaments: Umkehr und Sinnesänderung« (Zeichen, Nr. 2/79, S. 9).

2. Diese Aufgabe ist nicht nur auf Christen beschränkt zu sehen, und sie war von Anfang an von den Christen in Aktion Sühnezeichen »als Angebot an alle Deutschen gerichtet worden. Damit fiel schon zum Zeitpunkt ihrer Gründung der Entschluß der weltanschaulichen Offenheit ... Wer dieser

praktischen Arbeit der Aktion Sühnezeichen und ihren Projekten zustimmte, konnte mitmachen, egal aus welcher religiösen, politischen oder weltanschaulichen Überzeugung er kam« (a. a. O. S. 10). In dieser Zusammenfügung der unterschiedlichsten Kräfte auf ein Ziel hin könnte man Aktion Sühnezeichen als »gelebte Ökumene« verstehen, die Dialog, Gespräch und Streit um die eigenen Voraussetzungen immer begleitet hat (vgl. a. a. O.).

3. Es bleibt hervorzuheben, daß zu der erstrangigen Notwendigkeit von Aktion Sühnezeichen, »die Ursachen und Folgen der nationalsozialistischen Gewaltherrschaft zu überwinden«[1], eine politische Bildungsarbeit gehört, die zu einem kritischen Geschichtsbewußtsein beiträgt. »Aufklärung über die politischen und historischen Bedingungen, die das deutsche Volk in die geschichtliche Katastrophe führten, ist für sie bleibender Auftrag«.[2] Gerade weil AS/F nicht Sühne als Selbstzweck begreift, sondern den Weg in eine friedliche Zukunft bahnen will, gehört der Einblick in friedenshemmende und friedensstörende gesellschaftliche Verhältnisse und Strukturen zu einem wesentlichen Arbeitsziel von AS/F.

4. Ein letzter Punkt ist noch zum Verständnis von AS/F und seinen Projekten anzufügen. Zum Wesen der ›Aktion‹ gehört das Zeichen. Und wo das geschieht, »da ist es nicht die Sache selbst, da geschieht viel weniger, als eigentlich geschehen sollte«.[3] Die zeichenhafte Arbeit hat nicht das Werk zum Mittelpunkt, sondern den, der es tut. Wenn das Begreifen einsetzt, ist aber auch der Grundstein dafür gelegt, daß es beim Zeichen nicht bleiben kann. Zeichen ist »ein Wort der Verheißung. Es verspricht, es werde mehr geschehen, sobald man mehr vermöchte«.[4] Dies ist aber nicht als ein Vertrösten auf später mißzuverstehen, wie der Abschnitt dieses Berichts, der über einen Polenaufenthalt berichtet, belegen soll.

Es sei noch angemerkt, daß die folgende Darstellung des Projektes mögliche Ansatzpunkte der Kritik ausspart, und von mir nicht beabsichtigt ist, der Vermittlung von Anspruch und Wirklichkeit auf der Spur zu sein.

Organisatorisch-technischer Ablauf einer Fahrt

Der Aufenthalt in Polen wird durch eine Vorbereitungszeit eingeleitet, die mit der Anmeldung der Gruppe im Herbst (!)

eines Jahres einsetzt, und die die Regelung des Reiseprogramms, der Aufenthaltsdauer, der Teilnehmerzahl usw. vorsieht. Im Frühjahr des darauffolgenden Jahres findet ein Treffen zwischen den Gruppenleitern und AS/F statt. Dieses dreitägige Seminar hat die Funktion, die Zielvorstellungen von AS/F durchzuarbeiten, Erfahrungen aus den Gedenkstätten weiterzureichen, das Medien- und Informationsmaterial vorzustellen. Anhand der Diskussion um die »Richtlinien für die Arbeit von Gruppen der Aktion Sühnezeichen« möchten wir verdeutlichen, daß sich diese Fahrt grundsätzlich von einem x-beliebigen Verwandten- oder Touristenbesuch in Polen unterscheidet und die Gruppen sich daher inhaltlich auf Informationsabenden, Wochenendseminaren oder in Schulstunden vorzubereiten haben. Mögliche Problembereiche können dabei sein: Ursache und Geschichte der nationalsozialistischen Polenpolitik, Ost-Politik der BRD, Antikommunismus, Geschichte der Volksrepublik Polen als sozialistischem Staat. Dieser Stoffkatalog beansprucht nicht, vollständig zu sein. Er ist nicht als starres Raster zu verstehen, dessen Komplexität akribisch aufgearbeitet werden soll. Er soll vielmehr Motivationen schaffen, sich mit Grundproblemen auseinanderzusetzen und ansatzweise Wissen zu vermitteln. Erfahrungsgemäß kann nämlich die Zeit in den Gedenkstätten nur dann sinnvoll zu Gesprächen genutzt werden, wenn die Teilnehmer über ihre verständlichen Vorurteile hinaus zu Grundproblemen bereits motiviert sind.
Die Art und Weise des Vorgehens sowie die inhaltliche Ausgestaltung wird gruppenspezifisch verschieden sein und obliegt den Gruppenleitern oder -teamern. Aktion Sühnezeichen hat damit wenig Einfluß auf die Vorbereitung, die das Gelingen der Fahrt wesentlich bedingt. In seltenen Fällen gelingt es, daß der Aktion Sühnezeichen-Betreuer für die Gedenkstätte an Vorbereitungstreffen teilnimmt.
Die auftretenden organisatorischen Probleme einer Fahrt finden selbstverständlich auch Eingang in das Vorbereitungsseminar. Ein anschließender Kurzaufenthalt in Polen dient zum Kennenlernen des polnischen Vertragspartners ›Juventur‹ (Jugendreisebüro) sowie der Möglichkeit, inhaltliche Punkte für den zweiten Teil der Fahrt zu diskutieren und festzulegen. Nachdem die Vorbereitungszeit abgeschlossen ist, fahren die Gruppen in dem Zeitraum zwischen April und Oktober in die Gedenkstätten.

Der Tagesablauf in der Gedenkstätte ist schematisch in zwei Blöcke zu teilen: von 8.30 bis 13 Uhr körperliche Arbeit: Restaurationsarbeiten baulicher Art (Dächer, Mauern, Stützbalken); Inventarisieren von Gegenständen der KZ-Opfer; Hilfe im Verlag; pflegerische Tätigkeiten; Hecken schneiden, Wege und Flächen begradigen; Kunstgegenstände ordnen; Graszupfen zwischen den Stacheldrahtzäunen. Parallel dazu hält sich eine Gruppe im Archiv auf und studiert die historischen Dokumente und Quellen.
Von etwa 15 bis 18 Uhr finden entweder Kleingruppenarbeit/Plenum oder Gespräche mit ehemaligen KZ-Insassen, mit der Gedenkstättenleitung, den Museumsführern oder -didaktikern statt. Diese Aktivitäten können auch am Abend stattfinden.
Die Arbeitsgruppen, gestützt auf die Archivstudien, können sich mit folgenden Themen beschäftigen: Verfolgung und Vernichtung ethnischer Gruppen; Lagerordnung und -»leben«; SS-Biographien; Widerstand; Industrie und SS. Diskussionsthemen können unter anderem sein: Entnazifizierung nach 1945; heutige Einschränkung demokratischer Rechte; die Rolle der Kirche zwischen 1933 und 1945; die Rolle des Glaubens für die »Häftlinge«: wo war Gott?
Die Arbeitswoche wird in der Regel von Freizeiten und Kurzausflügen aufgelockert.

Auf dem Hintergrund der Kenntnisse der deutsch-polnischen Geschichte, der nationalsozialistischen Polenpolitik, der gemachten Erfahrungen in der Gedenkstätte, kann der Bezug zur Gegenwart deutlich herausgearbeitet werden. Um diesem auch eine Anschaulichkeit zu verleihen, schließt sich eine etwa sieben Tage dauernde Studienreise durch Polen an. Meistens werden die polnischen Großstädte aufgesucht. Hier können Gespräche geführt werden mit dem polnischen Journalistenverband, dem Jugendverband, mit dem Komitee zur Erforschung der NS-Verbrechen, mit anderen Repräsentanten des öffentlichen Lebens. Begegnungen mit der arbeitenden und lernenden Jugend finden sporadisch statt. Besuche in Krankenhäusern (Aktion Sühnezeichen leistet auch zeichenhafte Arbeit im Kindergesundheitszentrum in Warschau), auf Staatsgütern und in Großbetrieben werden ebenfalls organisiert. (Auf diesen Teil der Fahrt wird in diesem Bericht hier nicht mehr näher eingegangen, auch wenn er gleichberechtigt

neben dem Gedenkstättenaufenthalt steht und die logische Fortsetzung bedeutet).
Es ist einleitend auf den Begriff Zeichen eingegangen worden. Für uns heißt das im konkreten Fall, daß das Eintreffen am Heimatort nicht das Ende der Fahrt bedeutet, sondern daß die Erfahrungen, Eindrücke, Gespräche dahin kulminiert sind, daß nach der Rückkehr für ein neues Verhältnis zu Polen eingetreten wird und die Friedensarbeit fortgesetzt wird. Wir regen an, Infoabende zu machen, Reiseberichte für die örtlichen Zeitungen zu schreiben, Ausstellungen stattfinden zu lassen, Polenwochen zu organisieren. Dieser auf die Auswertung der Polenfahrt bezogene Teil ist zu ergänzen mit der Fortführung des in Gang gekommenen eigenen Lernprozesses. Deshalb haben wir in unseren Richtlinien auch den Passus mithineingenommen, daß die Zurückkehrenden sich für eine Verwirklichung der uns zustehenden demokratischen Rechte einsetzen und zur Solidarität mit Unterdrückten bereit sind.

Teilnehmerkreis und Vorkenntnisse

Die meisten Gruppen kommen aus dem Bereich der evangelischen Jugendarbeit: aus Gemeinden, Landesjugendpfarrämtern und aus der evangelischen Schülerarbeit. Gelegentlich sind auch Gruppen vertreten, die sich aus Schulklassen (vorwiegend Real- oder Gymnasialklassen) oder -stufen zusammensetzen, die aus der freien Jugendarbeit stammen. Seminare aus Hochschulen, VHS-Kurse oder Aktionsgemeinschaften nehmen auch unsere Angebote wahr. Der Überblick über den Teilnehmerkreis verdeutlicht, daß bei uns vorwiegend Personen sind, die sich noch in der Phase der Ausbildung befinden, also etwa im Alter von 16 bis etwa 26 (ältere Personen sind jedoch von unserer Seite nicht aus dem Programm ausgeschlossen) und die die unterschiedlichsten Vorkenntnisse besitzen. Wir halten es nicht für sinnvoll, einen für alle Gruppen verbindlichen Standard an Lernzielen zu formulieren. Solch ein Vorgehen würde unserer Intention zuwiderlaufen, da es die im Sühne-Zeichen-Setzen mitgegebene Hoffnung auf die Dimension des Bewußtseins reduzieren würde. Dagegen setzen wir die Erkenntnis und Erfahrung,

»Hoffnung muß gehen lernen«, »Hoffnung muß Handlung werden«.[5]

Damit ist allerdings ein Defizit für die Vorbereitungszeit angesprochen, denn hier kann dieser Anspruch (noch) nicht eingelöst werden. Hier haben die Textanalyse, der Kurzvortrag, das Gruppengespräch, der Medieneinsatz, eigentlich die herkömmlichen Methoden des schulischen Lernens, den Vorrang. Darüber täuscht auch nicht das gemeinsame Essenkochen oder die Kennenlern-Feten auf Wochenendseminaren hinweg. Selbstverständlich muß z. B. für eine offene Ausschreibung einer Polenfahrt auf einem Wochenendtreffen genügend Zeit zum Kennenlernen bleiben, auch unter dem Aspekt, daß ich in den Gedenkstätten offen vor anderen von meiner Gefühls- und Bewußtseinslage sprechen kann.

Es muß an dieser Stelle die pauschale Feststellung genügen, daß die inhaltlichen Vorkenntnisse nicht nur zwischen den Gruppen weit auseinanderliegen, sondern daß sie auch in den Gruppen weit auseinandergehen und die offensichtliche Schwierigkeit der Fahrten darin liegt, diese auseinanderstrebenden Punkte produktiv in Verbindung zu setzen. Nach meiner Beobachtung haben wir größtenteils Personen vor uns, die lediglich durch ein kurzfristiges Akkumulieren von historischen Daten und Zusammenhängen, das zum überwiegenden Teil jedoch nicht in einen auf ihre Lebenssituation bestehenden Verwertungszusammenhang bezogen ist, vorbereitet sind.

Lernen in der Gedenkstätte

Das Insistieren auf eine methodisch gut reflektierte, inhaltliche Vorbereitung geht von der Erkenntnis und Erfahrung aus, daß in den Gedenkstätten nicht der Lernstoff nachgeholt werden kann, der andernorts versäumt wurde. Die zeichenhafte Arbeit kann schlecht die Dimension der Verheißung erfüllen, wenn nicht in der Vorbereitungszeit eine Systematisierung erfolgte.

In den Gedenkstätten selbst drängen sich andere Fragestellungen in den Vordergrund. Bei den meisten Teilnehmern muß hier erst einmal um Artikulations- und Gesprächsbereitschaft gerungen werden, weil der Ort viele und vielschichtige Reaktionen und Handlungsweisen zu Tage fördert. Ich möchte nur das Reaktionsmuster beschreiben, das am häufigsten anzutreffen ist. Weil wir durch die Vorbereitungsmaßnahmen von einer Sensibilisierung für die Wirkungsweise des Ortes ausgehen können, erhöhen sich Aufmerksamkeit und Wahrnehmungsfähigkeit. In den Vordergrund der Erwartungshaltung rückt das Bedürfnis, das Außergewöhnliche des Ortes spüren zu wollen oder darauf gestoßen zu werden. Eine Lernsituation ist dann relativ schnell gegeben. In einem Auswertungsbericht heißt es:

»Als wir mit unserem Bus am Montagabend in Auschwitz ankamen, erlebten wir jenes ›völlige Durcheinander‹ eines Bundesbürgers, der sich nicht mit der Geschichte auseinandergesetzt hat und der unter oft landläufigen Begriffen hier in Auschwitz etwas ganz anderes versteht. Bevor unser Bus hielt, fragte ein Schüler, ob es hier auch Duschen gäbe. Daraufhin verstand ein anderer Schüler diese Frage vollkommen anders und antwortete ihm: »Du Idiot, kannst du dich nicht wenigstens hier beherrschen?« Große Auseinandersetzung um ein Wort, das für den einen Schüler eine echte Dusche hieß, für den anderen die berüchtigten Gaskammern von Auschwitz bedeutete«.

Zu dieser ausgelösten Verunsicherung kommt in den ersten Tagen eine Sprachlosigkeit, die durch den Gang durch die Gedenkstätte bewirkt wird:

»Die Führung dauert fast drei Stunden, es ist kalt und regnet. Wir gehen in verschiedene Blocks, heute Museum Auschwitz, davor Konzentrationslager, davor polnische Kasernen. Ich versteinere und habe keine Sprache mehr. Jeder Fleck hier ist mit Blut und Leid getränkt. Berge von Haaren – und doch nur ein Bruchteil – Symbol der Menge, Berge von Koffern und Bürsten und Löffeln und Informationen und Entsetzen. Vor nichts hat die SS Halt gemacht. Alles wurde industriell verwertet ...«.

Und auch die Arbeit am Vormittag fördert das Verstummen:

»Wir wurden zur Arbeit eingeteilt. Die Frauen sollen Wäsche aufhängen, die Männer irgendetwas tragen. Wir gehen in einen kalten dunklen Keller. Was sind das für seltsame Decken? Und da drüben, das sieht aus wie Häftlingskleider. Richtig, da erkenne ich die Nummern und die Winkel. Die Decken sind Gebetsbücher von Juden, erklärt uns ein Pole. Wir werden immer stiller bei der Arbeit. Schon wieder ein Mensch, und noch einer, noch einer ... die Zahl vier Millionen Tote nimmt für mich Gestalt an. Mir wird immer grauenvoller zumute.
Dann tragen wir Holzpantoffeln, Taschen und andere Utensilien von Häftlingen. Schnell weg von hier, erst einmal Luft holen, denke ich, als wir mit der Arbeit fertig sind. Was machen die anderen? Sie tragen Bilder, Zeichnungen, Gemälde in einen Keller. Bilder aus und von dem KZ. Die räumen den Block aus, in dem sich heute die

Kunstabteilung befindet. Der wird nämlich renoviert. Ich schließe mich an, nehme mir Zeit, die Bilder anzusehen. Es sind unsagbar viele. Ich sehe Skizzen aus dem Lagerleben, Gesichter, Bilder von Folterungen, auch Blumen und schöne Landschaften«.

Auf dem Hintergrund dieser ersten Eindrücke und Erfahrungen wird es verständlich, wenn die Artikulation schwach, zurückhaltend ist oder ausbleibt. Eingefangen von der materiellen Existenz des »Ungeheuerlichen« (Adorno) ist der Zugang zum Subjekt behindert.
Vor allen Dingen erweist sich die an sich selbst wahrgenommene scheinbare Nichtübereinstimmung von dokumentiertem Grauen und den eigenen individuellen Empfindungen und Regungen als eine Sprachbarriere. Die Gedenkstätten in Polen erwecken bei vielen Besuchern die falsche Erwartung, angesichts des »Ungeheuerlichen« auch bei sich eine ungeheuerliche Reaktion registrieren zu müssen. Sicherlich wird auch diese Erwartung durch das dokumentierte Grauen genährt. Das Ausbleiben dieser Empfindungen, die scheinbar Auschwitz, Stutthof, Maydanek adäquat wären, schafft Bestürzung über die eigene Empfindungsfähigkeit, die im Augenblick nicht erklärbar erscheint.
Zur Charakteristik der Anfangsphase in den Gedenkstätten gehört auch die Erfahrung, Hilflosigkeit und Ohnmacht zu spüren. Aus der Tatsache, daß für uns Auschwitz keine Realität mehr (an diesem Ort) ist, und unsere Erklärungen und Empfindungen angesichts des »Ungeheuerlichen« so dürftig erscheinen oder sogar in unseren Augen versagen, entwickelt sich in Verbindung mit dem Wissen, daß es heute noch präfaschistische oder faschistische Herrschaftssysteme gibt, und bei uns noch Traditionen und Bedingungen existieren, die das Vergangene in anderer Form entstehen lassen können, eine neue, ganz aktuelle Dimension des Grauens, zu der die wahrnehmenden Personen in direkter Beziehung stehen. Es offenbart sich eine in unterschiedlicher Qualität wahrgenommene Verantwortung für die Umwelt, der man aber bisher ohnmächtig, passiv gegenübergestanden ist. Die an sich selbst gerichteten Fragen – was kann, was muß ich denn tun? – enden mit einem großen auffordernden Fragezeichen.
Durch die fast kathartisch anmutende Funktion der Gedenkstätte beginnt an diesem paradigmatisch hingeführten Schnittpunkt von Gestern und Heute, von Subjekt und Objekt die Möglichkeit, eine neue Qualität im Lernprozeß zu

organisieren und zu erreichen, die existentielle Relevanz für das Individium besitzt. Dabei ist zu beachten, daß dieser Punkt von Gruppe zu Gruppe, von Individium zu Individium unterschiedlich erreicht wird, er am Ende des Gedenkstättenaufenthaltes liegen oder sogar außerhalb des Zeitraumes stehen kann.

Das Niveau des Lernerfolges fällt also sehr heterogen aus und für manche Besucher ist einfach das bloße Da-gewesen-Sein wichtig, das »Ungeheuerliche« bekommt für diese Personen steinerne Materialität:

»Erschreckend war zum Teil, wenn man die Auszubildenden (Berufsschüler, Maurerlehrlinge im 2. und 3. Lehrjahr aus Norddeutschland, d. V.) hörte, mit welchen oft sarkastischen Wünschen von Arbeitskollegen, Verwandten oder Freunden sie nach Auschwitz begleitet wurden. So zum Beispiel: »Nehmt man noch Feuer mit, damit die letzten Polen verbrannt werden!« oder »Es sind noch viel zu wenig vergast worden.« Oder »Was, fahrt ihr zu diesem arbeitsscheuen Gesindel?« ... Mit diesen für die Schüler belastenden Wünschen kamen sie zum Teil auch sehr aggressiv nach Auschwitz. Sie selbst stellten plötzlich die Fahrt in Frage. Dann der erste Eindruck in Auschwitz. Mit Schaufel, Harke und Besen begann die Auseinandersetzung mit der grausamen Vergangenheit Auschwitz. Für diese Gruppe war es wohl die beste Auseinandersetzung, denn indem sie sich praktisch an die einzelnen Blöcke von Auschwitz heranarbeiteten, setzen sie sich auch mit ihnen auseinander. Sie erfuhren, wie die Häftlinge gelebt haben, wie die SS-Soldaten mit den Häftlingen umgingen. Sie sahen die chirurgischen Blöcke, wo an Kindern, Frauen, jungen Männern furchtbare Versuche gemacht wurden, die tödlich endeten. Sie sahen eigentliche alle Grausamkeiten, die sich Menschen erdenken können. Und viele sagten in ihrer Sprache: »Hool op, hool op!« ... Mit der praktischen Auseinandersetzung kamen die Fragen. Wie kann es angehen, daß ein Mensch so grausam sein kann? Wie kommt es, daß ein Mensch allen Befehlen gehorchen kann? Warum verachtet der eine Mensch den anderen? Auschwitz lehrt ein neues Menschenbild ... Die Schüler lernten nicht nur Auschwitz anders zu beurteilen, indem sie immer wieder betonten: »Hier müssen unsere Kollegen vom Bau alle mal hin, damit sie sehen, was für Schweinereien hier angerichtet wurden«, sondern sie lernten auch Land und Leute in Polen auf eine ganz andere Weise achten«.

Auf welcher Ebene mögliche Veränderungen in der Haltung der Personen einsetzen können, belegt die Äußerung eines Berufsschülers, der sein Fazit aus dem Gedenkstättenaufenthalt darin zusammenfaßte, daß er keine Judenwitze mehr erzählen wolle. Dieses Substrat mag hauchdünn sein angesichts der »Ungeheuerlichkeit«, aber für diese Person kann es der

Beginn eines eigenen Lernprozesses gewesen sein und Geschichte mag für ihn nicht länger etwas der Vergangenheit Zugehöriges, Abgeschlossenes sein, sondern es hat sich für ihn als ein Lernangebot erwiesen.
Im folgenden möchte ich noch kurz vier Punkte benennen, die mir für die Auseinandersetzung in der Gedenkstätte unabdingbar erscheinen:
a) Die jugendlichen Teilnehmer entstammen einer Gesellschaft, die sich den Stempel der »Unfähigkeit zu trauern« (Mitscherlich) selbst aufgedrückt hat, und wir haben mit ihren Wirkungen immer noch zu tun.[6]
b) In uns wird durch Medien usw. latent oder offen eine Faszination für das Grauenhafte wachgehalten.[7]
c) »Was Auschwitz war, wissen nur die ›Häftlinge‹. Niemand sonst. ... Wie Auschwitz für die ›Häftlinge‹ war, werden wir nie verstehen. Aber was geschah, daß es für diese ›Häftlinge‹ ein Auschwitz gab, das sollte nicht in einer Flucht zu phantastischen Umschreibungen – halb Bildzeitung, halb Dante, – verlorengehen«.![8]
d) »Auschwitz ist nichts Phantastisches, sondern eine Anstalt, die der deutsche Staat mit großer Folgerichtigkeit entwickelte zur Ausbeutung und Vernichtung von Menschen«.[9]
Diese Grundpositionen sind deshalb von Relevanz, weil sie immer angesprochen sind, ob verdeckt oder direkt. Zweitens verdeutlichen sie, daß die geforderte Durcharbeitung der Vergangenheit die kognitive sowie die emotionale/psychische Disposition gesellschaftlicher Individuen umfassen muß, und wir allemal gefordert sind, uns mit Erklärungsansätzen für die Zerstörung der Weimarer Republik auseinanderzusetzen, auch um nicht unter der Last des »Ungeheuerlichen« zu zerbrechen. Letztendlich können wir nur begreifen, was wir selbst erfahren haben, und jeglicher Versuch, die Situationen eines Häftlings nachzuerleben, wird scheitern. Eine triviale Festellung belegt es: *Der Aufenthalt findet in der KZ-Gedenkstätte statt und nicht in einem KZ!*

Die zeichenhafte Arbeit

»Sühne heißt, von mit aus die bösen Folgen meiner Tat auf mich selbst zu ziehen durch Leiden oder durch allerlei mir schwerfallende Leistungen, ...um dadurch dem von mir Geschädigten zu ermöglichen, seinen Groll gegen mich zu überwinden ...«[10]

Übertragen wir diesen Gedanken auf das beschriebene Projekt, so wird deutlich, daß der Weg, den die Gruppen mit AS/F beschreiten, in der bundesrepublikanischen Wirklichkeit wahrhaftig nicht alltäglich ist: nämlich einen bewußten Schritt zur Versöhnung mit Polen, zur Durcharbeitung der Vergangenheit zu tun, indem die Personen sich inhaltlich auf das Projekt vorbereiten, unentgeltliche Arbeit zum Erhalt der Gedenkstätte leisten, sich den Fragen und Problemen eines Gedenkstättenaufenthaltes stellen und sich ›verpflichten‹, auf ihre Weise den Weg in eine friedliche Zukunft zu eröffnen. Alle diese Punkte bilden Kriterien der oben genannten schwerfallenden Leistung und sind in dem Fall Inhalt der zeichenhaften Arbeit.

Arbeit ist also nicht zu verkürzen auf die körperliche Tätigkeit am Vormittag, und die dazu ablaufenden Erkenntnisprozesse und -gewinne vermitteln sich nicht allein über die körperliche Arbeit in der Gedenkstätte. Dies gilt, auch wenn gerade der Umgang mit Gegenständen der Opfer, das Freilegen von Grundmauern, das Ausbessern von Baracken unmittelbarere Impulse zum Nachdenken geben und sie einen besonderen Stellenwert besitzen. Zweifellos ist die selbst gemachte Erfahrung an oder mit einem Gegenstand von nachhaltigerer Wirkung als eine noch so fesselnde Beschreibung über eine Widerstandsaktion:

»Wir arbeiteten am dritten Krematorium in Auschwitz-Birkenau. Es gab im ganzen fünf Krematorien. Viele Leute, die das Denkmal besuchten, kamen herüber, sahen uns bei der Arbeit zu und sprachen uns an. Unsere Arbeit bestand darin, die Grundmauern der Gaskammer freizulegen und die Mauern von Unkraut und Erde zu befreien. Die meisten waren Polen, ferner Russen, Tschechen, Ungarn, Franzosen, Deutsche u. a.

Meist beschränkten sich die Gespräche zunächst auf die Erklärung des dritten Krematoriums und der gefundenen »Reliquien«. Erst danach wurde nach unserer Staatsangehörigkeit gefragt. Meist fragten sie ein paar Nationalitäten durch. Auf die Bundesrepublik sind sie nie von selbst gekommen. Um so erstaunter und betroffener waren sie dann. Ich sagte immer in aller Kürze unser Arbeitsziel: Wir wollten Auschwitz aus eigener Anschauung kennenlernen, um zu Hause, in der Schule, in der Familie und überall davon zu erzählen, damit es nicht vergessen würde und so etwas nicht wieder geschehe. Da ich nicht in die Herzen der Polen sehen kann, weiß ich nicht, was sie dachten. Meistens nickten sie schweigend und erzählten ihren Bekannten weiter, daß und warum da junge Deutsche arbeiten.

Die größte Aufmerksamkeit erregten unsere Ausgrabungen: Knochen, Knöpfe, Kämme, Spiegelscherben, Porzellan- und Glasscherben, Löffel, Messer, Scheren, Rasierapparate, Bleistifte, Schuhsohlen und vieles andere, auch Münzen – aus ganz Europa. An anderer Stelle gruben wir Reste von hebräischen Bibeln und polnischen Tagebuchaufzeichnungen aus.
Eine ältere Frau, die in Auschwitz Verwandte verloren hatte und deren erster Mann von Deutschen erschossen worden war, fing an zu weinen, als sie uns zusah. Sie selbst war knapp mit dem Leben davongekommen, als in ihrer Gegend die Intelligenz liquidiert wurde. Zum Schluß lud sie uns ein, sie zu Hause zu besuchen.
Eine Frau aus einer Gruppe von Polen und Franzosen schrie uns an, als sie merkte, daß wir Deutsche waren: »War das vielleicht schön, was der Hitler hier gemacht hat?« – Wir sagten, wir wüßten, was hier geschehen sei und wollten die historischen Dokumente nicht mit Gras überwachsen lassen. Das sagte ich schon auf Polnisch. Als die Frau mein Polnisch hörte, wurde sie freundlich. Ich erklärte, warum wir hier arbeiten. Die Frau hört zu und drückt uns zum Abschied die Hand. Alle tun es ihr nach: ihre Tochter, ihre Verwandten, einige Franzosen, die dabei sind. Sie wünschen uns »Alles Gute für Ihr ganzes Leben« und »Wie schön, daß wir Sie hier getroffen haben!« Wir bleiben zurück und reißen weiter schweigend das Unkraut aus am dritten Krematorium.«

Wir sehen, daß man nicht davon sprechen kann, daß AS/F bewußt Schlüsselerlebnisse organisiert, die über immanente Bedeutungsstrukturen das Verstehen irgendeines Objektes ermöglichen. Diese Erlebnisse, die recht verschieden ausfallen, bieten Anlaß, den Weg vom Be-Greifen zum Begreifen zu gehen und nicht nur stumm zu bleiben. Sie bieten Anlaß, tiefere, dahinterstehende historisch-gesellschaftliche Dimensionen freizulegen.
Über die realen Erfahrungen der zeichenhaften Arbeit streben wir eine erweiterte Handlungsfähigkeit der Individuen an, um eine aktive Auseinandersetzung mit inneren und äußeren entwicklungs- und friedenshemmenden gesellschaftlichen Strukturen führen zu können (vgl. Punkt 11 der Richtlinien für eine Fahrt nach Polen).

Mögliche Initiativen nach dem Aufenthalt

Am Schluß des Berichtes soll ein anschaulicher Auszug aus einem Protokoll der Arbeitsgemeinschaft für Friedensdienste Laubach stehen, der mögliche Konsequenzen der Friedensarbeit in Polen aufzeigt.

»Vorbereitung und Fahrt als Lernprozeß, Erfahrung und Abenteuer führen die Gruppen zusammen und rufen viele Energien wach. Diese Motivation auf die heimischen Verhältnisse umzusetzen und auf lohnende Ziele zu lenken, sehen wir als notwendige Aufgabe an. In mehreren Fällen fanden Teilnehmer unserer Aktivitäten selbständig Aufgaben: so baute im ersten Jahr ein Einzelner, der sich einige Helfer warb, in 14 Tagen eine kleine, instruktive Auschwitz-Ausstellung auf. Nach der zweiten Fahrt richteten vier Mädchen einen Betreuungsdienst für Gastarbeiterkinder ein.

Die AG hat sich lange Zeit damit begnügt, ihren Freiwilligen Gelegenheit zu geben, ihre Erfahrungen rational aufzuarbeiten und zu vertiefen und in den größeren Zusammenhang der Friedenspädagogik einzuordnen. Das versuchten wir zum Beispiel auf den Tagungen der Evangelischen Akademie, die von uns mitgetragen werden. Wir schicken Abordnungen zu Seminaren der Friedensdienste oder nehmen mit Kleingruppen an Kongressen für Friedenspädagogik teil.

Vor allem aber stellen wir Teams von Jugendlichen zusammen, die in Schulen, Vereinen und Gemeinden von unseren Erlebnissen und Ansätzen berichten. Im Vertreten unseres Experiments überprüfen die Schüler ihre Erfahrungen und Einstellungen und setzen sich intensiv mit unserer Grundkonzeption auseinander.

Unsere Verbundenheit mit Polen hatte uns bereits 1969 veranlaßt, in die Diskussion um den Vertragsabschluß einzugreifen. Zeitungszuschriften, Briefe an den Bundeskanzler und die Bundestagsfraktionen und die Teilnahme am Kongreß »Friede mit Polen« zeugen von unserem Engagement für eine Verständigung.

Die Friedensdienstfahrten dürfen im Leben des Jugendlichen nicht Episode bleiben. Vielmehr muß der Lern- und Einübungsprozeß in Friedensfähigkeit weitergehen; der Einzelne soll die friedensgefährdenden Stellen in der eigenen Gesellschaft als Aufgabenfeld erkennen. Gerade in dem Arbeitsfeld »Kleingruppe« der Friedenspädagogik stehen wir noch am Anfang. Eine Gruppe nimmt sich jetzt der Gastarbeiter in Laubach an. Vor allem versorgen wir nachmittags die Schulkinder, aber auch den Erwachsenen wollen wir helfen, sich in das Leben in Westdeutschland mehr hineinzufinden. Für die Betreuung steht uns jetzt ein Raum zur Verfügung, den wir von der Schule gemietet haben. Hier treffen wir uns alle vierzehn Tage in lockerer Form. Erfahrungsaustausch und Abstimmung in der Betreuungsarbeit ist der Anlaß, der uns zusammenführt.«

Anmerkungen

(1) Vgl. AS/F-Konvention: Wer wir sind und was wir wollen, Punkt 1.
(2) a.a.O., Punkt 6.
(3) Berichte, Meinungen, Ausblicke, Aktion, hrsg. von AS/F, Berlin, o.J., S. 32.
(4) a.a.O.
(5) Vgl. Zeichen, Mitteilungen der AS/F, Nr. 4/1978.

(6) Vgl. Mitscherlich: Die Unfähigkeit zu trauern; Margarete Mitscherlich-Nielsen: Die Notwendigkeit zu trauern, in: Märthesheimer/Frenzel (Hg.) Im Kreuzfeuer. Der Fernsehfilm Holocaust. Eine Nation ist betroffen, Frankfurt 1979, S. 207–219.
(7) Vgl. Martin Walser: Unser Auschwitz, in: Walser, Heimatkunde. Aufsätze und Reden, Frankfurt 1972, S. 8.
(8) a. a. O., S. 10/12.
(9) a. a. O., S. 12.
(10) Die Aktualität der Aktion Sühnezeichen. Einige theologische Anmerkungen von Prof. H. Gollwitzer, in: Zeichen Nr. 3/1978, S. 4.

Benno Hafeneger

Fortbildung von Jugendgruppenleitern

Der historische Faschismus und aktuelle neofaschistische Tendenzen in der Bundesrepbulik waren und sind für viele Jugendverbände (bisher) kein Gegenstand ihrer Bildungsangebote, ihrer örtlichen Gruppenarbeit und eigener bzw. unterstützender Aktionen; entsprechend fehlen ausgewiesene (jugend)politische Positionen und Forderungen. Dies gilt insbesondere für die primär fachlich orientierten Jugendverbände (z.B. Sportjugend, DLRG-Jugend, Feuerwehrjugend, Solidaritätsjugend, Jugendrotkreuz). Aufgrund dieses ›Informations- und Auseinandersetzungsdefizits‹, im Blick auf die zunehmende Verjüngung und Militanz im »rechtsextremistischen Lager« sowie die sich häufenden Aktivitäten (offenes Auftreten, Singen von NS-Liedern, Schmierereien in Schulen, Jugendtreffs, Stadtteilen) und schließlich aufgrund empirischer Untersuchungen über Vorurteilsstrukturen und Handlungsbereitschaften unter Jugendlichen[1], wurden für Jugendgruppenleiter und interessierte Jugendliche aus diesen Jugendverbänden Wochenendseminare und Tagestreffen angeboten. Zu den Seminaren und Treffen wurde mit einigen allgemeinen Hinweisen über »neofaschistische Tendenzen unter Jugendlichen« offen ausgeschrieben mit der Fragestellung: »Kann Jugendarbeit zur Verhinderung solcher Entwicklungen beitragen?« An den sechs Seminaren und Treffen nahmen jeweils zwischen 8 und 25 Teilnehmer im Alter von 17–25 Jahren teil. Sie waren als Gruppenleiter und interessierte Jugendliche in ihren örtlichen Jugendgruppen sowohl für den fachlichen Teil der Jugendgruppenarbeit wie für »die allgemeine Jugendarbeit und Jugendbildung« zuständig. Die Teilnehmer kamen überwiegend aus kleineren Städten und ländlichen Gemeinden, sie waren in der Mehrzahl junge Arbeiter und Angestellte, einige waren Auszubildende bzw. Schüler.[2] Die meisten Jugendgruppenleiter hatten bereits an regionalen oder landeszentralen Fortbildungsmaßnahmen ›ihres‹ jeweiligen Jugendverbandes teilgenommen, die sich sowohl auf gruppenpädagogische (Führungsstile, Spiele in der Gruppenarbeit, etc.) inhaltliche (Ökologie-, Ausbildungsprobleme, etc.) wie auch rechtlich-organisatorische (rechtliche Situation eines Gruppenleiters, Finanzierungs-Abrechnungsfragen) Fragen bezogen.

Vorüberlegungen

Da viele Jugendverbände aufgrund von Traditionen und Selbstverständnis, mit ihrer primär fachlichen Aufgabenstellung und bei fehlenden qualifizierten Mitarbeitern derzeit lediglich in der Lage und bereit sind, »auch mal ein Seminar zum Thema Faschismus/Neofaschismus anzubieten« (so der Vorsitzende eines Jugendverbandes), sowie auf dem Hintergrund der Diskussion über erfahrungs- und bedürfnisorientierte Bildungsarbeit in diesem Verbandsbereich[3] stellte ich folgende Vorüberlegungen an:

1. Ein *enger thematischer* Seminarverlauf sollte organisiert werden bei explizit formulierten Informationsinteressen und konkreter Betroffenheit über derzeitige politische Entwicklungen wie auch bei Auseinandersetzungserfahrungen mit offen neofaschistischen Gruppen bzw. bei Äußerungen mit mehr provokativem Charakter im eigenen Jugendarbeitsbereich und bei lokalen Vorfällen. Bei mehr allgemeinen Informationsinteressen hingegen sollten anhand der Filme »Wotans Erben« und »Schwarze Kluft und Knobelbecher« Motive herausgearbeitet werden, die erklären, warum Jugendliche für autoritäre und (neo-)faschistische Ideologien anfällig werden und sich in neo-faschistischen Gruppen organisieren. Ferner sollte die Differenziertheit der ›Jugendarbeit‹ neo-faschistischer Organisationen verdeutlicht und sollten mögliche politisch-pädagogische Gegenstrategien für die alltägliche Jugendarbeit und die Jugendverbände diskutiert werden. Bei eigenen Auseinandersetzungs- und Provokationserfahrungen – im weitesten Sinne – sollten diese als ›Ausgangsmaterial‹ zur Klärung der genannten Fragestellungen dienen.

2. Sollten die Teilnehmer weder mit Erfahrungen (im weitesten Sinne) konfrontiert (worden) sein noch explizite Informationsinteressen artikulieren, wäre von einer thematisch fixierten Auseinandersetzung abzusehen – dann sollten *dicht am Jugendarbeitsalltag* der Teilnehmer die Lebenssituation von Jugendlichen und ihre Verarbeitungsstrategien sozialer und psychischer Realität der Ausgangspunkt sein. Hier sind autoritäre, vorurteilsbeladene und auch neo-faschistische

Orientierungen und provokative Äußerungsformen Jugendlicher gesellschaftlich angebotene und mögliche Bewältigungsstrategien biographischer und sozialer Realität. Dieser Zusammenhang sollte entschlüsselt, und es sollten denkbare und realisierbare Handlungsmöglichkeiten über das Thema hinaus entwickelt werden.
Mit diesen alternativen Überlegungen sollte vermieden werden, in eine mehr thematisch-zentrierte traditionelle Aufklärungsdidaktik zu verfallen, bei der keine Bezüge zum Bewußtseins- und Erfahrungsbereich der Teilnehmer mehr vorhanden bzw. vermittelbar sind, sie folglich auch keine, über allgemeine Forderungen an Staat und Gesellschaft hinausgehenden realisierbaren Handlungsmöglichkeiten in ihrem Jugendgruppenalltag sehen würden.[4]

Verlauf der Fortbildung

Die Teilnehmer hatten sich durchweg vor den Seminaren und Treffen noch nicht mit diesem Thema auseinandergesetzt. Nach ihren Interessen und Erfahrungen gefragt, signalisierten die Jugendgruppenleiter mehr allgemeine Interessen, »aufgrund der Berichterstattung in den Medien, sich mal mit diesem Thema auseinanderzusetzen«. Weiter wurde zu Beginn der Treffen geäußert, «daß es wichtig ist, besser Bescheid zu wissen«; »man hört und liest immer wieder über Vorkommnisse und kann nicht einschätzen, wie bedrohlich die Entwicklung wirklich ist«; »wir haben zwar in unseren Gruppen keine Probleme damit und würden sowas auch nicht dulden, aber man hört und liest doch immer wieder von Gruppen und Aktionen«; »ich begreife nicht, wie Jugendliche heute noch auf sowas reinfallen können«; »ich kann mir schon vorstellen, wie sowas kommt«; »es sage keiner, er sei nicht anfällig«. Bei keinem der Treffen erinnerten sich die Jugendgruppenleiter ausführlicher an lokale Ereignisse; sie konnten sich nur vage an Presseberichte erinnern, als ich ihnen von Vorfällen aus ihrer Region berichtete. Von Auseinandersetzungserfahrungen mit neofaschistischen Gruppen oder jugendlichen Provokationen (in Form von Symbolisierungen, Liedern etc.) in ›seinem‹ Jugendarbeitsbereich berichtete ebenfalls keiner der Teilnehmer.
Bei den mehr allgemein artikulierten Informationsinteressen

kristallisieren sich schließlich zwei zentrale Fragen heraus, die zum Schwerpunkt der Fortbildungsveranstaltungen wurden:

1. Welche rechtsextremistischen Gruppen gibt es? Was machen die für eine Jugendarbeit, mit der sie Jugendliche zum Teil begeistern? Welche Ziele verfolgen die Gruppen?

2. Sind wir und die Jugendlichen in unseren Jugendgruppen (wie Jugendliche insgesamt) gegenüber autoritären und auch (neo)faschistischen Ideologiefragmenten, Kriseninterpretationen und Organisationsangeboten immun? Kann von einem antifaschistischen Selbstverständnis mit entsprechender Handlungsbereitschaft ausgegangen werden?

Frage 1: Da die mitgliederstärksten und aktivsten rechtsextremistischen Jugendgruppen – insbesondere Junge Nationaldemokraten (JN), Wiking-Jugend (WJ), Bund heimattreuer Jugend (BHJ), Wehrsportgruppen, Aktionsfront Nationaler Sozialisten (ANS) und Volkssozialistische Bewegung Deutschlands/Partei der Arbeit (VSBD) – weitgehend unbekannt waren, wurde anhand der genannten Filme sowie schriftlicher Materialien und Zeitungsberichte ein Überblick vermittelt über die Vielfalt ihrer ›Jugendarbeit‹ (Zeltlager, Sonnwendfeiern, Wehrsport, politische Schulungen, uniformierte Aufmärsche, gewalttätige Aktionen und anderes) sowie ihrer ideologischen Muster (autoritäres Führergefüge, Gehorsam, Ordnung, nationalistische und revanchistische Ziele und anderes).[5] Einige wesentliche Merkmale wurden auf einer Wandzeitung hervorgehoben, sie bezogen sich insbesondere auf vier Askpekte:

– auf komplexe gesellschaftliche Strukturen und Probleme werden komplexitätsreduzierende, simplifizierende Antworten gegeben;

– Feindbilder werden aufgebaut und Vorurteilsstrukturen verfestigt, die sich zum Teil auf vorhandende psychische Dispositionen und von gesellschaftlichen Gruppen vermittelte Angebote beziehen;

– Jugendliche müssen sich (in den einzelnen Gruppen unterschiedlich gewichtet) hierarchisch-elitären Strukturen mit Führerprinzip, einer pfadfinderisch-erlebnisorientierten oder einer nationalistisch-ideologischen oder sportlich-kämpferischen oder paramilitärisch-aktionsbezogenen Jugendarbeit und Politik unterwerfen;

– für die gesetzten Ziele müssen sie nach dem Motto kämpfen: »entweder wir siegen oder wir gehen unter«.
Berichte über die Aktivitäten der verschiedenen Gruppen – vom mehr pfadfinderisch angelegten Zeltlager der BHJ, dem Singen nationalsozialistischer Lieder am Lagerfreuer und der Herrenrasse-Ideologie der WJ bis hin zu militärischem Drill der Wehrsportgruppen und gewalttätigen Aktionen der ANS – vermittelten den Seminarteilnehmern einen Einblick in die Vielschichtigkeit der Organisationen und der ›Angebote‹ der rechtsextremistischen Jugendszene. Einige wollten nicht wahrhaben, daß es solche Gruppen tatsächlich gibt; letztlich wirkte aber das filmische und schriftliche Material überzeugend. Es kann vermutet werden, daß einige Teilnehmer die Fakten und Tendenzen nicht angenommen hätten, wären sie lediglich referiert worden. Für die meisten Jugendgruppenleiter wurde andeutungsweise vorstellbar, warum Jugendliche in »solche Gruppen gehen«: unter anderem »wegen der Kameradschaft«; »die wissen nicht, wohin mit ihren Problemen«; »die wollen was erleben«. Jugendliche kämen »durch Freunde« oder »durch ihre Eltern« in solche Gruppen.[3]

Frage 2: Die Jugendgruppenleiter konstatierten keine aktuellen Anfälligkeiten und manifesten Ideologie-Fragmente bei Jugendlichen in ›ihrem‹ Jugendarbeitsbereich, benannten aber situative Faktoren, bei deren Zusammentreffen »dann niemand weiß, ob er nicht auch anfällig ist«.
Als Lebensbereiche und Faktoren, die zentrale Lebenskrisen auslösen können, wurden genannt: Schule; Ausbildung; Arbeit; Wohnverhältnisse; Beziehung zu Eltern, Cliquen und Freunden; fehlende Hoffnungen und Ziele, für die es lohnt zu leben und zu streiten; fehlendes Selbstwertgefühl und soziale Geringschätzung; materielle Armut. An konkreten Erfahrungen wurde berichtet: »Wir haben in unseren Gruppen Jugendliche, die sich bis zu 20mal um einen Ausbildungsplatz bemühen«; »Jugendliche, die eine zeitlang arbeitslos sind und dann eine Lehrstelle annehmen, die ihnen nicht liegt«; »Jugendliche, die sich zurückziehen, isoliert sind, mit ihren Eltern nicht reden können«; »einige sind enttäuscht, daß sie ihre Ziele und Vorstellungen nicht einlösen können«.
Wenn Enttäuschungen, Probleme und Konflikte von Jugendlichen nicht rational und solidarisch lösbar sind und eine diffuse Zukunftsangst entsteht, stehen sie unter Interpreta-

tions- und Handlungsdruck. Dabei besteht die Gefahr, daß sie – biographisch begründet und sozial vermittelt – zu autoritären und rechtsextremistischen Lösungsmustern greifen. Dieser ›Lösungsweg‹ ist abhängig von den Ideologie- und Organisationsangeboten der Erwachsenenwelt (Eltern, Bekannte), in der Jugendliche leben, sowie von Freunden, Cliquen und Jugendgruppen, von denen Jugendliche angesprochen, erreicht und organisiert werden. Es wurde für die Jugendgruppenleiter vorstellbar, daß Jugendliche in *Lebenssituationen* und *soziale Zusammenhänge* geraten können, in denen sie für rechtsextremistische Ideologien und Organisationen anfällig werden. Einzelne Jugendgruppenleiter reflektierten ansatzweise eigene latente Vorurteile und mögliche Anfälligkeiten für autoritäre Lösungen. »Ich weiß nicht, was ich machen würde, wie ich mich verhalten würde, wenn ich lange arbeitslos wäre«, war eine wiederholt gestellte Frage. Sie wollten solche reflexive Fragen und Hinweise jedoch nur hypothetisch verstanden wissen und nicht als manifest vorhandene Bewußtseins- und Verhaltensmerkmale.
Zielsetzung war, Jugendgruppenleiter für die Lebenssituationen und biographischen Erfahrungen von Jugendlichen zu sensibilisieren sowie ›gesellschaftlich vermittelte Nötigungen‹ transparent zu machen, unter denen Jugendliche für rechtsextremistische Problemlösungsmuster anfällig werden können.

Jugendliche ernst nehmen

In der Diskussion, was Jugendgruppenleiter und Jugendarbeit zum Abbau von und zur Immunisierung gegenüber autoritären und rechtsextremistischen Orientierungen unter Jugendlichen beitragen können, standen sich zwei Positionen gegenüber. Ein kleinerer Teil der Jugendgruppenleiter reduzierte die Jugendarbeit auf die fachlichen Aspekte und forderte Staat, Parteien, Schulen und politische Jugendverbände auf, die beruflichen und sozialen Probleme Jugendlicher zu lösen, intensiver über die Zeit des Faschismus und aktuelle Tendenzen aufzuklären sowie rechtsextremistische Gruppen und Parteien zu verbieten. Der größere Teil der Jugendgruppenleiter artikulierte als Notwendigkeit, die Lebenssituation und Probleme von Jugendlichen »ernster zu nehmen« und sie in die örtliche Jugendarbeit einzubeziehen. Diese Bereitschaft bezog sich insbesondere auf die Entwicklung von Vertrauensverhältnissen zu Jugendlichen und verständnisvolles, solidarisches Verhalten: »man muß sich mit den Jugendlichen unterhalten«; »sie ansprechen, wenn man merkt, daß sie Probleme haben«; »sich Gedanken machen, wie man Außenseiter integrieren kann«; »den Jugendlichen zuhören«; »versuchen, bei Schwierigkeiten zu helfen«; »auch mal mit den Eltern reden«. Eine gezielte Thematisierung von Schul-, Ausbildungs- oder Beziehungsproblemen im Rahmen der offiziellen Jugend(gruppen)arbeit schien den meisten Jugendgruppenleitern allerdings kaum möglich. Als Begründungen wurden insbesondere angegeben: »dafür sind wir nicht qualifiziert«; »da machen die Jugendlichen nicht mit«; »das gibt Ärger mit dem Verband und den Eltern«; »das ist nicht Aufgabe unseres Verbandes.« Auch eine gezielte thematische Auseinandersetzung mit der Zeit des Faschismus bzw. aktuellen neo-faschistischen Tendenzen in den örtlichen Jugendgruppen schien den Jugendgruppenleitern aus diesen Gründen kaum möglich. Ein Jugendgruppenleiter meinte, »allenfalls könne mal ein Film gezeigt werden«. Hinweisen und Beispielen von mir, daß eine ganze Reihe von Jugendgruppen sich schon in Form von lokalhistorischer Spurensicherung, Teilnahme an Aktionswochen, Besuch von KZ-Gedenkstätten, Diskussionen mit ehemaligen Widerstandskämpfern oder Filmabenden mit einzelnen Aspekten des Faschismus/Neofaschismus auseinandergesetzt hätten, entgegneten sie: »das können die kirchlichen Jugendgruppen, die Falken und politische Gruppen machen«. Im Rahmen ihrer Jugendarbeit schienen solche Aktivitäten nicht denk- und realisierbar, sie begründeten ihre Positionen mit »mangelnder Qualifikation, fehlender Zeit«; »ist nicht unsere Aufgabe«; »gibt Ärger in der Gruppe, im Verband und der Kommune«. Da eine gezielte thematische Auseinandersetzung außerhalb ihres Vorstellungs- und Erfahrungsbereichs lag, wäre jedes weitere Insistieren meinerseits als pädagogisch aufgesetzt und moralisch verordnete Pflicht verstanden worden (und wäre gegen ihre Blockierungen, Ängste etc. auch nicht durchsetzbar gewesen). Die Jugendgruppenleiter stellten im letzten Teil der Seminare weitgehend Konsens über ihre Arbeitsmöglichkeiten her »wir müssen uns auf jeden Fall mehr Gedanken über die Jugendlichen in unseren Gruppen machen«;

»genauer beachten, wie sich Jugendliche verhalten und warum sie in Gruppen kommen«; »wichtig sind vertrauensvolle Gespräche und Hilfe bei Problemen«. Darin sahen sie ihre Möglichkeiten dazu beizutragen, daß Jugendliche nicht für autoritäre und neo-faschistische Ideologien ansprechbar werden bzw. sich in Gruppen organisieren – »letztlich verhindern können wir es jedoch nicht«. Dies wollten die Jugendgruppenleiter als *ihren* begrenzten pädagogisch-politischen Beitrag verstanden wissen, »alles andere muß politisch gelöst werden«, »ist Aufgabe der Schule, der politischen Jugendverbände«.

Hinweise für Seminare

Bei allen Seminaren und Treffen setzten wir uns überwiegend mit den dargestellten Aspekten auseinander. Aufgrund dieses thematisch-zentrierten Ansatzes in der Fortbildung von Jugendgruppenleitern[7] aus primär fachlich-orientierten Jugendverbänden – aber auch darüber hinaus – scheint mir für eine erfahrungs- und bedürfnisorientierte Jugendbildung von Bedeutung:

1. Sich möglichst auf einige gezielte Fragestellungen zu konzentrieren; bei einem Fortbildungsseminar mit Teilnehmern, die sich zum ersten Mal mit Aspekten des ›Faschismus/Neofaschismus‹ befassen, muß eine theoretische Überfrachtung ebenso vermieden werden wie der Anspruch auf Vollständigkeit. Bei einer Vorgehensweise, die sich mit den ökonomischen, gesellschaftlichen und politischen Ursachen des Faschismus von 1933 – 1945, mit den wesentlichen Merkmalen faschistischer Politik, den Organisationen der Arbeiterbewegung und ihrem Verhalten, wie auch den derzeitigen neofaschistischen Tendenzen und aktuellen antidemokratischen Entwicklungen insgesamt befaßt, verfällt die Bildungsarbeit aufgrund der Stoffülle gezwungenermaßen in eine traditionelle, schulisch orientierte Didaktik. Noch so gut vorbereitete Materialien, die aufklären und informieren sollen, haben mit den Alltagserfahrungen, Bewußtseinslagen und realisierbaren Handlungsdimensionen der Teilnehmer nur noch wenig zu tun.
2. Von der Erfahrungslage, den Assoziationen und subjektiven Handlungsmöglichkeiten der Teilnehmer auszugehen,

muß prinzipielles Selbstverständnis von Fortbildung sein; gegebenenfalls ist eine enge thematische Auseinandersetzung aufzugeben.

3. Diskussionen mit ehemaligen Häftlingen und Widerstandskämpfern, Besuch von KZ-Gedenkstätten, Darstellungen durch Filme und schriftliche Materialien dokumentieren anschaulich (neo-)faschistische Politik, helfen vorhandene Zweifel auszuräumen und offizielle Verharmlosungen zu widerlegen.

4. Kurzzeitpädagogische Seminare und Treffen können die Teilnehmer allenfalls sensibilisieren für ›neue‹ Probleme und Entwicklungen unter Jugendlichen, ihnen Informationen zur Verfügung stellen, sowie ansatzweise gesellschaftliche Einschätzungen ermöglichen. Da die Jugendgruppenleiter meist nicht konkret mit neo-faschistischen Gruppen oder provokativen Äußerungsformen konfrontiert sind, muß mehr über Entwicklungen außerhalb ihres Jugendarbeitsbereichs reflektiert werden; über die thematische Betrachtungsweise hinaus muß angeregt werden, *insgesamt* ernsthafter über den Alltag von Jugendlichen nachzudenken und in der eigenen Jugendarbeit stärker darauf einzugehen.

5. Eine intensivere thematische und praxisrelevante Auseinandersetzung wäre geknüpft an die *persönliche Betroffenheit* der Teilnehmer, Provokationen in ihrem *lokalen Lebenszusammenhang* und die Einbettung kurzzeitpädagogischer Angebote in eine *längerfristige, projektbezogene Bildungs- und örtliche Jugendarbeit.*

6. Wenn Auseinandersetzungen aus der (eigenen) Verbandsrealität dokumentiert sind, sollten diese einbezogen werden. So war in der Frankfurter Rundschau vom 20.6.1980 zu lesen:

»Ist die Ortsgruppe Nieder-Eschbach der Deutschen Lebensrettungs-Gesellschaft (DLRG) eine ›braune Zelle‹ von Rechtsextremisten? Immerhin finden dort sehr merkwürdige Kameradschafts- und Schulungsabende statt, und es gibt ›Sonnwendfeiern‹ und ähnliches, das nichts mit Lebensrettung zu tun hat. Der Ortsgruppenvorsitzende ist verantwortlich für die Nieder-Eschbacher ›Sonnwendfeiern‹ und auch für die merkwürdigen Kameradschaftsabende, die unter anderem der Beschäftigung mit ›Zeitgeschichte‹ dienten. Als Material verbreitet wurde dazu unter anderem auch an DLRG-Kameraden Schriften wie ›Die Auschwitz-Lüge‹ oder ›Starben wirklich sechs Millionen Juden?‹ Der Ortsgruppenchef ist auch immer dabei, wenn zur Sonnwende am Lagerfeuer ›Flamme empor‹ gesungen wird. Auch das Horst-Wessel-Lied? Der Zeuge hebt entsetzt die

Hände. ›Nein, nein – das wäre ja Wahnsinn!‹ Und leise fügt er hinzu: ›Die Jugend kennt das Horst-Wessel-Lied doch gar nicht mehr‹ ...«

Dieses Beispiel provoziert und ›nötigt‹, auch verbandliche Strukturen, Selbstverständnis, Tradition und Ideologien mit den Fragestellungen zu untersuchen: Wie demokratisch sind die Lernfelder von einigen Jugendverbänden in ihrem Alltag eigentlich? Sind sie eine wirkliche Alternative zu den rechtsextremistischen Jugendgruppen? Wo liegen die Unterschiede? Gibt es möglicherweise ›fließende Übergänge‹?
Insgesamt hat sich bei seminarpädagogischen Angeboten zum Thema »Faschismus/Neofaschismus« gezeigt, daß Jugendliche und Jugendgruppenleiter teilnehmen, die ansatzweise ein allgemeines antifaschistisches Selbstverständnis haben und weitere Informationen und Handlungsanregungen erwarten. Das Lernfeld ›Seminare‹ erreicht in isolierter Form aber keine mit neo-faschistischen Ideen und Organisationen sympathisierenden Jugendlichen.

Anmerkungen

(1) Vgl. D. Boßmann (Hrsg.): »Was ich über Adolf Hitler gehört habe ...«, Folgen eines Tabus: Auszüge aus Schüleraufsätzen von heute, Frankfurt/M. 1977; K. Sochaky: Parole: rechts! Jugend wohin? Neofaschismus im Schülerurteil, Frankfurt/M. 1980
(2) Zu Struktur, sozialer Zusammensetzung und Jugendarbeit fachlich-orientierter Jugendgruppen, vgl. D. Damm: Politische Jugendarbeit, München 1975; ders., Die Praxis bedürfnisorientierter Jugendarbeit, München 1980; B. Hafeneger, deutsche jugend, Juni 1976 und Dez. 1978.
(3) ebda.
(4) Zu Problemen einer primär aufklärenden politischen Bildung, vgl. B. Hafeneger/G. Paul, Zwischen Panik und Beschwichtigung. Über den Umgang mit dem ›neuen Faschismus‹ unter Jugendlichen, in: L. Böhnisch u. a.: Abhauen oder Bleiben, München 1980, S. 67–83.
(5) Vgl. K. K. Raabe/A. Meyer: Unsere Stunde die wird kommen, Bornheim-Merten 1979.
(6) Vgl. ausführlicher: K. K. Raabe: »Unsere Stunde, die wird kommen«, deutsche jugend, Sept. 1979; einige Textpassagen wirkten auf die Jugendgruppenleiter sehr überzeugend.
(7) Zu Problemen der Fortbildung von Jugendgruppenleitern vgl. B. Hafeneger; Ansätze in der Qualifizierung von Jugendgruppenleitern, in: Neue Praxis 1/1981, S. 57–63.

Zweiter Teil: Einschätzungen und Reflexionen

Peter Dudek

Grenzen und Möglichkeiten antifaschistischer Jugendarbeit

»Mein Lehrer ist wie ein Panzer
Der gegen den Feind tobt
Und der Feind sind wir
Und das Toben ist der Unterricht.«
Roderick, 13 Jahre[1]

Begrenzte Möglichkeiten – Mögliche Begrenzungen

Antifaschistische Jugendarbeit hat heute einen anderen Adressaten als vor 30 Jahren. Es sind nicht mehr die Väter, durch die der Nationalsozialismus in ihrer Jugend hindurchgegangen ist, und jene, die trotzig in der Tradition apologetischer Rechtfertigung verharren; es sind deren Enkel, die sich für nazistische Gewaltsymbolik begeistern und gleichzeitig nicht mit der Vergangenheit ihrer Eltern und Großeltern belastet werden wollen. »Hör auf, Du alter Wichser. Wir leben nicht 1933, sondern 1981«, rief kürzlich ein Jugendlicher einem 80jährigen Widerstandskämpfer auf einer antifaschistischen Veranstaltung in Bonn zu.
Seine Reaktion, der Generationswechsel im organisierten Rechtsradikalismus, dessen ideologische Verschiebungen und seine Ausstrahlung in potentielle Resonanzfelder innerhalb der Jugend machen eine Neubestimmung des Begriffs ›antifaschistische Jugendarbeit‹ nötig. Allein, dies kann nicht ein Produkt von am Schreibtisch entworfenen Definitionen sein. Denn solche (selbst)kritischen Reflexionen verweisen nicht nur auf ein kollektives Nachdenken über den Zustand dieser Republik, sondern auch auf praktische Erprobungen und das Nachdenken über noch verbliebene Möglichkeiten kritisch-emanzipativer Pädagogik. So will ich hier nur einige *unsystematische Gedanken* zusammentragen; sie erheben keinen Anspruch auf Vollständigkeit.
Es fällt auf den ersten Blick nicht schwer, *Grenzen* antifaschistischer Jugendarbeit zu benennen. Allgemein: Im Rückgriff auf die kritische politisch-pädagogische Tradition sei stellvertretend für andere an zwei Autoren erinnert: S. Bernfeld, der einmal schrieb, man könne in einer Gesellschaft von Wölfen keine Lämmer erziehen, und Th. W. Adorno, welcher nach-

drücklich darauf insistierte, daß die Barbarei, die Auschwitz war, potentiell fortbesteht, solange das gesellschaftliche Produktions- und Reproduktionssystem, das den Faschismus hervorgebracht hatte, wesentlich fortdauert. Damit bleiben normative Forderungen an politische Bildung und Erziehung – etwa, daß Auschwitz nicht noch einmal sei – anachronistisch, weil sie allein durch politische Bildung und Erziehung nicht einlösbar sind. Bildungstechnologische Konzeptionen, die aus solchen Forderungen Lehr- und Lernziele ableiten wollen, die suggerieren, man könne trennscharfe Kriterien für eine erfolgreiche antifaschistische Bildungsarbeit angeben, verbieten sich aus diesem Grunde. »Die Besinnung darauf, wie die Wiederkehr von Auschwitz zu verhindern sei, wird verdüstert davon, daß man dieses Desperaten sich bewußt sein muß, wenn man nicht der idealistischen Phrase verfallen will.«[2] Das Desperate, nämlich das Bewußtsein davon, daß der Faschismus im Vergesellschaftungsprinzip angelegt ist, bezeichnet die allgemeine Grenzlinie.

Rechtsradikalismus heute

Begrenzte Möglichkeiten einer antifaschistischen Erziehung in der Bundesrepublik setzt aber nicht nur der Kapitalismus als politisch-gesellschaftliches Reproduktionssystem, sondern auch die nie geleistete kollektive Trauerarbeit gegenüber Auschwitz, auch die Erfahrung des Nachlebens des Nationalsozialismus in der Demokratie. Allein der Begriff ›Antifaschismus‹ ist heutzutage noch immer nicht gesellschaftlich akzeptiert, sondern wird als angeblich kommunistischer Terminus unter Verbot gestellt.[3]
Es sind andererseits nicht mehr die 60- und 70jährigen allein, die das Feld rechtsradikaler Stereotype repräsentieren, jene also, die den Nationalsozialismus bewußt und positiv erlebt haben; sie befinden sich seit 1945 weitgehend in der ›inneren Emigration‹, in der die eigene Überzeugung nicht öffentlich gezeigt werden darf, aus Furcht vor Sanktionen der Öffentlichkeit, der Arbeitskollegen und Bekannten privatisiert bleibt. Wie anders wäre es sonst zu erklären, daß das seit Jahren auflagenstärkste Wochenblatt, die Deutsche Nationalzeitung, über 100000 Exemplare vertreibt, denen aber nur ca. 20000 organisierte Rechtsradikale gegenüberstehen.

Der heutige Neonazismus ist im wesentlichen geprägt durch jugendliche Aktivisten, die den Kampf um die Straße, so wie er historisch von der SA praktiziert wurde, aufnehmen. Die Tendenz zunehmender Gewalttätigkeit und offener positiver Rückbezüge zum historischen Faschismus unter Jugendlichen geht Ende der siebziger Jahre zusammen mit den Gründungen einer Vielzahl kleiner rechtsradikaler Jugendorganisationen außerhalb der NPD, die sich ideologisch verstärkt irrational-gesellschaftskritischer Argumentationsformeln bedienen.

In dieser Beziehung hoffen Gruppen wie die VSBD und die JN »die Integrationskraft und den aktivistisch-enttabuisierenden politischen Mobilisierungseffekt vor allem Goebbels nachzuahmen ... So verstanden meint ›Linksfaschismus‹ die parallel zum Anwachsen von Aggressivität und Jugendlichkeit im ›rechtsradikalen Lager‹ zu beobachtende Verbindung von evokativer (nicht analytisch vorgetragener, sondern auf direkte Betroffenheit spekulierender) Sozialkritik mit solchen Aktivitätsappellen, die das staatliche Gewaltpotential und den charakteristischen bürgerlichen Gewaltverzicht immer stärker aufgeben.[4]

Es ist *nicht allein* die Suche nach Abenteuer und Romantik, nach Geborgenheit und wehrsportartig aufgemotzten Pfadfinderspielen, die Jugendliche zu rechtsradikalen Kämpfern werden läßt. Sicher: häufig ist nicht das Ideologische das primäre Motiv, sich rechtsradikalen Gruppen anzuschließen oder mit ihnen zu sympathisieren. Doch haben auch rechtsradikale Präsentationsformen und Stereotype wie das uniformierte Auftreten oder die Verwendung antikapitalistisch klingender und an soziale Gerechtigkeitsvorstellungen appellierender Propagandaformeln die Funktion, Jugendlichen politisch und lebensgeschichtlich *eindeutige* Deutungssysteme anzubieten, die gerade in ihrer Eindeutigkeit komplexe gesellschaftliche Prozesse und Krisensituationen (Jugendarbeitslosigkeit, verstellte Lebensperspektiven, mangelnde Freizeitmöglichkeiten etc.) auf feindbild-besetzte Lösungsmuster und Appellstrukturen reduzieren (konkretistisch bei der NPD: »Deutsche Arbeitsplätze für deutsche Arbeitnehmer zum Abbau der Arbeitslosigkeit«; abstrakt propagandistisch bei der VSBD: »Gegen Marxismus. Gegen Ausbeutung. Für gerechte Leistungsgesellschaft«). Im Unterschied zu rechtsradikal prädisponierten Erwachsenen, für die rechtsradikale Propaganda und Ideologie im wesentlichen

Bestätigungscharakter ihrer politischen Überzeugungen annehmen, besitzen sie für Jugendliche in der Adoleszenz als Angebote politischer Sozialisation und Normenfindung eher *Erzeugungscharakter*. Eine Sichtweise jugendlicher Rechtsradikalität, die diese *ausschließlich* als Nazi-Schwärmerei oder angesichts der Phantasielosigkeit von Zukunftsidealen als Idealisierungsphantasien der Vergangenheit wahrnimmt, läuft Gefahr, sich in pädagogischen Konzeptualisierungen auf eine abstrakte Opferpädagogik zu versteifen, der der Mechanismus unterliegt, durch die Präsentation moralisch erdrückenden Materials von Leichenbergen oder KZ-Szenen rechtsradikale Verhaltensdispositionen verunsichern zu wollen. Durch Belehrungen über den Nationalsozialismus lassen sich aber solche Verhaltensmuster kaum erschüttern. Sie erreichen vor allem nicht jene alltäglich antreffbare Disposition zu faschistischen Äußerungen und Orientierungen, die sich im Erzählen von Judenwitzen ausdrückt oder in Ausländerfeindlichkeit, Frauenhaß, Chauvinismus und Männlichkeitswahn manifestiert.[5]

Solche Sichtweisen basieren auf einem institutionell eingeengten Rechtsradikalismusbegriff, der rechte Organisationen per definitionem in die Nachfolge der NSDAP stellt und die Provokationen mit faschistischer Aggressionssymbolik und verbal-proklamatorischen Hitler-Sprüchen in der Regel als positive Identifikation Jugendlicher mit dem Nationalsozialismus interpretiert. So firmieren rechtsradikale Jugendliche in der Presse beispielsweise als »Hitlers Söhne« oder als »Hitlers Harlekine von heute« (in: Die Zeit v. 28.4.78) oder gar als »Propagandisten des 4. Reiches« (Broschüre des Kommunistischen Bundes: Frankfurt die erste braune Stadt? Frankfurt 1980). Eine antifaschistische Jugendarbeit, die den aktuellen Rechtsradikalismus auf die Propagandaformeln der harten ›NS-Gruppen‹ reduziert, wird fast zwangsläufig darauf verwiesen, pädagogische Konzepte mit dem Ziel zu modellieren, Jugendliche von der Inhumanität und Indiskutabilität nationalsozialistischer Ideologiefragmente zu überzeugen. Obwohl notwendig, begrenzt sie sich damit selbst, denn sie trifft damit kaum die aktuellen Problemlagen Jugendlicher, auf die jene als *eine* Möglichkeit mit rechtsradikalen Ritualen reagieren.

Die *ausschließliche* Beschäftigung mancher antifaschistischer Gruppen und Jugendverbände mit den Aktionen und Perso-

nen des organisierten Rechtsradikalismus und deren pauschale Interpretation als nazistische Neuauflage läßt außer acht, daß der von Jugendlichen im Alter von 16 bis 25 Jahren getragene Rechtsradikalismus ein Produkt gegenwärtiger gesellschaftlicher Verhältnisse ist. Er ist deshalb nur aus diesen erklärbar. Das schließt nicht aus, daß neonazistische Gruppen in einer ideologischen Kontinuität zum Nationalsozialismus oder extrem nationalistisch-völkischen Gruppierungen der bündischen Jugendbewegungen stehen.
Zwar existieren zur Zeit keine empirischen Untersuchungen über das Rekrutierungsfeld rechtsradikaler Jugendlicher. Dennoch gibt es Anhaltspunkte für die These, daß vor allem Jugendliche aus gesellschaftlichen Randgruppen, für die das gesellschaftliche System keine attraktive Integrationsangebote freisetzen *kann*, rechtsradikale Stereotypen mobilisieren. »Für sie, die vermeintlich Vergessenen und Vertrösteten, stellen nazistische Kampfparolen gegen die demokratische Ordnung so etwas wie eine positive Perspektive dar. Ihre zerrüttete wirtschaftliche Basis, die fehlende existentielle Sicherheit gibt somit der ideologischen Anfälligkeit zahlreicher Jugendlicher erst die reale Motivation, den Nährboden zum rechtsextremistischen Handeln.«[6] Künftige Untersuchungen müßten in den Brennpunkt ihres Erkenntnisinteresses die ökonomischen und sozialpsychologischen Entstehungsbedingungen rechtsradikaler Affinitäten Jugendlicher sowie den Zusammenhang von rechtsradikalem Aktionsfeld und den vielfältigen Protestformen Jugendlicher stellen. »Nur so läßt sich eine Überschätzung neofaschistischer Gruppen als realer politischer Faktor und eine Unterschätzung des gesellschaftlichen ›Nährbodens‹ autoritärer bzw. faschistoider Denk- und Verhaltensweisen umgehen.«[7]

Gesellschaftskritik von rechts

Als eine dominante Aktionsform jugendlicher Rechtsradikaler, die sie partiell mit linken Protestbewegungen teilen, kann die *Ablehnung bürgerlicher Politikformen* bezeichnet werden. Denn im Unterschied zur NPD verzichten rechtsradikale Jugendorganisationen auf eine ernsthafte Beteiligung an Wahlen und besetzen stattdessen eine Vielzahl außerparlamentarischer Aktionsfelder. Die Ablehnung parlamentarischer Rituale, die auch in weiten Teilen der Jugend anzutreffen ist, kann als eine Reaktion auf die Instabilität des politisch-ökonomischen Systems der Bundesrepublik verstanden werden, welches Jugendlichen als ein System von Großinstitutionen begegnet, welches als Einrichtung von Erwachsenen erfahren wird, in der für sie als gleichwertig akzeptierte Partner kein Platz ist. Wo Demokratie von Jugendlichen nicht als eigene Sache akzeptiert werden kann, weil sie nirgends überzeugend vorgelebt wird, bleibt der Widerspruch zwischen den Lippenbekenntnissen professioneller Politiker und den realen Alltagserfahrungen in Schule, Betrieb und Familie ständiger Begleiter, der bearbeitet werden muß. In einer solchen Situation muß kritisches politisches Engagement in prinzipieller Anerkennung der Diskurs- und Entscheidungsstrukturen des politischen Systems der Bundesrepublik als unattraktiv und wenig erfolgversprechend erscheinen.

Das Gefühl, daß der gesellschaftliche Prozeß die Menschen ums Leben bringt, ist auch in der Gesellschaftskritik von rechts spürbar. So äußert sich beispielsweise M. Kühnen zu den Motiven, sich bei der ›Aktionsfront Nationaler Sozialisten‹ zu engagieren:

»Ich würde nicht sagen, daß man das so einfach als Automatismus darstellen kann, weil es gibt genug objektive Gründe, wenn man sich die Wirtschaftssituation ansieht, wenn man sich auch dann ansieht, wie es Kameraden ergangen ist im Bereich Arbeitslosigkeit, Jugendarbeitslosigkeit, Sinnlosigkeit der ganzen Aktivitäten. In der Schule – gerade in den Oberschulklassen – ist es ja sehr ausgeprägt: Die einen, die wie die Wahnsinnigen hinter ihren Zehntelprozent herlaufen, die anderen, die sich hängen lassen, die sagen: ›Mir ist das egal. Ich will erst mein Abitur haben. Was dann kommt? Ich gehe nachher erstmal ein halbes Jahr auf Europareise. Wollen mal gucken wie es dann aussieht.‹ Diese Einstellung, die man also doch ja in der Schule nun tagtäglich trifft – das sind keine Spinnereien von uns; das ist Realität – bringen einen doch dazu zu fragen: ›Wo kannst Du Dich sinnvoll betätigen?«[8]

Die zunehmende Zementierung gesellschaftlicher Herrschaftsstrukturen erleben Jugendliche als Perfektionierung sozialer und politischer Kontrolle. Soziale Unsicherheit, Arbeitslosigkeit, Rationalisierungen, Berufsverbote sind zu dauerhaften Begleitern jugendlicher Biographien geworden. Die persönliche Zukunft erscheint vielen vernagelter denn je. So verwundert es nicht, daß linke und rechte Gesellschaftskritik gemeinsame Bezüge – bei radikal unterschiedenen

Zielperspektiven – aufzuweisen beginnen; bis in die semantische Struktur der Argumentation hinein lassen sich Ähnlichkeiten erkennen. In der Ökologiebewegung, beispielsweise, haben beide Kritikmuster ihren gemeinsamen politischen Focus.[9] Fragen der Ökologie, der Atomenergie, der Naturbeherrschung sind seit einigen Jahren zentrale Themenschwerpunkte im rechtsradikalen Lager, die in der linken Rezeption rechter Politik nur ungenügend wahrgenommen wurden. Stellvertretend zwei Beispiele rechten Selbstverständnisses zu dieser Thematik:

a) *D. Munier,* Mitglied der nationalrevolutionären Basisgruppen und Inhaber des Buchladens ›Sturmwind‹ in Kiel, in einem Gespräch mit H. Broder: Neben dem Kampf um nationale Unabhängigkeit stehe »gleichgewichtig an erster Stelle der Kampf um die Erhaltung des Lebens überhaupt, also der Lebensschutzkampf, gegen Umweltzerstörung, gegen Ausbeutung der Natur, gegen Ausnutzung von Rohstoffen, die eben auf dieser Erde begrenzt sind, gegen sinnlose Energiepolitik, gegen sinnlose Wachstumspolitik, gegen sinnlosen Konsum ...« Wir sind »ja bekannt geworden durch Konflikte um die Kernkraftwerke in Whyl und Brokdorf, wo wir also auch dran teilnehmen. Wo wir im publizistischen Bereich wirksam sind, aber auch hier in Brokdorf aktiv an den Maßnahmen gegen den Bau des Kernkraftwerkes teilgenommen haben.«[10]
b) Der vor einem Strafverfahren ins Ausland geflüchtete Vorsitzende der rechtsradikalen ›Deutschen Bürgerinitiative‹, *M. Roeder,* schreibt im Juni 1980 in einem Rundbrief an seine Anhänger: »Auf der sandigen Waldbrandfläche bei Gorleben, wo riesiges Bohrgestänge für ein Atommüllager angebracht wurde, weht seit dem 3. Mai die Fahne der *Freien Republik Wendland.* Man muß eine Paßstelle mit Schlagbaum passieren und einen grünen Paß mit einem goldenem Eindruck vorweisen, den jeder erwerben kann, der gegen Atomkraftwerke und für ein einfaches, aber selbstbestimmtes Leben ist. Also, auf nach Wendland! Oder schreiben Sie den Besetzern: Freie Republik Wendland, 3131 Gorleben-Solleben. Postfach 1004 ... Überall Fahnen und Aufschriften wie »Die Erde hat keinen Notausgang!« Der Platz ist ihre Stärke, nicht Aktionen nach außen ... Die BRD muß in viele Teilstaaten und autonome Gebiete zerschlagen werden, um ihr die Macht zu rauben. Wir fördern jede Bewegung ›Los von Bonn‹ ... Wir haben nur Interesse an einem völkisch gegliederten Reich!« (Aus dem 11. Brief Roeders Brachet/Juni 1980).

Es wäre auch Aufgabe einer antifaschistischen Jugendarbeit, thematisch und politisch auf rechtsradikale besetzte Aktionsfelder zu reagieren.

Die durch die Ökologiebewegung getragene Gesellschaftskritik weist natürlich über den rechtsradikalen Organisationszusammenhang hinaus in den Bereich nicht verbandlich organisierter jugendlicher Subkulturen. Eine bedürfnisorientierte antifaschistische Jugendarbeit wäre also thematisch und zeitlich breiter und langfristiger anzulegen. Sie darf sich nicht auf Bildungsseminare, die die NS-Zeit zum Gegenstand haben, reduzieren. Gleichzeitig impliziert dies, sich einzugestehen, daß man durch punktuelle Veranstaltungen und kurzzeitpädagogische Seminare bei deren Teilnehmern (und bei sich selbst) kaum jene verkehrten Bewußtseinsformen aufbrechen und jene »dumpfen Gefühle« erreichen wird, die in gesellschaftlichen Krisensituationen rechtsradikalen Bewegungen Vorschub leisten könnten. Hier wären die Erfahrungen einzubeziehen, die Jugendarbeiter erst vor wenigen Jahren in Seminaren mit arbeitslosen Jugendlichen machen mußten. Die politische Perspektive nämlich, es sei möglich, in Bildungsveranstaltungen Jugendarbeitslosigkeit mit den Betroffenen selbst zu politisieren, erwies sich sehr schnell als unrealistisch. Hafeneger/Hanesch schrieben 1977 ernüchtert über das Scheitern dieses offensiven Bildungskonzepts:

»Resultat dieser Bildungsseminare waren oftmals ... Frustrationen für Veranstalter wie für Teilnehmer; weder ließen sich die Ansprüche der Veranstalter noch die Erwartungen der (soweit überhaupt erschienenen) Teilnehmer einlösen ... Allerdings zeigen unsere Erfahrungen, daß häufig bzw. bei vielen Jugendlichen das offizielle Seminarprogramm ... eine vergleichsweise geringe Bedeutung besitzt gegenüber etwa Schilderungen von Freizeitmöglichkeiten in der Bildungsstätte; der Tatsache, daß ein bis zwei Freunde oder Bekannte mitfahren; daß sie auf etwas unkonventionelle Weise aus ihrem Alltagstrott herausgerissen werden.«[11]

Von ähnlichen Situationen in Seminaren zum Thema Faschismus/Neofaschismus könnte ich auch berichten. Jugendliche können durchaus ein inhaltliches Interesse am offiziellen Angebot haben und dennoch sich dem szenarisch vermittelten Ritual schulischer oder universitärer Unterrichtsstrukturen, das solche Seminare beherrscht, verweigern. Allein aus dem ganztägigen Zusammenleben entsteht eine Vielzahl von Interaktionsproblemen und Beziehungskonflikten; wenn deren gemeinsame Bearbeitung als ein Stück demokratischer Alltag, als ein Moment Utopie des sonst Unbestimmbaren erlebt wird, mag dies als Stück antifaschistischer Jugendarbeit wirksamer sein als das Abspulen eines unterrichtstechnologisch noch so gut inszenierten Seminarkonzeptes. Denn jede pädagogische Arbeit, die sich die Demokratisierung jugendlicher Verhaltensmuster und den Abbau vorurteilsgeprägter Einstellungen zum Ziel setzt, muß Jugendlichen auch Hilfestellung bei der Bearbeitung alltäglicher Konflikte geben können. Sie in ihren vielfältigen Orientierungsfragen nicht alleinzulassen, meint nicht, was Strauß in einem Brief an den Bundesjugendring formulierte: Die Jugend wolle endlich wieder »realistische, auf klaren Werten beruhende Zukunftsperspektiven«; Jugendpolitik müsse verflachten Begriffen »wie Treue, Wahrhaftigkeit, Gewissenhaftigkeit, Zuverlässigkeit und Disziplin« Geltung verschaffen (zit. n. Frankfurter Rundschau v. 9.8.80, S. 4). Das hieße sich völlig der Heteronomie zu überantworten, sich abhängig machen von Normen und Geboten, die substantiell selbst nicht erfahren, sondern von auswechselbaren Autoritäten wie Staat, Schule oder Kirche gefordert werden. Dagegen hätte antifaschistische Jugendarbeit orientierende Hilfestellungen zu setzen, in einem Prozeß individueller Lebensgestaltung, der auf Selbstbestimmung, auf Reflexion und Widerstand beharrt, der Menschen so autonom sich entfalten hilft, daß sie Widersprüche auszuhalten lernen, daß sie fähig werden, auch ohne Leitbild zu leben.

Sicherlich läßt sich das in den sechziger Jahren entwickelte optimistische Konzept politischer Bildung, das dieser den entscheidenden Anteil am Prozeß politischer Sozialisation zuschrieb, kaum mehr ernsthaft vertreten. Dennoch wird von Politikern und Behörden – in schlechter Tradition – weiterhin Schulen und anderen Formen institutionalisierter politischer Bildung die Lösung jugendpolitischer Probleme (Neofaschismus, Drogenkonsum, Jugendreligionen etc.) zugedacht. Gegenüber derartigen Forderungen muß auf der Frage beharrt werden, warum Jugendliche ein demokratisches und historisches Bewußtsein nicht entwickeln konnten und was getan werden muß, damit sie es können. Es existiert in der Bundesrepublik keine tradierte und im gesellschaftlichen Bewußtsein krisenresistent verankerte demokratische Kultur, an der anzuknüpfen wäre.

Ein Lamentieren über den sogenannten »geschichtlichen Analphabetismus« Jugendlicher bleibt hilflos und nichtssagend. Defizite an Geschichtsbewußtsein lassen sich nicht nur bei Jugendlichen konstatieren; sie sind bei Abiturienten ebenso wie bei Geschichtsstudienanfängern zu belegen[12], und ich vermute, ein unvorbereiteter Test unter den Autoren dieses Buches zum Thema: ›Was ich über Katharina die Große gehört habe ...‹ ließe sicherlich auch ein Resümee zu, das uns ›geschichtlichen Analphabetismus‹ bescheinigen würde.

Linke Jugendarbeiter und nochmals die Grenze

Für viele linke Jugendarbeiter und Lehrer aus der Generation der Protestbewegung war die, zum Teil über ihre Eltern vermittelte, (Nicht)-Erfahrung mit dem Nationalsozialismus ein Schlüsselerlebnis in ihrem politischen Sozialisationsprozeß. Und der Faschismus stellt für die deutsche Geschichte objektiv *das* zentrale Moment negativer Utopie dar, *das* Kriterium, mit dessen Hilfe man im Schatten der gesellschaftlich produzierten Todesdrohung, den »bedrohlichen Symptomen der totalen Vergesellschaftung« (Adorno) nur noch zu bestimmen vermag: so und so will und kann man nicht leben; das ist nicht unsere Wirklichkeit. Diese Erfahrung stellt sich für Jugendliche heute aber nicht von selbst ein. Faschismus ist nicht ihr Thema; eher schon die ihnen hermetisch geschlossen erscheinende Welt von Erwachsenen, eher schon die täglich erlebte Enge und Strenge sozialer Kontrolle, eher schon die sichtbare Todesdrohung, die von der Atomindustrie und dem Rüstungswahn ausgeht. Daß die Nationalsozialisten massenhaft Menschen ermordeten – strikt kontrolliert nach betriebsökonomischen Kalkulationen –, wo es weniger um das Austoben sadistischer Triebe als Tageskapazitäten der Todesproduktionsmaschine ging, eben um das Auslöschen moralisch-sittlicher Kategorien zugunsten der Aufrechnung vollzogener Morde zu einer statistischen Größe: das ist eine Erfahrung, deren *politisch besondere* Qualität Jugendlichen nur schwer vermittelbar erscheint. Wieso könnten sie auch über die Opfer von Auschwitz mehr erschüttert, betroffen, entsetzt sein als über die Erschlagenen im Bauernkrieg, als über die Opfer lokaler Kriege, Vertreibungen, Invasionen, die ihnen täglich durch die Massenmedien so unerreichbar nahe gebracht werden? Wie können Jugendliche aus Arbei-

terfamilien die Zerschlagung der Arbeiterbewegung durch den NS als Angriff auf ihre eigenen Organisationen interpretieren, wenn heute in der Bundesrepublik weder die Organisationen der Arbeiterklasse noch konsistente Arbeitersubkulturen zur Selbstinterpretation und als Deutungsmuster lebensgeschichtlich relevanter Problemlagen für Jugendliche eine Rolle spielen können, weil sie nach der Erfahrung mit dem Faschismus nicht mehr existieren?
Worauf mit solchen (und ähnlichen Fragen) aufmerksam gemacht werden soll, ist: Alle Überlegungen zu jugend- und bildungspolitischen Gegenstrategien, alle konzeptionellen Vorschläge dazu dürfen nicht darüber hinwegtäuschen, daß zentrale Bereiche und Probleme im Zusammenhang mit rechtsradikalen Tendenzen unter Jugendlichen sich den Einflußmöglichkeiten von Bildungs- und Jugendpolitik entziehen.

»Die Verantwortung für Probleme wie Jugendarbeitslosigkeit, psychische, soziale und materielle Verelendung eines Teils der jungen Menschen in dieser Gesellschaft, für Orientierungs- und Hoffnungslosigkeit, für Angst- und Ohnmachtsgefühl vieler Menschen, trifft das gesamte politisch-gesellschaftliche System und dessen führende Entscheidungsträger. Es ist Sache der Politiker, Entwicklungsmöglichkeiten und Bedingungen für die jungen Menschen zu schaffen, die ihnen ein menschliches Leben in einer demokratischen Gesellschaft ermöglichen. Jugendpolitik kann immer nur auf diese Verantwortung und Verpflichtung hinweisen und den Finger in die Wunde legen, sie kann das Problem jedoch selbst nicht lösen.«[13]

Innenansichten

Über Grenzen und Möglichkeiten antifaschistischer Jugendarbeit zu schreiben, heißt auch, über mögliche Veränderungen, neue Zugänge zum Thema Nationalsozialismus nachzudenken, aus pädagogischen Irrtümern Konsequenzen zu ziehen und neue Wege zu beschreiten. Die allenthalben geforderte Bewältigung der Vergangenheit und die alltägliche Gegenwart der Vergangenheit, die zu bewältigen wäre, haben ja darin ihren Sinn, »zur Bewältigung der vor uns liegenden gesellschaftlichen Fragen beizutragen; die Auseinandersetzung mit dem Faschismus muß Impulse auslösen, die eigenen politischen Vorstellungen heute zu überdenken und politisches Verhalten daraufhin möglicherweise neu zu bestimmen. Historisch-politische Bildung kann hierzu nur beitragen, wenn der Einzelne sich und seine Lebenswelt in der Geschichte wiederfindet.«[14]

Die in diesem Buch abgedruckten Projektberichte machen eindringlich deutlich, was Praktiker, die täglich mit Jugendlichen arbeiten, aus dieser Sicht unter dem Postulat: ›aus der Geschichte lernen‹ verstehen. Der akademische Faschismusbegriff spielt kaum mehr eine Rolle; der Begriff selbst wird nach unten geöffnet – hin zum Alltag der Menschen, hin zu konkreten Personen. Faschismus wird aufgearbeitet durch die Vergegenwärtigung historischer Alltagsverhältnisse und die Erweiterung des Politikbegriffs über die Institutionen und Parteien hinaus. Straßen, Plätze, Gebäude, Menschen und ihre Schicksale werden »zum Sprechen« gebracht: Wie war das damals eigentlich bei uns in Hamburg, in Rüsselsheim und Saarbrücken? Wie lebten die »kleinen Leute« unter faschistischem Terror? Gefragt und geforscht wird nicht nach jenen »großen Männern«, die nach Auskunft der Bücher Geschichte machten, sondern nach jenen, die ›unten‹ in ihrem Alltag mit ihren Ängsten, ihren Hoffnungen und Nöten mitgelaufen oder Widerstand geleistet haben.

Die vorgestellten Projekte sind Versuche neuer Zugänge zum Thema Nationalsozialismus. Sie sind durch die Stichworte ›Personalisierung von unten‹ und ›Geschichte zum Anfassen‹ charakterisierbar. Die neuerliche Konzentration auf alltags- und lokalgeschichtliche wie auf biographisch orientierte Ansätze kann als Versuch gesehen werden, antifaschistische Bildungsarbeit im Spannungsfeld von historischem Lernen, kritischer Selbstreflexion und erfahrungsbezogenem Lernen anzusiedeln. Dahinter verbirgt sich die Hoffnung, die Konfrontation von historischem Material mit jugendlichen Lebenserfahrungen könne zu einer parteilichen Identifikation mit antifaschistischen Inhalten führen.[15] Solche Untersuchungsprojekte, die Spuren sichern wollen, Geschichte lebendig vergegenwärtigen und den Interessen Jugendlicher nach selbsttätigen Erkundungen nachkommen wollen, bilden eine praktische Kritik an dem Kopfglauben rationalistischer Aufklärungsdidaktik. Es ist eine Kritik an deren Hoffnung, allein durch Leseerfahrungen, durch das subjektneutrale Bearbeiten von Texten könnten antifaschistische Einstellungen evoziert werden. Aber ebensowenig wie neofaschistische Sympathien Produkte von Leseerfahrungen oder das Ergebnis von Verführungskünsten alter Faschisten sind, läßt sich in

Bildungsseminaren oder informations- und aktionsorientierten Veranstaltungen antifaschistisches Bewußtsein erzeugen. Denn, noch bildet der effektivste Erziehungseinfluß die Wirklichkeit selbst, die Jugendliche in ihren lokalen Lebenswelten vorfinden.

Ein Buch wie dieses hätte vermutlich vor 10 Jahren so nicht geschrieben werden können, ohne in linken Kreisen scharfer Kritik ausgesetzt zu sein. Nur in den wenigsten Beiträgen findet man noch Konzeptualisierungen jener Utopie der Allgemeinbegriffe, jener soziologischen und sozialpsychologischen Kategorien, die die Bewegungen des gesellschaftlichen Bewußtseins durch das Medium des praktischen Klassenkampfs untersuchen und totalitätsbezogen interpretieren. M. Rutschky hat in einem brillanten Essay nachgezeichnet, wie in jener Utopie der Allgemeinbegriffe in den siebziger Jahren die negativen Momente die Oberhand gewannen[16], denen sich in der Beschreibung von Handlungsschemata in soziologischen und sozialpsychologischen Kategorien noch Entfremdung und Ohnmacht mitteilen – Erfahrungshunger. Er klingt in den Projektberichten noch nach. Rutschky beschreibt diese Bewegungen der negativen Utopie als »die unruhige Suche nach Ekstasen der Wahrnehmung, nach sinnlicher Selbstverwirklichung.« Vor diesem Hintergrund verblassen politische Diskussionen und Lernprozesse, die 1980 darauf abstellen, das allgemeine Ziel antifaschistischer Bildungsarbeit zu definieren als: »den *Begriff* des Nationalsozialismus zu erarbeiten, um auf diesem Hintergrund neonazistische wie neofaschistische Tendenzen zu erkennen und in ihrer Bedeutung abzuschätzen.«[17] Dieses Buch, vor zehn Jahren geschrieben, hätte keinen Aufsatz enthalten über Lokalgeschichte und Stadtrundfahrten. Es wäre als Beitrag zur affirmativen Erziehung unter Ideologieverdacht gestellt worden.

Innovationen in Richtung ›demokratischer Heimatkunde‹ gingen in den letzten Jahren von Praktikern aus. Einwände dagegen sind berechtigt. Denn lokalgeschichtliche Verfahren und Regionalanalysen allein reichen nicht aus, um gesamtgesellschaftliche Phänomene zu durchschauen. Aus der ›lokalen Froschperspektive‹ (Radkau) läßt sich der Totalitätsbezug, der eine materialistische Faschismustheorie auf die begrifflichen und strukturellen Konstituentien kapitalistischer Gesellschaft, auf das Prinzip der Vergesellschaftung verweist, nicht herstellen. *Aber* sie können ein Verhältnis zur Geschichte herstellen, das die Auseinandersetzung mit faschismustheoretischen Erklärungsmodellen erst sinnvoll erscheinen läßt. Denn die Kriterien, denen eine sozialwissenschaftliche Theorie genügen sollte, sind nicht identisch mit jenen möglichen Modellierungsprinzipien, die den Prozeß der Vermittlung historischen Wissens anleiten. Politische Bildung, die vom *Begriff* des Faschismus ausgeht und auf die Repetierung polit-ökonomischer Zusammenhänge abzielt, eine politische Bildung also, die den Einzelnen mit seinen Einstellungen und Verhaltensdispositionen, mit seinen privaten Wirklichkeitsbildern ins Abseits stellt, mag zwar den Ansprüchen sozialwissenschaftlicher Theoriebildung gerecht werden, fällt aber gleichzeitig auf den Kopfglauben rationalistischer Aufklärungspädagogik zurück. Natürlich stellt sich für jede politische Bildungsarbeit das Problem der Vermittlungsmöglichkeiten historischen Materials als zentrale didaktische Frage. Vorgängig zu dieser Frage drängen sich mir aber Fragen auf, die nicht der »Bankiersmethode der Erziehung« (Freire) folgen, das Subjekt nicht als Informations-Container unterstellen, sondern auch das »Vorwissen der Jugendlichen zum Nationalsozialismus, die Herkunft und den normativen Bezugsrahmen ihres Vorwissens sowie die Überprüfung der für ihr Geschichtsbewußtsein konstitutiven individuellen, alltäglich lebensgeschichtlich verankerten Erfahrungen«[18] einbeziehen wollen. Gefragt und diskutiert werden müßte nach der Genese von Einsichten, Identifikationen und Bedürfnisstrukturen Jugendlicher. Gefragt auch nach den subjektiven Annäherungsformen an historische Inhalte, nach Modellierungen von privaten Versionen und Wirklichkeitsbildern, die quer liegen können zu den offiziell zugelassenen und erwarteten Lerninhalten. Denn am historischen Material des Nationalsozialismus wie in der aktiven Auseinandersetzung mit rechtsradikalen Personen spielen derartige Subjektanteile bei den Beteiligten eine erhebliche Rolle.[19]

Antifaschistische Motivstrukturen?

Die Möglichkeit, mit Hilfe von Informationsveranstaltungen und Bildungsseminaren präventiv jugendliche Rechtsorientierungen zu konterkarieren, ist sehr begrenzt. Andererseits setzen solche Veranstaltungen bei den ›Machern‹ erhebliche

Mobilisierungskräfte und die Bereitschaft zu politischem Engagement frei. Dies gilt verstärkt bei unmittelbaren Auseinandersetzungen mit rechtsradikalen Jugendlichen.
Wie vielschichtig und zum Teil wenig eingewurzelt Motivstrukturen zu ›antifaschistischem‹ Engagement sind, soll im folgenden an dem – nicht veröffentlichten – Erfahrungsbericht einer jugendlichen ›Antifa-Gruppe‹ eines Dorfes im Rhein-Main-Gebiet erhellt werden. Unmittelbarer Anlaß zur Gründung dieser Gruppe waren die vielfältigen neonazistischen Aktivitäten von Mitgliedern einer Familie des Ortes (Stiefvater NPD- und ANE-Mitglied, die beiden Söhne Mitglieder der Wiking-Jugend und der verbotenen Wehrsportgruppe Hoffmann). Nach Aussage der Autoren sind private Freundschaftsbeziehungen, der Reiz unmittelbarer Konfrontation mit rechtsradikalen Jugendlichen aus dem Ort, aber auch politische und historische Interessen am Thema Beweggründe, sich der ›Antifa-Gruppe‹ anzuschließen. Aus ihrer Schilderung lassen sich verschiedene Handlungsebenen der Gruppenmitglieder unterscheiden: den Arbeitsjugendlichen ging es um ›Action‹; Inhalte und Zielpersonen dürften dabei auswechselbar sein, vermute ich. Denn das Wichtigste bleibt die Aktion, ob als ›Antifa-Gruppe‹ oder als Rocker ist gleichgültig. Oberschüler wie Arbeiterjugendliche hält eine Klammer: das gemeinsame Feindbild Nazi. Während die Oberschüler reden und diskutieren, handeln die anderen. Die Art und Weise, wie dies nach Angabe der Autoren geschieht, wirft einige Fragen grundsätzlicher Natur auf, die sich auch bei manch anderer Initiativgruppe in ähnlicher Form stellen dürften.

Da ist zunächst die Tatsache, daß sich Jugendliche, die den NS nicht erlebt haben, unter Bezugnahme auf den faschistischen Terror als ›Antifaschisten‹ und ›Nazi‹ gegenüberstehen. Beide Gruppen haben eigentlich nichts zu verleugnen. Beide könnten also die Sache unbefangener angehen, und doch erfaßt auch sie noch die traumatische Lernblockierung dieses Landes gegenüber dem Nationalsozialismus. Beide sind mit den gleichen gesellschaftlichen Krisenlagen konfrontiert, verfügen über ähnliche gesellschaftliche Erfahrungen. Beide klagen sie für sich eine Zukunft ein, die ihnen das von kapitalistischer Zweckrationalität strukturierte politische System nicht zu bieten vermag; sie mißtrauen den politischen

Integrationsmechanismen ›unserer‹ Gesellschaft. Beide fühlen sich fremd im ›eigenen‹ Lande. Werden zwischen beiden Gruppen nun wirklich Probleme des Neonazismus bearbeitet? Sicherlich auch. Aber das Feindbild ›Nazi‹ steht auch als Ersatzbild. Die ›Antifa-Gruppe‹ bildet einen Organisationsfocus, über den Konflikte bearbeitet werden, die weniger etwas mit Neofaschismus zu tun haben als mit der von den Autoren geschilderten Situation Jugendlicher am Ort: mit dem fehlenden Jugendzentrum, den »kaputten sozialen Beziehungen der kaputten Menschen.« Selbstkritisch schreiben die Autoren ja: »Je weniger die Neonazis in Aktion treten, desto schwerer wurde es, die Gruppe zusammenzuhalten.« Erst neue Aktionsformen (Pfingstlager und Wochenendseminar) und neue Inhalte (selbstverwaltetes Jugendzentrum) konsolidieren die Gruppe wieder.

Da ist weiter ein zeitweise merkwürdig praktizierter ›Antifaschismus‹, der jenes Männlichkeits- und Härteideal ausstrahlt, das mir bei Antifaschisten deplaziert erscheint. »NAZIS« steht am Haus der rechtsradikalen Familie; ihre Mitglieder werden in nächtlichen ›Spontandemos‹ – der spontane Zorn des Volkes??? – aufgefordert, die Stadt zu verlassen. Was ist das für ein Antisfaschismus, der Aktions- und Präsentationsformen annimmt, die jenen Rechtsradikaler ähneln?

Was ist das für ein Antifaschismus, der keine Menschlichkeit und keine positiven Perspektiven mehr deutlich werden läßt, der die Utopie des Unbestimmbaren zur Unbestimmbarkeit der Utopie verkommen läßt? Was ist das für ein Antifaschismus, der zwar über Bedürfnisprobleme rechtsradikaler Jugendlicher *reflektiert,* die Vertreibung der gleichen Jugendlichen aus dem Ort aber *praktizieren* will?

Ein Beispiel zum Weiterdenken und -fragen: Es geht um die von den Autoren geschilderte Szene auf der Wahlveranstaltung der ANE in Offenbach. Die Rollen sind in dieser Schilderung klar verteilt: Die Rechtsradikalen bedrohen Antifaschisten mit einer Pistole. Diese wehren sich legitimerweise. R. Herding, Redakteur des ID (Informationsdienst für unterbliebene Nachrichten), schildert die Selbstdarstellung zweier jugendlicher Antifaschisten aus Frankfurt, die an dem Vorfall beteiligt waren:

»›Was waren das für Leute?‹, wollte ich (R. Herding; P. D.) wissen. ›Hauptsächlich Ältere, so zwischen achtzig und scheintot, sagt man so‹, meinte der Jüngere. ›Und wie ging es dann weiter?‹ ›Wir haben gestört, ›Feierabend‹ geschrien, und die Bücherkisten rausgetragen und in den Bach geschmissen. Da kamen drei Jüngere in Lederjacken und alle drei haben eine Gaspistole 8,5 mm rausgezogen. Man sieht nicht, daß es eine Gaspistole ist, die Dinger sehen aus wie echte Pistolen. Dann haben sie einmal Tränengas geschossen in die Leute rein. Dann haben wir ihnen die Pistolen aus der Hand getreten.‹ ›Zum Glück‹, berichtete der Ältere weiter, ›war ein Staatsanwalt bei den Gästen im Restaurant. Der hat die Bullen geholt, wir haben ihn aufgefordert, die Polizei zu holen. Der hat auch Zeugen aufgenommen und überhaupt den Einsatz geleitet.‹ Der Jüngere sagte eifrig: ›Alle drei Lederjacken haben Prügel abgekriegt, einer oder zwei mußten sogar ins Krankenhaus, einer ist geflüchtet. Einem haben wir das Nasenbein eingeschlagen. Der eine hat sich auf den Boden gelegt und wie tot gestellt, nur damit er den Prügeln entgeht.‹ Das wiederholte er noch einmal mit Empörung. ›Aber er hat trotzdem Prügel abgekriegt, das ist gleich erkannt worden, daß er sich tot gestellt hat, bloß damit er keine Prügel kriegt. – Dann haben wir noch Strafantrag wegen Körperverletzung gestellt.‹«[20]

Ich hätte mich auch tot gestellt und die Angst vor beiden Gruppen hätte mich durch den Wald getrieben.

Schluß

Ein militanter Antifaschismus, der sich in Parolen wie »Nazis raus aus diesem Ort« (wohin eigentlich mit ihnen?) und 17.-Juni-Feiertagsdemonstrationen erschöpft, kann über die Krise demokratischer Jugendarbeit nicht hinwegtäuschen. »Antifaschistische« Aktivitäten wie die Verfolgung einzelner oder die Zerstörung von Buchläden haben darüber hinaus fatale Nebenwirkungen: sie tragen zur Binnenstabilisierung rechtsradikaler Jugendgruppen bei und fördern den Prozeß der Entwicklung rechtsradikaler Militanz. Sie sind Ausdruck von eigener Ohmacht und zielen politisch ins Leere, denn:

– Sie können keine Antwort auf die dringliche Frage geben, wofür wir, Sozialisten, Kommunisten und Christen, positiv eintreten, wofür wir politisch auch mit unserer Person und unserem Alltagsverhalten stehen. Denn antifaschistische Jugendarbeit muß ihren Adressaten transparent machen können, welche attraktiven Angebote sie zur Bearbeitung existentieller Probleme und zum Erleben eines demokratischen Alltags machen kann.

– Die ausschließliche Reaktion auf rechtsradikale Provokationen mit kriminalistischen Suchstrategien und individueller Verfolgung sind Kurzschlußhandlungen, die übersehen, daß der *organisierte* Rechtsradikalismus *nicht die aktuelle* politische Gefahr darstellt. »Der technokratische Faschismus ist die Gefahr, nicht der agrarische« (Bloch). Deshalb ist der These Kühnls zuzustimmen: »... die Offensive von rechts zielt nicht auf den Faschismus, sondern auf die Annäherung an den autoritären Staat, die dadurch gekennzeichnet ist, daß die parlamentarischen Institutionen in einem gewissen Maße aufrechterhalten werden, so daß man nach außen hin auch sagen kann: wir sind ja eine parlamentarische Demokratie. Zugleich aber werden die realen demokratischen Entfaltungsmöglichkeiten für die Massen der Bevölkerung wesentlich eingeschränkt oder gar abgeschafft.«[21]

Gegenwärtig sind weder die etablierten Parteien noch die Gewerkschaften, weder die demokratischen Jugendverbände noch die autonomistische Subkultur in der Lage, Meinungs- und Verhaltensmuster freizusetzen, die in einen souveränen Umgang mit Krisen, Belastungen und Perspektivenlosigkeit Jugendlicher einführen könnten. Das weitgehende Fehlen einer demokratisch strukturierten Alltagskultur in der Bundesrepublik verweist antifaschistische Jugendarbeit – über die Behandlung des Nationalsozialismus in pädagogischen Arrangements hinaus – auf die Demokratisierung des eigenen Verständnisses, der Ideologien und Traditionen etablierter Jugendverbände. Allein über das die Linke in der BRD so gespenstig einigende Feindbild ›Nazi‹ läßt sich weder die Krise demokratischer Jugendarbeit noch die politische Defensive antifaschistischer Kräfte aufheben. Noch werden hier Bürger wegen des Tragens einer Anti-Strauß-Plakette schulentlassen oder verlieren ihren Arbeitsplatz. Deshalb mit allen Innovationen, neuen Aktivitäten und Lebensformen: Politisierung antifaschistischer Jugendarbeit ja – pädagogisches Wettrüsten nein.[22]

Anmerkungen

(1) Aus: Chr. Searle: Mein Lehrer ist wie ein Panzer, Berlin 1975.
(2) Th. W. Adorno: Erziehung nach Auschwitz, in: Stichworte. Kritische Modelle 2, Frankfurt/M. 1969, S. 85.
(3) Auf einer Veranstaltung, zu der ich kürzlich eingeladen war, begrüßte ein sozialdemokratischer Genosse, der unter den National-

sozialisten als Kommunist im KZ saß, einen anwesenden Kommunisten als ›Kameraden‹. Denn dieser war sein Kamerad in Buchenwald. Darauf stand ein jüngerer Mann (Typ: progressiv-dynamisch), CDU-Funktionär, auf und wertete die Bezeichnung ›Kamerad‹ als Zeichen dafür, »daß Sie im KZ noch immer nichts gelernt haben«. Niemand protestierte. Niemandem drang diese Ungeheuerlichkeit anscheinend ins Bewußtsein – KZ als Lernort für Kommunisten, das kann wieder öffentlich gesagt werden.

(4) E. Hennig: Neofaschismus in der Bundesrepublik, in: P. Dudek (Hrg.): Hakenkreuz und Judenwitz. Antifaschistische Jugendarbeit in der Schule, Bensheim 1980, S. 142.

(5) Vgl. den instruktiven Erfahrungsbericht von W. Unrau: Die psychische Disposition zum alltäglichen Faschismus – Beobachtungen und Überlegungen zu Seminaren mit Hauptschülern, in: Psychologie und Gesellschaftskritik Nr. 13/14, Berlin 1980, S. 81ff.

(6) H. und Th. Castner: Schuljugend und Neofaschismus – ein akutes Problem politischer Bildung, in: aus politik und zeitgeschichte, B 44, 1978, S. 43.

(7) D. Joachim u. a.: Auf dem Wege zur ›Vergangenheitsbewältigung‹?, in: Blätter für deutsche und internationale Politik, Heft 3, 1979, S. 317.

(8) Zit. n. K. Kl. Rabe (Hrg.): Rechtsextreme Jugendliche, Bornheim-Merten 1980, S. 168.

(9) Siehe dazu: P. Dudek/H. G. Jaschke: Revolte von rechts, Frankfurt/New York 1981.

(10) H. Broder: »Das Klima ist günstig« – die Neue Rechte. Ein Gespräch, in: Psychologie und Gesellschaftskritik, a. a. O., S. 92ff.

(11) B. Hafeneger/W. Hanesch: Probleme politischer Bildung in Seminaren mit jugendlichen Arbeitslosen, in: Neue Praxis, Heft 4, 1977, S. 335ff.

(12) R. Mielitz (Hrg.): Das Lehren der Geschichte, Göttingen 1969, S. 90–102.

(13) B. Schoßig: Jugendpolitik und rechtsextreme Tendenzen in der Jugend, in: G. Paul/B. Schoßig (Hrg.): Jugend und Neofaschismus, Frankfurt/M. 1979, S. 220.

(14) A. Klönne: Zugänge zur deutschen Vergangenheit, in: Neue Sammlung Heft 1, 1980, S. 21.

(15) So lautete das Thema des ›Schülerwettbewerbs Deutsche Geschichte‹ 1980 um den Preis des Bundespräsidenten: »Alltag im Nationalsozialismus«. Über 12000 Jugendliche nahmen daran teil und reichten 2172 Arbeiten ein. Über 25 Prozent der Arbeiten galten der Untersuchung des Alltags von Jugend und Kindern im NS. Dieses Interesse der Schüler steht in deutlicher Diskrepanz zur thematischen Behandlung des Themas in den offiziell zugelassenen Geschichtsbüchern der Schulen.

(16) M. Rutschky: Erfahrungshunger. Ein Essay über die siebziger Jahre, Köln 1980.

(17) R. Rothermund: Nationalsozialismus und Neofaschismus, Schriftenreihe des Kreisjugendringes Nürnberg Stadt, Nr. 4, Nürnberg 1980, S. 129.

(18) B. Hafeneger/G. Paul: Faschismus und Jugendarbeit, in: deutsche jugend, Heft 9, 1979, S. 416.

(19) Siehe: P. Dudek: Hinter der Fassade des Hakenkreuzes, in: päd-extra, Heft 7/8, 1980.

(20) R. Herding: ›Komm, wir gehen Faschos verhaun ...‹, in: AUTONOMIE, Heft 10, 1979, S. 50.

(21) R. Kühnl: Auf dem Weg zum autoritären Staat? – Zur Analyse der gegenwärtigen Offensive von rechts, in: Demokratische Erziehung, Nr. 3, 1978, S. 300.

(22) Siehe dazu: P. Dudek: Nationalsozialismus im schulischen Unterricht, in: INFO Arbeitsfeld Schule, Heft 42, S. 9–28, Offenbach 1981 (zu beziehen über: SB, Postfach 591, 605 Offenbach 4).

Eike Hennig

Zur Einschätzung verschiedener Lernfelder: Spurensicherung und Stadtrundfahrten

Die innerhalb und außerhalb der Schulen forcierten Bemühungen, sich verstärkt mit dem Nationalsozialismus auseinanderzusetzen, sind gewiß positiv einzuschätzen. Ohne eine Stellungnahme zu diesem Abschnitt deutscher Geschichte gibt es weder nationale noch personale Identität bzw. ist der Prozeß der Identitätsbildung nicht abgeschlossen. Von dieser Position aus werden im folgenden entsprechende neuere regional- und erfahrungsbezogene Ansätze in der Jugendbildungsarbeit betrachtet. Indem die Beschäftigung mit dem Nationalsozialismus nicht diejenige mit einem wichtigen Wissensgegenstand ist, indem vielmehr *praktisches Verhalten* (z.B. als vorurteilfreies Umgehen mit Minderheiten, Konfliktbejahung, Toleranz, menschenfreundliche Verkehrsform) ins Zentrum gestellt wird, müssen auch solche Ansätze kritisch daraufhin befragt werden, ob sie »demokratisierende« Verhaltensänderungen herbeiführen. Diesem Zweck (als »solidarische Kritik«) dient diese Analyse von Spurensicherungen, Stadtrundfahrten und »demokratischer Heimatkunde«.

Bezüglich der Position und Begriffe zu den Themenkomplexen »Jugend und Neonazismus« sowie Regional- und Lokalanalyse seien weiterführend weitere Arbeiten angeführt. Dort finden sich Ausführungen »Über die Zunahme offen-faschistischer und rechtsradikaler Tendenzen unter Jugendlichen« (in: Peter Dudek, Hrsg., Hakenkreuz und Judenwitz, Bensheim 1980), zur Verbindung von »Jugendprotest und Rechtsextremismus« (in: Sozialwissenschaftliche Informationen für Unterricht und Studium, Okt. 1980) und über die »regionale(n) Unterschiede bei der Entstehung des deutschen Faschismus« (in: Politische Vierteljahresschrift, Juli 1980). Die Lektüre dieser Arbeiten mag geeignet sein, Schwachstellen dieses Beitrages abzustützen, weiterführende Perspektiven zu vermitteln.

a) Eine Problemskizze

Seit etwa zwei Jahren ist zunehmend die Tendenz zu beobachten, den Faschismus »aus der Nähe« zu betrachten. Im Rahmen dieser Tendenz wird in Schulen, von Volkshochschulen und in der Jugendarbeit vor allem auch regional und regionalgeschichtlich gearbeitet (als Überblick über die Bemühungen vgl. Hafeneger/Paul 1980; Beck/Boehncke 1979, S. 169ff.; Hennig 1980b, S. 153f., 158.). – Konzeptionell wird diese pädagogische Praxisform hier insbesondere auf die von Gerhard Paul vorgetragenen »Überlegungen zur Didaktik antifaschistischer Bildung« (Paul/Schoßig 1979, S. 188ff., 194ff.) bezogen. Gefragt wird also danach, inwieweit die Praxis der Stadtrundfahrten und Lokalanalysen einer Verzahnung von Erkennen, Interesse und Handeln Rechnung trägt und die »Gesamtheit des jugendlichen Lebenszusammenhanges« berücksichtigt.
Im einzelnen durchziehen die lokalhistorischen Projekte der Jugendarbeit und die Stadtrundfahrten folgende Problemfelder (Hafeneger/Paul 1980, S. 13):
– Sind Lernerlebnisse an Themenstellungen des historischen Faschismus auf die Thematik des gegenwärtigen Rechtsextremismus übertragbar?
– Ist es möglich, Erfahrungen und Ergebnisse der lokalen Arbeitsebene auf die Ebene des gesamtgesellschaftlichen Herrschaftssystems Faschismus zu übertragen bzw. zu beziehen?
– Verstellen nicht der historische Faschismus und insbesondere dessen terroristische Ausprägung in KZ's und Folterkellern den Blick für gegenwärtige Gefährdungen »der Demokratie« (weil diese nicht »spektakulär« sind)?
– Bei denjenigen Stadtrundfahrten (und das sind alle bekannten), die bewußt ehemalige KZ-Angehörige als Stadtführer und Kommentatoren einsetzen, tritt zusätzlich das Problem der Glaubwürdigkeit und des Nachvollzuges der Schrekkensberichte auf, jener Berichte, die die Vorstellungskraft nicht erst heute, sondern – wie z. B. die Saarabstimmung 1935 zeigt – bereits zur Zeit des Faschismus überfordern bzw. deren Grauen, deren Einblicke in eine unvorstellbare Barbarei zu aggressiver Verdrängung und provozierender Zurückwei-

sung dieser »Opferpädagogik« reizt (vgl. Paul in Paul/Schoßig 1979, S. 203ff.; BJR 1980, S. 6, 20ff.).
Das *grundsätzliche Problem* derartiger erfahrungszentrierter Projekte (vgl. BJR 1980) oder lokalhistorischer Demonstrationen (Stadtrundfahrten) ist dasjenige des *Erfahrungs- und Wissenstransfers in seiner doppelten Form als*

– *Transfer vom Besonderen zum Allgemeinen* – also vom einzelnen Ort zum Deutschen Reich, aber auf der gemeinsamen geschichtlichen Zeitebene der Weimarer Republik und des Faschismus mit ihren »Ungleichzeitigkeiten« (Bloch; dazu Hennig 190b, S. 154, 161, 165ff.) – und als
– *Zeittransfer von der Vergangenheit zur Gegenwart*, von der Weimarer Republik, dem Faschismus an der Macht zur BRD (und DDR?).

Die mit lokalen Beispielen und den entsprechenden (exemplarischen?) Konkretisierungen arbeitenden Projekte gründen sich auf die Annahme, daß die intensive Beschäftigung mit Geschichte zur sensiblen Beschäftigung auch mit der BRD anregt. Vor allem wird angenommen, daß man Probleme des Transfers und Exemplarischen dann nicht weiter beachten muß, wenn im lokalen Bereich ein konkretes und differenziertes Bild öffentlicher und privater sowie terroristischer und integrativer Momente des historischen Faschismus gezeichnet wird (vgl. BJR 1980; Paul in Paul/Schoßig 1979, S. 198–203):

»Wenn ein solchermaßen ermitteltes, differenziertes Faschismusbild in Gesprächen und Diskussionen mit Betroffenen lebendig wird, Arbeits- und Kriegsalltag im nationalsozialistischen Deutschland in die Aufarbeitung der Vergangenheit einbezogen werden, sich Geschichte somit nach ›unten‹ zu den konkreten Erfahrungen der konkreten Menschen öffnet, dann reduziert sich Faschismus nicht mehr einfach auf die Haupt- und Staatsaktionen des ›Führers‹ in den nationalsozialistischen Metropolen und Zentren, ist nicht mehr nur einfach das absolut andere, spektakuläre Holocaust, sondern wird im eigenen Stadtteil, der eigenen Region als Alltag sinnlich faßbar. *Faschismus gerade in seiner bürgerlichen Normalität provoziert Fragen nach seinen politischen und sozialpsychologischen, aber auch ökonomischen Kontinuitätslinien in der Bundesrepublik.* 1945 ist dann nicht mehr einfach die ›Stunde Null‹, wenn Kontinuität in den Orientierungen von Bevölkerungsgruppen, in der Sprache moderner Massenmedien, im Desinteresse an den politisch Verfolgten des NS-Regimes, mitunter auch in ihrer weiteren Verfolgung, deutlich werden« (Paul in Paul/Schoßig 1979, S. 201; Hervorhebung: E. H.).

Die Probleme des Transfers vom kleinen Raum zum Reich,

vom Alltag zum Staatsgeschehen, von den kleinen Leuten zu den Haupt- und Staatspersonen, zu Entscheidungsprozessen und Machtstrukturen, von der Vergangenheit zur Gegenwart: diese Probleme sind strukturell Bestandteil aller Projekte, die im folgenden betrachtet werden. Und all diese Probleme bleiben in den herangezogenen Projekten »ungelöst«. An diesem Punkt setzt die Kritik an, wobei es sich keinesfalls um einen beliebig-akademisch gesetzten Kritikpunkt handelt. Wenn die Geschichte der großen Männer und Staatsereignisse glaubt, auf Alltägliches und die Sozialgeschichte kleiner Leute und Regionen verzichten zu können, so ist dies falsch; andererseits ist es aber auch falsch (im Sinne einer ebenfalls unangemessenen Zerstückelung thematischer Zusammenhänge), wenn im Gegenschlag nun die Staatsmänner, Machteliten und Frühstückskartelle, Metropolen und staatspolitischen Entscheidungen unberücksichtigt bleiben. Um die *Totalität* von politischer und sozialer Geschichte, von Alltag und politischer wie sozio-ökonomischer Haupt- und Staatsaktion geht es also den folgenden Anmerkungen zur Kritik von Spurensicherung und Stadtrundfahrt.

b) Der Untersuchungsgegenstand: Stadtrundfahrten und Lokalanalysen im Bereich kritischer Jugendarbeit

Auf die Projektformen der Stadtrundfahrt und der lokalgeschichtlichen Analyse des Faschismus vor Ort (Spurensicherung) soll im folgenden näher eingegangen werden. Angeknüpft wird dabei an die Fachtagung des Bundesjugendrings, um auf Probleme lokalgeschichtlicher Bildungsarbeit mit »demokratisierend-antifaschistischer« Absicht aufmerksam zu machen.

Im einzelnen werden folgende Projekte bzw. Erfahrungsberichte herangezogen:
– Bayerischer Jugendring: Nationalsozialismus im lokalen Umfeld. Eine Arbeitshilfe zur politischen Bildung in der Jugendarbeit. MS, 37 S. München: Mai 1980 (Zit.: BJR 1980). Als zugehörige Praxisberichte finden Berücksichtigung: Christian Schmidt, Pilotgruppe Königsbrunn. 3 S., vervielfältigt als Anhang zu einer ersten Fassung von BJR 1980; Hans Rießenberger: Bericht über den Versuch einer lokalhistorischen Aufarbeitung der Zeit zwischen 1933 und 1945 in Landsberg. MS, 13 S. (Zit.: Schmidt, Rießenberger).

– Landesjugendring Hamburg: Alternative Stadtrundfahrt zu den Stätten der Hamburger Arbeiterbewegung und des antifaschistischen Widerstands. Zu diesem Projekt liegen folgende Materialien vor: Holger Butt: »Aus der Praxis: Alternative Stadtrundfahrten. Vermittlung der Geschichte des Nazi-Terrors«, in: deutsche jugend, 9/1979, S. 194–396; Sigrid Pach: Die »Alternative Stadtrundfahrt« des Landesjugendrings Hamburg e.V., MS, 12 S.; Landesjugendring Hamburg in Zusammenarbeit mit Vereinigung der Verfolgten des Naziregimes/Bund der Antifaschisten, Text: Holger Butt: Eine alternative Stadtrundfahrt. Nazi-Terror und Widerstand in Hamburg, 2. erw. Aufl., Hamburg, Febr. 1980 (32 S.). Zitierweise: Butt 1979, Pach, LJR/VVN 1980.
– Nationalsozialismus in Hannover. Über dieses Projekt einer Gruppe von Studenten und Dozenten am Historischen Seminar der TU Hannover liegen folgende Berichte vor: Claus F.-Stolberg: »Nationalsozialismus in Hannover. Historiker gegen Geschichtsfälschung«, in: Umbruch, Nr. 3, März 1980, S. 4–6; ders.: »Stätten der Unterdrückung und des Widerstands in Hannover«, in: Umbruch, Nr. 4, April 1980, S. 9–14 (Zit. F.-Stolberg 1980).
– Eine Stadt klärt auf: Hintergründe und Auswirkungen des Deutschen Faschismus. Dokumentation eines antifaschistischen Projekts der Stadt Rüsselsheim, hrsg. von Eckehart Scherzer und Wolfgang Schneider = Pressedienst Demokratische Initiative (PDI), Sonderheft 11: München, Oktober 1979, 78 S. (Zit. Scherzer/Schneider 1979).
– Volkshochschule Saarbrücken und VVN/BdA: Alternative Stadtrundfahrt zu den Stätten der Emigration, der Naziherrschaft und des antifaschistischen Widerstandes in Saarbrücken. Zu diesem Projekt liegen folgende Berichte und Materialien vor: Gerhard Paul (Hrsg.): Alternativer Stadtführer. 1933–1945, Saarbrücken, März 1980; ders.: Lokalhistorische Aufklärung. Ein Praxisbericht aus der politischen Bildung, MS, 14 S.; Joachim Heinz: »Eine Stadtrundfahrt, die sich lohnt«, in: Juso-Telegraph. Jungsozialisten in der SPD-Saar, Nr. 2/80, S. 16/17 (Zitierweise: Paul 1980, Paul 1980a, Heinz 1980).

II. Zur pädagogischen und wissenschaftlichen Tradition bisheriger lokalgeschichtlicher Konzepte

Die lokalgeschichtlichen Bemühungen demokratisierender Bildungsarbeit basieren auf dem traditionellen pädagogischen Prinzip »vom Nahen zum Fernen« und auf der Hoffnung einer im größeren Ausmaß gegebenen Möglichkeit, Identifikationsangebote zu eröffnen.
Gegenüber der bevorzugten Wendung zur Personalisierung, also zur Darstellung von Geschichte aus der Perspektive von Staatsmännern und Akteuren, so wie sie gerade im Bereich

der Faschismusanalyse bevorzugt betrieben wird (Stichwort: »Hitlerwelle«), wird das Konzept einer »Personalisierung von unten« und der Erfahrung faschistischer Realität, aber auch der Erfahrung des antifaschistischen Kampfes und der Nichtbeteiligung am Faschismus im lokalen Nahbereich und Alltag betont.

Implizit richtet sich dieses Konzept auch gegen die herrschende Tendenz einer »materialistischen« Faschismustheorie, die davon ausgeht, daß das Subjekt von Faschismus und Faschisierung die »herrschende Klasse« ist. Insbesondere die weit verbreiteten Arbeiten Reinhard Kühnls (»Formen bürgerlicher Herrschaft. Liberalismus – Faschismus« und »Faschismustheorien«, Reinbek 1971 und 1979) betreiben eine solche ökonomistische und makrotheoretische Reduktion, die als »Austreibung des Menschen« (Sartre) charakterisiert werden kann.

Demgegenüber basieren lokalgeschichtliche Konzepte auf
– dem Bedürfnis, die subjektive Seite faschistischer Herrschaft in alltäglichen Situationen zu analysieren,
– dem Wunsch nach Erkenntnis der Handlungsspielräume, Handlungsschranken und Gestaltungsmöglichkeiten von Subjekten und sozialen Gruppen sowie
– der Frage nach der Verankerung faschistischer Herrschaft als eines Konglomerats von Terror, Angst, sozialem Protest und wirtschaftsfriedlicher Integrationsbestrebungen.

Diese Ansätze bestimmen sowohl innerwissenschaftliche Tendenzen zur »Grundlegung einer Faschismustheorie aus der Perspektive des Subjekts« (Stollmann) wie auch die lokalanalytischen Bestrebungen in der Bildungsarbeit.

Allerdings verdeutlichen die meisten Lokalanalysen und Stadtrundfahrten ihre faschismustheoretischen Bezüge nicht. Es muß also – beispielsweise wegen der starken Beteiligung der eher einer »orthodox-kommunistischen« Sichtweite verbundenen VVN – vermutet werden, daß sich die Projekte über diese Konsequenz ihrer Vorgehensweise nicht völlig im klaren sind. So weist auch Sigrid Pach in ihrer Darstellung der alternativen Stadtrundfahrt Hamburg darauf hin, daß diese Unklarheit sogar in die Veranstaltung selbst hineinreicht:

»Aufgrund der politischen Herkunft der Widerstandskämpfer wird der polit-ökonomische Erklärungsansatz des Nationalsozialismus in den Berichten relativ stark betont, während manchmal massenpsychologische Aspekte in den Hintergrund gedrängt werden. Gerade an diesem Punkt ist es die Aufgabe der jüngeren Stadtführer, den Jugendlichen auch über die Begeisterung der Bevölkerung für Hitler zu berichten, um ihnen ein einigermaßen ausgewogenes Geschichtsbild zu vermitteln.«

Während die Stadtrundfahrten derartige Angebote und Fragestellungen den Teilnehmern »vorsetzen« und von ihrem »Setting« her den Aufbau traditionellen Frontalunterrichts kaum verlassen, gehen die lokalanalytischen Forschungsarbeiten zur Spurensicherung durch Schüler und Jugendgruppen (BJR 1980) konzeptionell davon aus, daß die beteiligten Jugendlichen selbst ihre Erfahrungen und Einsichten zu machen haben.

Bei beiden Projektformen gibt es aber – wie bereits angesprochen – ungelöste grundsätzliche Probleme: Es handelt sich um die Vermittlung der besonderen Erkenntnisse im Nahbereich zu den Erkenntnissen über allgemeine Strukturen des Faschismus, den Transfer von der Vergangenheit in die Gegenwart und die Bewältigung emotionaler Komponenten (»Betroffenheit«) in der Bildungsarbeit.

Diese innerwissenschaftlichen und politisch-pädagogischen Problemfelder werden im folgenden unter Gesichtspunkten ihrer »Theorie« und »Praxis« betrachtet:

– Die Aspekte der Vermittlung vom Besonderen zum Allgemeinen, der Zeitebenen und der Nichtberücksichtigung der Vorgeschichte lokalanalytischer Bemühungen im Rahmen der Faschismusdiskussion werden als »Theorie« angesprochen.

– Die Aspekte der unzureichenden Vorbereitung auf öffentliche und private Konflikte mit Honoratioren und in der Familie bei der Durchführung einer Lokalanalyse im kleinen Raum des eigenen Orts sowie die mangelnde Reflexion der Einbindung emotionaler Betroffenheit in Bildungserlebnisse werden als »Praxis« bezeichnet.

III. *»Theoriedefizite«: Das Verhältnis von Stadtrundfahrten und Lokalanalysen zur Heimatgeschichte und lokalen Faschismusanalyse*

a) Zur Kritik regionaler und lokaler Faschismusanalysen

Die Betrachtung des Faschismus aus der Nähe, alternative Stadtrundfahrten zu Stätten des faschistischen Terrors und des antifaschistischen Widerstands und auch die Ermutigung zur Durchführung lokalgeschichtlicher Forschungsprojekte knüpfen an Traditionen der Lokalgeschichtsschreibung und der regionalen bzw. lokalen Analyse des deutschen Faschismus an. Diese wissenschaftsgegeschichtliche und politische Tradition bleibt in den Projekten selbst aber unberücksichtigt.

Dabei muß darauf hingewiesen werden, daß gerade Heimatgeschichten und Jubiläumsfestschriften sich durch Verharmlosung des Faschismus auszeichnen. So weist z. B. die 1976 in 7. Auflage erschienene »Illustrierte Geschichte der Stadt Köln« darauf hin, daß die »Zustimmung« zum Nationalsozialismus in Köln »äußerst gering« gewesen sei. Zum »Beweis« werden »die zahlreichen Witze von Tünnes und Schäl« erwähnt. Dem Pogrom gegen die Juden (1938) wird kaum ein Blick gewidmet; Widerstand und Verfolgung finden ebenfalls keinen Eingang in diese traditionelle Form lokaler Geschichtspflege.

Die lokal- und regionalgeschichtliche Analyse des Faschismus expandiert im Bereich der Faschismusdiskussion ab 1970 und stellt eine positivistische Antwort auf die Frage nach dem Verhältnis von Faschismus, bürgerlicher Gesellschaft und kapitalistischer Wirtschaftsordnung dar, indem diese kritische Fragestellung nicht aufgenommen wird. Die Beschäftigung mit einzelnen Orten und Regionen hat stillschweigend zur Folge, daß die Beziehung von Allgemeinem und Besonderem ausgespart wird.

Keine der zahlreichen lokal- und regionalanalytischen Untersuchungen behandelt den Bezug von Orten und Regionen zu allgemeinen faschismustheoretischen Problemen, etwa zur Beziehung von Faschismus zu Interessen der großen Industrie, zur Bündniskonstellation von faschistischer Parteielite und Teilen der traditionellen Eliten in Industrie, Militär, Großlandwirtschaft, Justiz und Verwaltung, die 1932/33 zur

»Machteinsetzung« der faschistischen Partei in eine faschistisch-konservativ-autoritäre Koalitionsregierung geführt haben.

Zusammenfassend ergibt sich folgende Mängelliste, die zugleich Aufgaben neuer lokaler Forschungsprojekte bezeichnet:

– Die Diskussion der Beziehung zwischen lokalen Besonderheiten und objektiven Korrelaten wie den allgemeinen ökonomischen und sozialpsychologischen Strukturen und den politischen Machtkonstellationen und Entscheidungsprozessen auf der Ebene des Reiches wird nicht geführt.
– Das quellenkritische Abwägen von Informationen und die reflektive Beurteilung von Informationen auf inhaltsbestimmende Selektionsprinzipien ihrer Herkunft z. B. aus Polizeiberichten, Parteiblättern, Lokalzeitungen, Parteiakten ist unzureichend.
– Vielfach werden Gespräche mit Zeitgenossen (zumeist mit vormaligen Funktionsträgern) geführt, ohne daß die Auswahl der Gesprächspartner, das »Setting« der Gespräche und deren Analyse thematisiert und transparent werden.
– Die meisten Studien setzen willkürlich den Schwerpunkt auf die Jahre 1930 bis 1933, so daß unklar bleibt, woher der Faschismus kommt, wohin er geht.
– Die NSDAP wird auf einer sehr hohen Aggregatstufe als Organisation analysiert, die Nationalsozialisten gehen in der NSDAP unter (dazu Hennig 1980b).

Die NSDAP wird viel zuwenig in das Spektrum der »politischen Kultur«, der privaten Verankerung von Öffentlichkeiten und der ortsansässigen Partei- und Verbandsaktivitäten hineingestellt.

b) Faschismus im »Alltag«: Ein Arbeitskatalog

Zu den bereits vorgestellten Unterlassungen kommen weitere Probleme, die sich auf die von demokratischer Heimatgeschichte in den Mittelpunkt gerückte Kategorie »Alltag« beziehen.

So sieht der Bayerische Jugendring den Faschismus als »demokratische Herausforderung an uns« und zieht daraus im Blick auf das Lernziel die Konsequenz, diese Herausforderung verlange »immer wieder, unsere eigene Anfälligkeit für illusionäre Konfliktlösungen oder vordemokratische Konfliktvermeidung in unserem Alltag zu prüfen« (BJR 1980, S. 5). Um dieses Ziel zu fördern, soll der Einstieg in das Thema über die »NS-Alltagslogik« (BJR 1980, S. 8) erfolgen. Mit diesem Zauberwort »Alltag« werden aber nur neue ungeklärte Probleme eingehandelt.

Ebenfalls unzureichend aufgearbeitet ist das Konzept der »Personalisierung von unten«, das den traditionellen Tendenzen der Personalisierung von Geschichte, der Geschichtsschreibung allein aus der Sicht der Mächtigen und Herrschenden gegenübergestellt werden soll. Sicherlich ist es wichtig, an die von Brecht genannten Fragen denkender Arbeiter anzuknüpfen; es muß aber gleichzeitig darauf hingewiesen werden, welchen Stellenwert die offizielle Geschichte von Institutionen und Staatsakten bezüglich der Geschichte im Alltag der »kleinen Leute« hat. Eine solche Klarstellung unterbleibt in den vorliegenden Konzepten. Es wird vor allem nicht darauf hingewiesen, wieso die Lebensgeschichte von Individuen in ihren Alltagswelten geeignet ist, eine Verbindung zwischen subjektiver Erfahrung und objektiven Strukturmomenten geschichtlicher Prozesse so herzustellen, daß sie auch über die Distanz von rund 50 Jahren nachvollziehbar wird.

Im folgenden soll die Perspektive einer an »Alltagen« orientierten Betrachtungsweise des Faschismus noch weiter erläutert werden, um zugleich für künftige lokalanalytische Projekte einen detaillierten Aufgabenkatalog entwickeln zu können.

Die Betrachtung des »Alltags« am Ort oder in der Region geht von der Annahme aus, daß Lokalanalysen Kenntnisse darüber vermitteln, wie sich strukturgeschichtliche Abläufe und Prozesse in den Köpfen handelnder Menschen und in Alltagskonstellationen manifestieren, wie also Strukturdaten konkret im gesellschaftlichen und politischen Prozeß erscheinen.

Von dieser Ausgangsperspektive her steht die Kategorie »Alltag« im Zentrum. Vorbehaltlich einer weiteren Klärung wird damit das Problem der Transformation von Strukturen in konkrete Erscheinungen und der Verarbeitung von sozialen und politischen Strukturkomponenten, Normen und Werten in konkreten Einzelhandlungen verstanden.

Mit der Betrachtung dieses »Alltags« in den Bereichen Arbeit, Wohnen, Kommunikation und Freizeit verbindet sich ferner, über die Individuen hinausgehend, die Betrachtung des politischen Alltags von Institutionen und Organisationen, weil auch sie den Prozeß der Übersetzung von Strukturdaten und allgemeinen Aussagen in konkrete Einzelprobleme vorzunehmen haben.

Daraus ergibt sich, daß Organisationen nicht nur auf der Ebene von Programmen, Führungspersönlichkeiten, theoretischen Organen etc. existieren, sondern daß diesen Formen eine breite Basis vorhandener Muster zur Deutung politischer und sozialer Prozesse im tagtäglichen Prozeß der Entscheidung und Situationsdefinition der Mitglieder, Wähler und Sympathisanten dieser Organisation unterliegt.

Bezogen auf beide Alltagsdimensionen, also auf die private sowie die politisch-soziale und öffentliche Dimension, stellt sich als zentrales Problem heraus, die Konstitution von Klassenbewußtsein und von Interessenstandpunkten zu verfolgen. Annahme ist, daß diese Konstitutionsprozesse »stark« von den geschilderten Dimensionen des Alltags (wie Wohnverhältnisse, Freizeitaktivitäten, Kommunikationsverhältnisse, Arbeitsverhältnisse, tatsächliche Präsentation politisch-sozialer Organisationen) beeinflußt werden, daß diese Art der Beeinflussung maßgebender ist als die der theoretischen und abstrakten Zuordnung nach Programmen.

Im einzelnen können Lokalanalysen auf folgende Fragenkomplexe eingehen:

Die NSDAP ist als spezifische Reaktion auf soziale und politische Bedürfnisse und Interessen *in* einem politisch-sozialen Angebot auch anderer Organisationen und Verbände zu betrachten. Insbesondere ist auf die Auseinandersetzung und auf die Parallelerscheinung der NSDAP zu bürgerlich-konservativen Parteien und zu den Arbeiterparteien und den Gewerkschaften zu achten.

Es kann herausgearbeitet werden, wie die alltägliche öffentliche Präsentation und private Verankerung der NSDAP hergestellt wird und praktisch »funktioniert«. In diesem Rahmen ist auf die Stadt-, Land- und Legalität-Gewalt-Doppelstrategie der NSDAP besonders einzugehen.

Schwerpunktmäßig sind für die Jahre 1930 bis 1933 folgende Beobachtungsfelder denkbar:

– Das Verhältnis von Führung und Basis als ein Verhältnis am Ort und vom Ort zur zentralen Parteileitung.

– Probleme der Disziplinierung der Basis: Wie akzeptiert die Basis als Träger der alltäglichen Gewaltmaßnahmen das Legalitätskonzept der Führung?

– Durchführung des Führerprinzips im kleinen Raum und in der Beziehung der Ortsgruppe, des Gaus etc. zur Parteileitung.

– Alltägliche Praktizierung des Programms bzw. Stellung zum Programm der NSDAP.

– Das Problem der politischen Arbeit unter dem Aspekt der Zentralisierung und Dezentralisierung: Greifen die Ortsgruppen bei der Propagandaarbeit lokale Konflikte auf, sind sie hierbei selbständig tätig, oder führen sie nur Reichskampagnen durch, und wie werden dann lokale Besonderheiten überhaupt angesprochen?

– Die Durchführung der Wahlkämpfe in der praktischen Parteiarbeit und in der konkreten Auseinandersetzung mit den politischen Feinden.

– Was tun die Mitglieder? An welchen Punkten wird erkennbar – oder eben auch nicht –, warum sie sich mit welchem Grad an Aktivität für die NSDAP engagieren? Erhalten sie Gratifikationen bzw. werden bei Nicht-Partizipation Sanktionen ausgesprochen?

– Das Verhältnis der NSDAP zu den Trägern der herrschenden politischen und sozialen Gewalt, also ihr Umgang mit Institutionen sowie mit sozial-herrschenden Verbänden: Welche Strategien der Eroberung lokaler Macht in Institutionen, exekutiven Apparaten und ideologischen Apparaten werden von der NSDAP praktiziert?

– Wie arbeitet die NSDAP mit anderen Parteien/Verbänden zusammen bzw. wie bekämpft sie diese?

– Wie arbeiten NSDAP-Mitglieder in örtlichen Vereinen mit? Sind sie angesehen? Sind sie für die lokale Geselligkeit förderlich? Welche Funktionen bekleiden sie?

– Wie werden NSDAP-Mitglieder angesehen? Sind sie ein Vorbild? Beteiligen sie sich an nachbarschaftlicher Selbsthilfe? Welche Rolle spielt ihre politische Aktivität für ihre Rolle in der Familie, im Wohnhaus, in der Straße und in der Fabrik? Wo sprechen sie ihre politische Zugehörigkeit aus, wo verschweigen sie sie?

Dieser Forderungs- und Problemkatalog bezeichnet offene Forschungsprobleme und ist also den Lokalanalysen aus der Jugendarbeit und den Stadtrundfahrten *nicht* anzulasten. Es wird sich aber zeigen, daß die Nichtbefassung mit diesen Fragen auch zu Unklarheiten in den pädagogischen Konzepten und deren politischen Zielsetzungen führt.

c) Zur kritischen Darstellung der theoretischen Bezüge der Stadtrundfahrten und Lokalanalysen in der Jugendarbeit

Die lokalanalytischen Projekte der Jugendarbeit und die Stadtrundfahrten knüpfen seit etwa zwei Jahren an das vorgestellte Arbeitsfeld mit seinen deutlich zutage tretenden unkritischen Tendenzen an. Ist aber ohne eine Auseinandersetzung mit den an Hochschulen, in den Amtsstuben von Rathäusern bzw. Chefetagen oder von Hobbyhistorikern in Kleingemeinden und Vereinen erarbeiteten affirmativen Lokalanalysen oder Firmen-, Vereins- bzw. Heimatgeschichten in der Jugendarbeit eine qualitativ andere Haltung überhaupt möglich?
Während die breite Traditionslinie lokaler Forschungen den Faschismus entweder negiert (Heimatgeschichte), zu einer Unzahl beliebiger Fakten oder gar zu einem wirkungslosen Herrschaftssystem stilisiert (regionale und lokale Faschismusanalysen, Resistenztheorien), stellt die Jugendarbeit demgegenüber unvermittelt die Fragen: »Wie war es möglich?« Und: »Ist das wieder möglich?«:

»Wir möchten verstehen, wieso der Nationalsozialismus der Mehrheit der Bevölkerung einleuchtend genug war, um aus einer Randgruppe eine umstürzlerische Massenbewegung und aus dieser wiederum eine Ruhe, Ordnung und Anweisung ersehnende Volksgemeinschaft werden zu lassen« (BJR 1980, S. 5).

Diese unvermittelt eingebrachte Wendung bedeutet nicht nur, daß die Kontextbezüge unklar bleiben (wie z. B. verhält sich der Bayerische Jugendring zu den politisch-pädagogischen Intentionen und Verwertungslinien des Großprojekts »Widerstand und Verfolgung in Bayern 1933 – 1945«)?; diese Verhaltensweise beinhaltet auch, daß seitens der Jugendverbände die Chance einer ideologiekritischen Stellungnahme zu den am Beispiel der Traditionslinien gezeigten Linien der »Bewältigung« der Vergangenheit als Verdrängung und »hilfloser Antifaschismus« vergeben worden ist.
Dies ist deshalb zu kritisieren, weil die kritisch angesprochenen Mängel auf objektive Probleme und auf herrschende

Tendenzen der politischen Ideologie und politischen Kultur in der BRD hinweisen, weil die durch die Mängelliste hindurchscheinende Haltung von Behörden und Honoratioren, die ihre faschistische Vergangenheit und ihren mangelnden Antifaschismus nach 1945 abstreifen wollen, zugleich das politisch-soziale Klima markiert, in dem die jugendlichen Analysegruppen im Arbeitsfeld der demokratischen Heimatgeschichte arbeiten und Erfahrungen sammeln sollen (vgl. dazu Abschnitt IV).
Neben der grundsätzlichen Kritik an der Nichtbefassung mit der Tradition von Lokal- und Regionalanalysen ist ebenso grundsätzlich zu monieren, daß auch die für die ausgewählten Orte (Hamburg, Saarbrücken) oder für das Land Bayern bereits vorliegenden Analysen unberücksichtigt bleiben bzw. daß ihre Verwertung nicht zum Thema gemacht wird. Offensichtlich sind vorliegende Analysen lediglich als »Datenfriedhof« ausgewertet worden.

d) Industrie und Faschismus

Der Bayerische Jugendring spricht diesen Komplex zwar immanent an (BJR 1980, S. 4, 27, 29), er behandelt ihn aber ebensowenig wie die Beziehung der NSDAP zu anderen politischen Parteien. Die Reduktion des Nationalsozialismus auf die »vertraute Umgebung« (S. 11) führt zur Verdrängung sozialer und politischer Eliten.
Der Fragenkatalog »Wirtschaftskrise und Aufstieg der NS-Bewegung« (S. 12f.) geht unausgesprochen davon aus, daß das alltägliche Erleben einer Wirtschaftskrise verdoppelt, nicht aber analytisch begriffen werden soll. Bezeichnend ist es denn auch, daß bezüglich der »Volksgemeinschaft« keine Hilfe gegeben wird (S. 13f.), auch diesbezüglich an wirtschaftliche Interessen zu denken. Man beschränkt sich auf die allgemeine Frage: »Welchen Bedürfnissen, Hoffnungen und ›deutschen‹ Einstellungen kam der (›Volksgemeinschafts‹-) Gedanke entgegen?«
Diese Aussparungen unterscheiden die Arbeitshilfe des Bayerischen Jugendrings von den 42 Veranstaltungen, die vom 5. 2. bis zum 30. 3. 1979 in Rüsselsheim durchgeführt worden sind. Die breite politische Resonanz, besonders seitens der CDU (Scherzer/Schneider 1979, 42ff., 67f.), entzündet

sich gerade an der Thematisierung sozialer Interessen am Faschismus und an den Hinweisen auf diesbezügliche Kontinuitäten zur BRD. – Die Stadtrundfahrt (S. 17) und eine besondere Vortragsreihe »Entstehung und Auswirkung des deutschen Faschismus« – u. a. mit einer Veranstaltung über Widerstand in den Opel-Werken – (S. 14–21, 26–29, 35) gehen stark auf die Bedeutung von Kapitalinteressen in und am faschistischen Herrschaftssystem ein.

Auch die beiden Stadtrundfahrten in Hamburg und Saarbrücken sparen den Komplex nicht aus. Die Hamburger Stadtrundfahrt führt unter anderem zum Hotel Atlantic, in dem Hitler am 28. 2. 1926 einen nichtöffentlichen Werbe-Vortrag vor Hamburger Honoratioren gehalten hat. Im Stadtführer heißt es kommentierend, daß »die Errichtung der faschistischen Diktatur« ohne »die massive Unterstützung der Großindustrie« »nie möglich« gewesen wäre (LJR/VVN 1980, S. 6; Butt 1979, S. 395; Pach, S. 4). Auch bei der Fahrt zum KZ Neuengamme werden die Außenlager in Industriebetrieben nicht ausgespart (LJR/VVN 1980, S. 32). Ähnlich ist die Saarbrücker Stadtrundfahrt angelegt, die die Rolle Hermann Röchlings anspricht und im Stadtführer (Paul 1980) eine Karikatur aus der »Arbeiterzeitung« vom 1. 9. 1934 abdruckt (»Das erhoffen sich die Burbach-Direktoren vom Anschluß an das 3. Reich«: »Lohnabbau, Bußen, Strafen, Entlassungen«); zitiert wird ebenfalls ein Bergarbeiter-Vers aus dem Jahr 1938: »Beamte und Profitler grüßen mit ›Heil Hitler‹. Arbeiter mit Sorgen nur mit ›Guten Morgen‹.«

e) Der unvollständige Alltag

Von ihrem Anspruch her bemühen sich die alternativen Stadtrundfahrten zu »den Stätten der Emigration, der Naziherrschaft und des antifaschistischen Widerstands« bzw. zusätzlich noch zu den Stätten der Arbeiterbewegung darum, das Bild der Städte Saarbrücken und Hamburg in der Bürgerschaft zu vervollständigen. Gezeigt werden soll die gesamte Stadt, also auch solche Stadt-Teile und deren Geschichte, die nach Ansicht der Initiatoren der Vergessenheit verfallen sind bzw. verdrängt werden.

Die Hamburger Stadtrundfahrt betont besonders die kompensatorische Funktion: »Während auf den üblichen Stadtrundfahrten in der Regel nur die sog. ›repräsentativen‹ Orte und Bauten aufgesucht, den Teilnehmern einige Zahlen geschichtslos dargeboten und ein großer Teil der Hamburger Geschichte außen vorgelassen wird, konzentrieren sich die ›alternativen Stadtrundfahrten‹ vor allem auf die Wirkungsstätten der Arbeiterbewegung und des Widerstandes unserer Stadt. Zeitgenossen bringen Ereignisse und Geschehnisse nahe, die vielen kaum noch bekannt sind.« – Es wird aber zu zeigen sein, daß dieser Anspruch nur auf Kosten einer Reduktion faschistischer Totalität eingelöst wird.

Die Hannoveraner Arbeitsgruppe, die Hambu ger und die Saarbrücker Stadtrundfahrt bemühen sich allesamt um die Wiederentdeckung der Geschichte des faschistischen Terrors. KZ's, Judenhäuser und Folterkeller spielen eine große Rolle, was bei den Stadtrundfahrten noch durch die Widerstandskämpfer als Kommentatoren verstärkt wird. Das Hannoveraner Projekt bemüht sich zwar um Gespräche mit allen Beteiligten, mit Juden, KZ-Häftlingen und (unverbesserlichen) Alt-Nazis (F.-Stolberg 1980, S. 5/6), und liefert Hinweise zu Problemen, die solche Gespräche emotional und inhaltlich bestimmen, trotzdem überwiegen aber Hinweise auf die Stätten des Schreckens. Damit wird der »alltägliche Alltag« z. B. einer Kindheit, die immer auch Kindheit mit Spielen und Tanzstunden gewesen ist (Brückner 1980), einer Hausfrau und eines Arbeiters am Arbeitsplatz weitgehend ausgespart (Paul 1980a, S. 13; Pach, S. 12); auch dominieren die Schilderungen des Grauens, der Angst und des Leidens über jene der Begeisterung für die NSDAP bzw. den »Führer«.

Sicher kann nicht jener Pluralismus praktiziert werden, wonach Widerstandskämpfer die demokratische Tradition und SS-Männer den Faschismus verkörpern und vermitteln (Paul 1980a, S. 13), aber derzeit überwiegt die konkrete »Opferpädagogik« und führt zu einer Segmentierung des Faschismus, die die Realitäten von Normal-Alltag, Massenloyalität und Integration, von Überwindung des sozialen Elends der Weltwirtschaftskrise zu stark in Vergessenheit geraten läßt. Die Reduktion des Faschismus auf Terror und Widerstand läuft Gefahr, daß ein unglaubwürdiges verzerrtes Bild gezeichnet wird, so daß sich latente Abwehrreaktionen einstellen können.

f) Das Transferproblem

Zunächst einmal kennzeichnet alle Projekte eine spezifische Transferleistung; denn sie gehen davon aus, daß es wieder jugendliche Neonazis gibt, und stellen die Beschäftigung mit der unbekannten faschistischen Geschichte und mit vergessenem Widerstand dagegen.
Diese Rückwendung zur Geschichte überdeckt dann in der Praxis den aktuellen Anlaß, auch wenn er z. B. in der Ankündigung zur Hamburger Stadtrundfahrt abstrakt noch auftaucht: »Die Vertiefung der Kenntnisse über die demokratische Geschichte Hamburgs gerade unter der Jugend ist heute angesichts nicht nachlassender neofaschistischer Umtriebe und andauernder Hitler-Verharmlosung in der Öffentlichkeit dringender denn je.« Der daran anschließende Fragenkatalog, mit dem sich die Stadtrundfahrten anpreisen und interessant machen wollen, ist auch durchaus richtig; aber schon hier dominiert historischer Konkretismus und verflüchtigt sich der konkrete Anlaß. Hinter der Überschrift »Demokratische Vergangenheit unserer Stadt kennenlernen« verbergen sich nicht nur ein autoritär formulierter Arbeitsauftrag, sondern auch eine Fülle nur abstrakt eingeführter Fragen:

»Wem ist schon bekannt, daß Adolf Hitler bereits am 28.2.1926 im Nobel-Hotel ›Atlantic‹ vor rund 400 ›führenden Persönlichkeiten‹ Hamburgs eine programmatische Rede gehalten hat, die mit ›stürmischem Beifall‹ bedacht wurde? Wer kennt Namen und Schicksale der 20 von den Nazis ermordeten Hamburger Bürgerschaftsabgeordneten? Das Wirken der Bästlein-Jacob-Abshagen-Gruppe, der größten Hamburger Widerstandsorganisation nach Kriegsbeginn, ist ebenso in Vergessenheit geraten wie der antifaschistische Kampf des Jugendlichen Helmuth Hübener und seiner Freunde. Nur zu oft wurde und wird in der Bundesrepublik von offizieller Seite die Vergangenheit durch Totschweigen ›bewältigt‹ und Widerstand gegen den deutschen Faschismus auf Ereignisse und Personen des 20. Juli beschränkt.«

Oder für Saarbrücken:

»Wem ist schon bekannt, daß Saarbrücken zwischen 1933 und 1935 kurzfristig Heimat für unzählige Verfolgte des Naziregimes war, daß B. Brecht und zahlreiche bekannte Dichter und Schriftsteller damals Artikel und Gedichte über die Saar schrieben oder auch hier weilten, daß sich dann im Januar 1935 fast 90% der saarländischen Bevölkerung für die Rückgliederung des Saargebietes an Hitlerdeutschland entschieden und damit eine neue Flucht- und Verfolgungswelle einsetzte? Wem sind die Namen und Schicksale der Menschen bekannt, die in den Gestapo-Zellen des Saarbrücker

Schlosses oder dem ehemaligen KZ ›Neue Bremm‹ gefoltert wurden? Und wer kennt schon die Geschichte des ›Holocaust‹, der Ausrottung der jüdischen Mitbürger auch in Saarbrücken? Wer weiß, welche Geschichte sich hinter heute unscheinbaren Häuserfassaden und unbekannten Straßennamen verbirgt?«

Die Arbeit der Übertragung historischer Erkenntnisse auf die Gegenwart wird an die jugendlichen Teilnehmer delegiert. Nahezu gleichlautend vermelden die Ankündigungen der Stadtrundfahrten Bekenntnisse, die dieses Vorgehen rechtfertigen sollen:

»Immer mehr hat sich in letzter Zeit gerade unter Jugendlichen die Erkenntnis durchgesetzt, daß kritisches Engagement, Einsatz für Demokratie und sozialen Fortschritt in der Gegenwart schlecht möglich sind ohne fundierte Kenntnis der unmittelbaren Geschichte und der demokratischen Traditionen.«
»Kritisches Engagement der Jugend, Einsatz für mehr Demokratie und sozialen Fortschritt ist – so meinen wir – ohne das Wissen um die jüngste Vergangenheit unserer Stadt nur schlecht möglich.«

In dieser Form kehrt der konkrete Anlaß jugendlicher Rechtsextremisten in einer abstrakten Form zurück (zum Anlaß vgl.: Scherzer/Schneider 1979, S. 7f., 11, 13, 35; F.-Stolberg 1980, S. 4; Butt 1979, S. 394; BJR 1980, S. 1f., 3, 27ff.; Pach, S. 1).
Notwendigerweise treten Transferprobleme auf. So heißt es in dem Bericht aus Hannover: »... wir haben Schwierigkeiten, die Ergebnisse unserer Untersuchungen und die Lernprozesse, die wir dabei machten, in jedem Fall auf aktuelle Probleme zu beziehen« (F.-Stolberg 1980, S. 14).
Die Stadtrundfahrten setzen in dieser Hinsicht auf die Erfahrungen mit bundesrepublikanischen Institutionen, wenn es um die Anlage und Pflege von Gedenkstätten oder um die an damals erinnernde Benennung von Straßen geht. Dabei wird aber vergessen, daß es die Initiatoren gewesen sind, die solche Erfahrungen tatsächlich gemacht haben, während sie ihren Zuhörern nur Konserven solcher Erfahrungen vermitteln können (vgl. Paul 1980a, S. 12f.; Heinz 1980; Butt 1979, S. 395; LJR/VVN 1980, S. 1, 9, 19). Besonders Sigrid Pach (S. 2f.) setzt auf solche Eindrücke und hofft, daß sie die Vergangenheit an die Gegenwart heranführen:

»Bei den Fahrten ergeben sich immer wieder Ansatzpunkte für Auseinandersetzungen mit aktuellen Geschehnissen. Sei es die Frage, warum die Grabsteine der Widerstandskämpfer von jugendlichen

Neonazis immer wieder mit Hakenkreuzen beschmiert werden und die Steine oft wochenlang nicht gereinigt werden oder auch die Frage, warum im Hamburger Rathaus immer noch keine Gedenktafel für die von den Nazis ermordeten Bürgerschaftsabgeordneten hängt, statt dessen aber sehr wohl die Opfer des 1. Weltkrieges mit einer Gedenktafel geehrt werden.
Die Teilnehmer der Rundfahrten werden mit derartigen Fragen konfrontiert, sie müssen sich überlegen, warum der Hamburger Senat nicht bereit war, auf dem Gedenkstein in Neuengamme die nach den jeweiligen Betrieben benannten KZ-Außenstellen mit ihren ursprünglichen Namen aufzuführen, sondern statt dessen neutrale Straßenbezeichnungen wählte. Derartige Vorkommnisse machen Jugendlichen den Widerspruch zwischen dem Anspruch und der Wirklichkeit unserer Gesellschaft deutlich und sind manchmal Ausgangspunkt für eine Auseinandersetzung mit aktuellen gesellschaftlichen Strukturen und Machtverhältnissen.«

Es scheint aber, daß dieser Ball nur von solchen Gruppen aufgefangen werden kann, die schon *vor* der Stadtrundfahrt organisiert und politisiert gewesen sind. Beispielsweise berichtet Gerhard Paul (1980a, S. 12), daß eine Jungsozialisten-Gruppe, die in ihrem eigenen Bericht hierin schon eine Aufgabe für »geschichtsbewußte Kommunalpolitik« gesehen hat, nach einem derartigen Erlebnis bemüht ist, Straßennamen umzubenennen (vgl. dazu auch Landesjugendring Saar, Aktion Jugend gegen Faschismus, 1978; Paul 1980a, S. 5, 10, 13).
Auch bei der Arbeitshilfe des Bayerischen Jugendrings zur Durchführung von Nationalsozialismus-Analysen im lokalen Umfeld ist das Transferproblem nicht gelöst. Dabei müßte man hier eigentlich davon ausgehen können, daß diese Arbeitshilfe mehr Klärung vermittelt, insofern sie sich ja nicht an das flüchtige und wechselnde Publikum alternativer Stadtrundfahrten, sondern an organisierte und längerfristig arbeitende Gruppen wendet.
Die Arbeitshilfe will helfen, »die persönliche Betroffenheit Jugendlicher in Sachen Nationalsozialismus aufzuspüren« (BJR 1980, S. 6), und plädiert deshalb für einen erfahrungspädagogischen Ansatz (S. 7–9), der in lokalhistorische Forschung übergeleitet wird (S. 11). Zur Begründung wird ohne weitere Erläuterung die Hoffnung artikuliert, der lokalhistorische Ansatz biete Jugendgruppen die Chance, »konkrete Faschismusforschung zu betreiben«. Diese unterstellte »Fähigkeit« kommt demnach aus der bereits organisierten Gruppe selbst; die Arbeitshilfe setzt an der Existenz dieser

Motivation an und liefert technische Anregungen in Form zudem sehr unspezifischer und bezüglich der ausgewählten Fragedimensionen beliebiger Fragebatterien zu den Bereichen: »Wirtschaftskrise und Aufstieg der NS-Bewegung«, »Die ›nationalsozialistische Volksgemeinschaft‹ vor Ort«, »Jugendarbeit im Dritten Reich« (S. 12ff.). – Ehrlicherweise heißt es, diese Themenliste sei »beliebig« zu erweitern (S. 16). Die methodischen Hinweise verbleiben ebenfalls auf der technischen Ebene und fallen besonders bezüglich der schwierigen Frage retrospektiver Interviews oder der »oral history«, also der gezielten Gespräche mit Zeitgenossen, sehr dürftig aus (S. 17, vgl. dagegen F.-Stolberg 1980, S. 5/6, 11; Hopf/Weingarten 1979; Niethammer 1980). Technische Hinweise zur Sammlung – nicht aber zur Auswertung – von Dokumenten (S. 18f.) runden die Hilfen ab. Die Ausführungen zur Vertiefung und Aktualisierung (S. 23ff., 27ff.) fallen dann nach dem Konkretismus der technischen Hilfen wieder in die abstrakte Annahme zurück. Hier finden sich dieselben Postulate wie in den Konzepten der Stadtrundfahrten – nur noch platter: »Eine Auswertung unserer Beschäftigung mit dem Nationalsozialismus führt ... zwangsläufig zu der Gretchenfrage, wie wir's denn heute mit der Demokratie halten« (S. 29, s. auch S. 30).

IV. »Praxisdefizite«

a) Anmerkungen zu Reichweite, Wirkung und Mängeln von Stadtrundfahrten und Lokalanalysen

Die alternative Stadtrundfahrt Hamburg wirbt Anfang 1980 mit der Zahl von fast 5000 Teilnehmern, die innerhalb von 15 Monaten erreicht worden ist (vgl. Pach, S. 6); an der Saarbrücker Stadtrundfahrt haben in drei Monaten 700 »zumeist jüngere Saarbrücker Bürger ... mit großem Interesse« teilgenommen (Paul 1980a, S. 12).

Sigrid Pach (S. 10–12) und Gerhard Paul (1980a, S. 12), als die Organisatoren der Hamburger und Saarbrücker Stadtrundfahrten, haben selbst schon einige Mängel der Projekte benannt. Sie sehen ein Problem vor allem in der Informationsfülle, da die Rundfahrten in der Regel nicht vorbereitet werden. Auch die Länge von 3 bis 4 Stunden wird kritisch angesprochen, denn diese lange Zeit wird überwiegend mit

»Frontalunterricht« und mit Vorträgen angefüllt. Es dürfte daher nicht nur auf den Inhalt, sondern auch auf diese Form zurückzuführen sein, daß man sich nach der Fahrt »deprimiert« fühlt (Heinz 1980, S. 17).
Es ist schwer vorstellbar, wie eine derart kopflastige Veranstaltung aktivierend wirkt. Ohne ein wissenschaftliches Begleitprogramm und eine umfangreiche Nachbereitung dürfte ohnehin kaum feststellbar sein, welche der zahlreichen Informationen wie aufgenommen und verarbeitet worden sind. Die Selbstdarstellungen der Organisatoren können in dieser Hinsicht nicht mehr als erste Primäreindrücke liefern, weil auch sie sich lediglich auf den ersten Anschein stützen. Und ebenso vermitteln die Praxisberichte zur Analyse von Nationalsozialismus im lokalen Umfeld nur erste Erfahrungen (Schmidt; Rießenberger).
Diese Primärerfahrungen setzen an den Schwachstellen der Arbeitshilfen an und zeigen, daß es dabei nicht nur inhaltliche, sondern auch sehr praktische Mängel gibt:
Der lokalhistorische Ansatz überfordert die Jugendlichen; nur das Gruppenleiterteam bzw. sehr stark motivierte einzelne (Gymnasiasten) bleiben bei der Stange; denn die inhaltliche-methodische Betreuung hilft zuwenig, und es fehlt an institutioneller Unterstützung (Rießenberger). Für einen langfristigen Arbeitsprozeß reicht die abstrakte Anfangsmotivation nicht aus, zumal die Jugendlichen viel zu wenig konkrete Erfahrungen machen, kaum Chancen für Eigeninitiativen sehen und den Arbeitsprozeß nur schlecht in kürzere Schritte untergliedern können.
Die Barrieren, z.B. beim Aufsuchen der Archive, sind sehr hoch, und Frustrationserlebnisse werden zahlreich gemacht. In seinem sehr plastischen Bericht schildert Hans Rießenberger eine derartige Enttäuschung, nachdem ein Jugendlicher »seinen« Geschichtslehrer aufgesucht und um Hilfe gebeten hat: »Der Geschichtslehrer war nur bereit zu helfen, wenn die Aufarbeitung unter seiner Anleitung geschieht. Er erklärte dem Jugendlichen, daß er damit ›nicht in Teufels Küche kommen‹ wolle. Die Jugendlichen waren enttäuscht und meinten, daß sie es dann eben ohne Lehrer machen würden. Das würde schon irgendwie gehen.« Es geht aber eben auch nur »irgendwie«: Denn die methodischen Probleme sind groß, und das Thema ist politisch brisant, findet man doch z.B. in den alten Lokalzeitungen Anzeigen von heute noch

ortsansässigen Geschäften und Gaststätten (zum Teil mit dem Hinweis »Juden nicht erwünscht«). Und vor allem: Diese Arbeit erfüllt nicht das Kriterium, daß sich »jede angeregte Aktivität in der Brauchbarkeit für den einzelnen Jugendlichen im Alltag beweisen« muß (Rießenberger).

b) Praxis als Betroffenheit und Konflikt: Bemerkungen zu Praxisdefiziten der Stadtrundfahrten und Lokalanalysen

Praxis spielt in der Projektform der Lokalanalyse und bei Projekten der Stadtrundfahrten eine jeweils unterschiedliche Rolle. Am Beispiel der Stadtrundfahrten soll (1) das Praxismoment der emotionalen Betroffenheit beleuchtet werden, während (2) am Beispiel der lokalanalytischen Forschungsprojekte auf Grundlage eigeninitiativer Jugend- bzw. Schülergruppen auf die zu erwartenden politisch-sozialen Konflikte hingewiesen werden soll.

(1) Betroffenheit: Was ist denn das? Die Stadtrundfahrten setzen bewußt emotionale Betroffenheit als Bildungsvehikel ein, indem ein wesentlicher Teil der Aufklärungsarbeit durch die Berichte von Widerstandskämpfern geleistet wird: »In den Erinnerungen der Teilnehmer sind dies immer die Augenblicke (wenn Widerstandskämpfer an den entsprechenden Orten ihre Erlebnisse schildern), die sich am tiefsten und nachhaltigsten in ihr Gedächtnis eingeprägt haben« (Paul 1980a, S. 12; Pach, S. 7, 11). Ausführlich schildert auch Sigrid Pach (S. 8) diese Wirkungskomponente:

»Im allgemeinen haben wir festgestellt, daß die Schüler sehr intensiv und betroffen den persönlichen Erlebnisschilderungen folgen. Je nachdem wie die Widerstandskämpfer über ihre Erlebnisse berichten, beeinflussen sie damit auch die Aufnahmebereitschaft der Jugendlichen. Ist die eigene Betroffenheit noch derart unmittelbar, daß sie nur unter Tränen erzählen können, führt das bei einem großen Teil der Jugendlichen zum Abblocken. Berichtet der Widerstandskämpfer allerdings routiniert mit monotoner Stimme über Folterungen und Quälereien, ohne eigene Betroffenheit zu zeigen, ›schalten‹ die Jugendlichen ebenfalls ›ab‹ und hören nicht mehr zu. Bei einigen Fahrten ist es allerdings auch schon vorgekommen, daß einzelne Schüler derart stark betroffen sind, daß ihnen übel wurde, sie sich übergaben, zu weinen anfingen oder bewußtlos wurden« (vgl. auch Butt 1979, S. 395, 396).

Unbekannt ist, was diese emotionalen Reaktionen auslösen, wie sie vom Individuum oder der Gruppe verarbeitet werden. Vor allem verdeutlichen die vorliegenden Konzepte der Stadtrundfahrten nicht, ob – und wenn ja: wie – derartige kurzfristig zu beobachtende Betroffenheit in langfristige Bildungseinsichten übergeleitet wird; auch ist es unklar, ob Bildungserlebnisse auf Grundlage von Betroffenheit und ausgelöst durch Erlebnisberichte von Zeitgenossen stärker handlungsmotivierend und verhaltensverändernd wirken als lediglich abstrakt angeeignete »Lesefrüchte«. – Zur ersten Klärung sollen einige Andeutungen gemacht werden:
»Betroffenheit« kann ohne die Reaktionen auf das 8stündige Fernseherlebnis »Holocaust« vom Januar 1979 nicht mehr diskutiert werden (Magnus 1979; Ernst 1979). Die (leider wenig ertragreichen, weil unverständlicherweise völlig standardisierten) Begleituntersuchungen zur Reaktion auf »Holocaust« zeigen, daß dieser Film insbesondere Erschütterung (64 %) und Scham (39 %) hervorgerufen hat. 41 % der Zuschauer halten die Sendung für ein wichtiges Ereignis (was das besagt, wird nicht klar); 22 % schildern, daß sie bei manchen Szenen fast geweint haben. Von den Nicht-Sehern schauen 33 % den Film deshalb nicht an, weil sie auf Grund der Voraus-Publizistik vermuten, daß er sie zu sehr aufregen wird. »Holocaust« ist insofern nach den Ergebnissen repräsentativer Meinungsforschung ein nationales Betroffenheitserlebnis, das – kumulativ – von fast der Hälfte der erwachsenen bundesrepublikanischen Bevölkerung (von 48 % bzw. 20 Millionen) gesehen worden ist.
Bewirkt hat dieses Erlebnis gewiß, daß die Faschismusthematik leichter thematisiert werden kann, daß die terroristische Seite faschistischer Herrschaft und insbesondere der faschistische Antisemitismus an Interesse gewinnen. Letztlich aber deuten sogar die Befunde der Meinungsforschung darauf hin, daß die Betroffenheit bald wieder verraucht ist und schon im April 1979 wieder die alten Vorurteile und Verdrängungsmechanismen wirken. 14 Wochen nach der Ausstrahlung von »Holocaust« sind 59 % der Bevölkerung (wieder) der Ansicht, es müsse Schluß sein; Deutsche könnten nicht mehr für die NS-Verbrechen verantwortlich gemacht werden, wer vom Unrecht an Juden spreche, müsse auch von dem an Deutschen (Bombardierung, Vertreibung) sprechen; 55 % führen es auf den verlorenen Krieg zurück, daß ausschließlich

über deutsche, nicht aber über amerikanische, englische oder russische Kriegsverbrechen geredet werde; 51 % meinen, die deutsche Bevölkerung hätte seinerzeit nichts von den Verbrechen der Nationalsozialisten (die so schon von der Frageformulierung aus dem deutschen Volk herausgenommen werden) gewußt. Eher auf Verdrängungstendenzen deutet auch hin, daß 49 % nunmehr mehr darüber wissen wollen, warum das Ausland den Juden nicht geholfen habe.
Insgesamt zeigt gerade die starke emotionale Erschütterung durch »Holocaust« auf, daß ein einmaliger Impuls unzureichend bleibt, daß gerade Bildungsmaßnahmen »zum Thema Nationalsozialismus mit harten Gegenpositionen rechnen müssen, die mit logischen und rationalen Argumenten sicher nicht zu erschüttern sind« (Ernst 1979, S. 820). Erst recht aber können sie nicht nur-emotional und kurzfristig kritisiert und erschüttert werden, wenn tatsächlich Verhaltensänderungen – und nicht nur vorübergehende Einstellungsmodifizierungen – angestrebt werden (dazu Hennig 1980).
Sicherlich ist es richtig, daß gegenüber der faschistischen Form antidemokratischer Tendenzen auch emotional reagiert wird, aber Abscheu und Betroffenheit allein sind untauglich, wenn über Strategien der demokratisierenden politischen Tätigkeit diskutiert werden soll.
Es muß gefordert werden, daß solche Projekte, die emotionale Betroffenheit bewußt einsetzen (wenn nicht sogar herbeizuführen versuchen), klare Aussagen darüber machen, in welcher Richtung diese Betroffenheit verarbeitet werden soll. Verarbeitung bedeutet dabei die Überführung zunächst kurzfristig-emotionaler Erlebnisse in längerfristig-theoretische Einsichten und politische Verhaltensweisen.
Konsequenz sollte sein, daß keine Stadtrundfahrt als isoliertes Bildungserlebnis – noch dazu oftmals im schulischen Zwangszusammenhang (Pach, S. 7) – durchgeführt wird. Wichtig ist eine Nachbereitung und Aufarbeitung in der Gruppe, die eine Stadtrundfahrt kontrollierbarer werden lassen.
Bezüglich der Lokalanalysen ist zu fordern, daß sie das soziale und politische Umfeld, in dem die Gruppen arbeiten (sollen), stärker berücksichtigen, so daß institutionell bedingte Frustrationen den lokalhistorischen Aufarbeitungsgruppen weitgehend erspart bleiben bzw. diese Gruppen auf jeden Fall nicht unvorbereitet und isoliert treffen.

(2) *Politisch-soziale Konflikte im Gefolge der lokalen Faschismusanalyse:* Es sprechen viele Primärerfahrungen (z. B. bei der Betreuung entsprechender Examensarbeiten und bei der eigenen Arbeit in kleineren Archiven) dafür, daß gerade in kleineren Orten und überschaubaren Regionen die Beschäftigung mit dem Faschismus sehr schnell dazu führt, daß erkannt wird, daß es sich beim Faschismus in der Region und am Ort nicht um ein historisch-verstaubtes Objetkt von Bildungsbemühungen handelt. Vielmehr kann sehr direkt die Kontinuitätslinie und die Weiterexistenz von faschistischen Formen *in* der Gegenwart erfahren werden. Hierin liegt zum einen eine Chance für den tatsächlichen Transfer der historischen Arbeit in politische Praxis, indem sich die Frage stellt, welche sozialen Gruppen aus welchen Gründen für die Nichtbeachtung der (ihrer) faschistischen Vergangenheit eintreten. Die entsprechenden Konflikte können aber leicht die lokalhistorischen Arbeitsgruppen überfordern. Diese Konflikte müssen somit – anders als dies die Arbeitshilfe des Bayerischen Jugendringes tut, die sie total negiert – einen zentralen Stellenwert in den Projektplänen spielen; denn sie sind der Anlaß für politische Erfahrungen und damit für den Transfer von der Vergangenheit zur Gegenwart.
Es ist möglich, daß solche konfliktreichen Erfahrungen nicht nur im politisch-öffentlichen Raum, sondern auch im Bereich der Familie, also auch im Privatbereich, gemacht werden. Immer noch gibt es verdrängte Teile der Familiengeschichte, wenn etwa die Teilnahme des Vaters oder Großvaters an faschistischen Terrormaßnahmen verschleiert wird, bzw. wenn keine klare Aussage gegeben werden kann, wie man im faschistischen Alltag moralisch existieren konnte, was man vom Unrecht wußte.
Politische und wirtschaftliche Instanzen reagieren gerade in kleinen Räumen oftmals außerordentlich allergisch, wenn auf die als noch sehr naheliegend empfundene faschistische Vergangenheit eingegangen wird. In vielen Fällen sind es heute noch existierende Familien und Firmen bzw. Geschäfte, die seinerzeit Geschäfte mit der NSDAP und/oder Verdienste mit der Arisierung, also mit der Austreibung von Juden und der Übernahme ihrer Betriebe, gemacht haben.
Die analytischen Konzepte zur Anregung lokal- und regionalanalytischer Arbeiten mit dem Thema Faschismus müssen auf derartige Konflikte vorbereiten. Damit derartige Kon-

flikte von den Jugend- und Schülergruppen verarbeitet werden können, muß ein institutioneller Rückhalt angegeben werden, auf den sich die Jugendlichen beziehen können, der in der Lage ist, sie zu »schützen«. Ohne derartige Angaben und Hilfestellungen kann es möglich sein, daß die Aktivität in Frustration umschlägt, daß keine positive Verarbeitung der Frustration gelingt, sondern daß sie vielmehr in Apathie übergeht.
Als institutioneller Rückhalt wird die konkrete Hilfestellung durch den entsprechenden Jugendring und durch Bündnispartner (etwa Politiker, Pfarrer, Wissenschaftler) angesehen. Wenn ein öffentlicher Konflikt eintritt – und die vorliegenden Berichte zeigen, daß dies leicht der Fall sein kann (vgl. Scherzer/Schneider 1979; Butt 1979, S. 394, 395; Paul 1980a, S. 13f.; Pach, S. 11) –, dann darf die Jugendgruppe nicht allein der möglicherweise geballten politisch-sozialen Macht ortsansässiger Honoratioren gegenüberstehen.
In diesem Punkt der institutionellen Absicherung bzw. der Berücksichtigung des sozialen und politischen Umfeldes sind die vorliegenden Konzepte zu unpräzis, obwohl alle vorliegenden Erfahrungsberichte auf die Bedeutung dieses Konflikt- und Störfeldes hinweisen.

V. Ein Ausblick

Bezugnehmend auf die angesprochenen Defizite in den Bereichen von »Theorie« und »Praxis« soll zusammenfassend die Forderung erhoben werden, daß die Projektformen der Stadtrundfahrt und Lokalanalyse einer stärkeren theoretischen Vertiefung bedürfen. Mit »Theorie« ist dabei gemeint, daß die Projektformen konkretere Auskunft über den Stellenwert ihrer Bemühungen im Rahmen der Faschismusdiskussion und des offiziell verordneten Faschismusbildes geben müssen, daß sie sich auch konkreter über die Bedingungen ihrer pädagogischen Arbeit verständigen müssen.
Bei beiden Projektformen handelt es sich um unterschiedliche Formen offener demokratisierender Bildungsarbeit, denen lediglich Rahmenkonzepte und vorgegebene Impulse zugrunde liegen. Die Verarbeitungsform dieser Rahmenrichtlinien in den Gruppen und unter den Teilnehmern muß jedoch geklärt werden, damit die Offenheit der pädagogischen Situation nicht in Beliebigkeit umschlägt.

Wenn als Lernziel für diese Projektformen angegeben wird, daß die kognitive Beschränkung der Vermittlung von historisch-positivistischen Kenntnissen über den historischen Faschismus aufgegeben wird, dann muß als Lernziel »praktische Demokratisierung« formuliert werden. Damit aber stellt sich die Frage, wie die Projektformen darauf einwirken, daß von Einsichten in faschistische und antifaschistische Geschichte eines Ortes oder einer Region zu einem gegenwartsbezogenen Lernziel vorangeschritten wird.
Bei den vorliegenden Überblicken über die Projektformen Lokalanalyse und Stadtrundfahrt wird insbesondere am Bereich der emotionalen Betroffenheit und der Erfahrung politischer Konflikte sehr klar, daß bislang der Transfer der Erfahrungen in die bundesrepublikanische Wirklichkeit ein ungelöstes Problem bleibt.
Die vorliegenden Konzepte lösen das zentrale Problem des doppelten Transfers von Ort zum Reich und vom historischen Faschismus zur BRD nicht zufriedenstellend. Ob dieses Problem gelöst wird, entscheidet sich jedoch nicht nur in konzeptionellen Begründungspapieren, sondern in der *Praxis* der lokalhistorischen Aufarbeitungsgruppe oder der Nachbereitung einer alternativen Stadtrundfahrt. Hierüber liegen aber gar keine gesicherten Ergebnisse vor.
Angesichts der Reichweite der Stadtrundfahrten erscheint es notwendig, sich schwerpunktmäßig der Analyse der Wirkung derartiger Sensibilisierungsversuche zu widmen. Teilnehmende Beobachtung und qualitative Interviews von einzelnen und mit Gruppen erscheinen als die adäquaten Untersuchungsinstrumente (denn die zitierte »Holocaust«-Untersuchung zeigt, daß repräsentative Befunde auf Kosten der Aussagetiefe zu teuer erkauft werden). Solche Begleituntersuchungen zu planen und durchzuführen, ist die Aufgabe kooperierender Wissenschaftseinrichtungen, denen damit ein wichtiger Dienst für eine weiterführende Praxis obliegt.

Zitierte Literatur

Bayerischer Jugendring (Hrsg.): Nationalsozialismus im lokalen Umfeld. Eine Arbeitshilfe zur politischen Bildung in der Jugendarbeit, München, Mai 1980 – als MS (37 S.) verteilt

Johannes Beck, Heiner Boehncke (Hrsg.): Jahrbuch für Lehrer 4, Reinbek b. Hamburg 1979 – Teil III: »Faschismus aus der Nähe betrachtet: lokalgeschichtlicher Unterricht«, S. 169ff.

Martin Broszat, Elke Fröhlich, Falk Wiesemann (Hrsg.): Bayern in der NS-Zeit. Soziale Lage und politisches Verhalten der Bevölkerung im Spiegel vertraulicher Berichte, München/Wien 1977
Martin Broszat, Elke Fröhlich (Hrsg.): Bayern in der NS-Zeit II. Herrschaft und Gesellschaft im Konflikt. Teil A, München/Wien 1979
Peter Brückner: Das Abseits als sicherer Ort. Kindheit und Jugend zwischen 1933 und 1945, Berlin 1980
Holger Butt: »Aus der Praxis: Alternative Stadtrundfahrten. Vermittlung der Geschichte des Nazi-Terrors«, in: deutsche jugend, 9/1979, S. 394–396
Peter Dudek: »›Ich bin bereit, dafür in den Knast zu gehen.‹ Über die Hilflosigkeit des linken Antifaschismus«, in: links, Nr. 124, Juli 1980, S. 13/14
ders. (Hrsg.): Hakenkreuz und Judenwitz, Bensheim 1980 (zit. Dudek 1980a)
Norbert Elias: »Zum Begriff des Alltags«, in: K. Hammerich, M. Klein (Hrsg.): Materialien zur Soziologie des Alltags, Opladen 1978, S. 22–29 (Dieser Band enthält auch eine informative Einleitung: »Alltag und Soziologie«, S. 7–21, und eine Auswahlbibliographie: S. 452–466.)
Tilmann Ernst: »›Holocaust‹ und politische Bildung«, in: Media Perspektiven (MP), 4/1979, S. 230–240 – 12/1979, S. 819–827
Benno Hafeneger, Gerhard Paul: »Der Wunsch nach Leitbildern, Gemeinschaft und Geborgenheit. Zwischen Panik und Beschwichtigung. Über den Umgang mit dem ›neuen Faschismus‹ in der Jugend«, in: FR, Nr. 50 v. 28.2.1980, S. 12/13
Joachim Heinz: »Eine Stadtrundfahrt, die sich lohnt«, in: Juso-Telegraph. Jungsozialisten in der SPD-Saar, Nr. 2/80, S. 16/17
Eike Hennig: »Lokale Partei- und Wahlanalyse für die Weimarer Republik«, in: Politische Vierteljahresschrift (PVS), 18/1977, S. 123–128
ders.: »Faschismus vor 1933 und nach 1945 – Anmerkungen zu einem Kampfbegriff«, in: Paul/Schoßig 1979, S. 64–74
ders.: »Begegnung mit Neo-Nazis. Argumentative Stärke, emotionale Kontrolle«, in: betrifft:erziehung, Juli/August 1980, S. 24/25
ders.: »Neofaschismus in der Bundesrepublik – Über die Zunahme offen-faschistischer und rechtsradikaler Tendenzen unter Jugendlichen«, in: Peter Dudek (Hrsg.): Hakenkreuz und Judenwitz, Bensheim 1980, S. 134–153 (zit. Hennig 1980a)
ders.: »Regionale Unterschiede bei der Entstehung des deutschen Faschismus. Ein Plädoyer für ›mikroanalytische Studien‹ zur Erforschung der NSDAP«, in: PVS, 21 (1980), S. 152–173 (zit. Hennig 1980b)
Christel Hopf, Elmar Weingarten (Hrsg.): Qualitative Sozialforschung, Stuttgart 1979
Wolfgang Horn: »Regionale Entwicklung des Nationalsozialismus«, in: Neue Politische Literatur, 21 (1976), S. 366–376
Martin Kohli (Hrsg.): Soziologie des Lebenslaufs, Darmstadt u. Neuwied 1978
Landesjugendring Hamburg in Zusammenarbeit mit Vereinigung

der Verfolgten des Naziregimes/Bund der Antifaschisten (VVN/BdA), Text: Holger Butt: Eine alternative Stadtrundfahrt. Nazi-Terror und Widerstand in Hamburg, Hamburg, Febr. 1980 (2. erw. Aufl.)
Landesjugendring Saar: Aktion Jugend gegen Faschismus, Saarbrücken, Oktober 1978
Uwe Magnus: »Die Reaktionen auf ›Holocaust‹«, in: MP, 4/1979, S. 226–230
Lutz Niethammer (Hrsg.): Lebenserfahrung und kollektives Gedächtnis. Die Praxis der »Oral History«, Frankfurt 1980
Sigrid Pach: Die ›alternative Stadtrundfahrt‹ des Landesjugendrings Hamburg e. V., unveröffentl. MS, 1980, 12 S.
Gerhard Paul, Bernhard Schoßig (Hrsg.): Jugend und Neofaschismus, Frankfurt 1979
Gerhard Paul (Hrsg. in Zusammenarbeit mit VVN/BdA): Alternative Stadtführer. 1933–1945, Saarbrücken, März 1980
Gerhard Paul: Lokalhistorische Aufklärung. Ein Praxisbericht aus der politischen Bildung, unveröffentl. MS, 1980, 14 S. (zit. Paul 1980a)
Detlev Peukert: »Zur Regionalgeschichtsschreibung der Arbeiterbewegung«, in: Das Argument, 110, 20/1978, S. 546–565
Karl-Klaus Rabe (Hrsg.): Rechtsextreme Jugendliche, Bornheim-Merten 1980
Eckehart Scherzer, Wolfgang Schneider: »Eine Stadt klärt auf« PDI-Sonderheft 11, München 1979
Claus F.-Stolberg: »Nationalsozialismus in Hannover. Historiker gegen Geschichtsfälscher«, in: Umbruch, Nr. 3, März 1980, S. 4–6
ders.: »Stätten der Unterdrückung und des Widerstandes in Hannover«, in: Umbruch, Nr. 4, April 1980, S. 9–14

Joachim Radkau

Historische Authentizität und politische Aktualität aus der Sicht der Geschichtsdidaktik

Um vorweg einem möglichen Mißverständnis vorzubeugen: Es kann nach meiner Ansicht nicht darum gehen, antifaschistische Jugendarbeit auf ihre geschichtswissenschaftliche oder geschichtsdidaktische Legitimierbarkeit hin zu überprüfen. Die Praxis der hier in diesem Band dargestellten Jugendarbeit bedarf an und für sich, soweit es ihr um Gespräche mit Augenzeugen und Opfern des Nationalsozialismus, um »Spurensicherung«, um die Suche nach Überresten aus der NS-Zeit geht, keiner solchen Legitimation; eher kann man umgekehrt sagen, daß die Geschichtswissenschaft sich ihrerseits unter anderem durch ihre Nützlichkeit bei solchen Bemühungen legitimiert. Das Streben nach Rekonstruktion der Erinnerung, nach authentischen Zeugnissen der Vergangenheit, nach möglichst unmittelbarer Begegnung mit Vergangenem besitzt für den Historiker einen Wert schlechthin, der sich sowohl aus einem prinzipiellen Mißtrauen gegen zwischengeschaltete Vermittlungsinstanzen wie auch aus einer Suche nach intimem Verstehen erklärt und daher direkt mit dem humanen Sinn der Wissenschaft zu tun hat.

Dieser im Grunde keiner weiteren Ableitung bedürftige Wert der historischen Authentizität ist gewiß nicht nur für eine wissenschaftliche Elite erfahrbar; wie in den hier berichteten Erfahrungen aus der Jugendarbeit wiederholt zum Ausdruck kommt, können auch Jugendliche die Begegnung mit Augenzeugen und Überresten der Vergangenheit durchaus als eine Erfahrung von eigener Qualität empfinden, ohne daß sich im Einzelfall immer genau angeben ließe, worauf dieser Eindruck beruht. Es wäre allerdings ein Irrtum, zu meinen, daß man sich auf die spontane Ausstrahlung authentischer Geschichte verlassen könne. Der Sinn für historische Quellen muß zu einem wesentlichen Teil erlernt werden; der Reiz der – relativen – Unmittelbarkeit entsteht nicht zuletzt aus Einsichten in die Unzuverlässigkeit des Wissens aus dritter oder vierter Hand. Daher können Einblicke in die Zickzackwege bei der Erforschung der NS-Zeit auch den Reiz der Erkundungen in der eigenen Umwelt erhöhen.

Bis hierhin bewegt sich die Gedankenführung in einem unter Historikern ganz unkontroversen Rahmen, bleibt dafür aber eben auch noch recht allgemein und unpolitisch. In kontroverse Zonen gerät man, wenn man das Konzept der Historie als einer Wissenschaft vom Verstehen und Verständlichmachen, von der Herstellung möglichst unmittelbarer kommunikativer Beziehungen – also, auf den Begriff gebracht: einer hermeneutischen Wissenschaft – konsequent zu Ende denkt. Schon in der klassischen Ausformulierung dieses Konzeptes durch Johann Gustav Droysen, den bedeutendsten deutschen Geschichtstheoretiker des 19. Jahrhunderts, wird es auf aktuelle und politische Konsequenzen hinentwickelt. Ein »Verstehen« im vollen Sinne ist ja kein bloßes Sich-Hineinversetzen in Vergangenes, sondern auch ein Vorgang für das gegenwärtige verstehende Subjekt; die begriffene Geschichte muß für die Gegenwart einen Sinn haben. Da die Geschichte jedoch ein gesellschaftlicher Vorgang ist, kann sie ihren vollen Sinn nicht haben für ein ganz auf sich bezogenes, im Studierzimmer der Kontemplation ergebenes Individuum, sondern nur für den sich gesellschaftlich begreifenden, politisch orientierten Menschen. Die Geschichtsforschung hat mit diesen Konsequenzen ihres eigenen Erkenntnisinteresses, wie nicht zu verwundern, immer Schwierigkeiten gehabt; das äußerte sich in neuerer Zeit in gereizten Auseinandersetzungen, als Jürgen Habermas den gesellschaftlichen Kontext des hermeneutischen Erkenntnisinteresses restituierte und die zugleich anschwellende Studentenbewegung vielen wie die praktische Demonstration dieser Theorie erschien. Die Wissenschaftsfähigkeit der Begriffe »Faschismus« und »Antifaschismus« ist infolgedessen höchst umstritten.

Mehr denn je offen und kontrovers ist auch die Frage der Rückwirkung eines sowohl hermeneutischen wie politisch bewußten Erkenntnisinteresses auf die Inhalte und Methoden der Geschichtsvermittlung. Was für eine Art von Geschichte braucht man, und wie muß man Geschichte schreiben, damit gesellschaftliche Verständigungsprozesse möglich sind? Der neue Trend der sechziger und frühen siebziger Jahre war in der bundesdeutschen Historie die Orientierung auf eine mit überindividuellen Strukturen befaßte Sozialgeschichte, verbunden mit einer wachsenden Wertschätzung statistischer Quellen und einem verringerten Interesse an erzählender Geschichtsdarbietung. In den letzten Jahren machte sich dann

ein Gegentrend bemerkbar: der Wunsch nach einer Historie aus Fleisch und Blut, einer Historie mit Identifikationsobjekten, eine neue Vorliebe für die Geschichtserzählung, manchmal auch für die Biographie, und ein Widerwille gegen höhere Grade der Abstraktion. Das konnte auf eine neue Sanktionierung der eh und je bestehenden historiographischen Praxis hinauslaufen, zumal der vorausgehende Trend zu einer strukturellen Sozialgeschichte ohnehin nur eine Minderheit der Historikerzunft erfaßt hatte und immer angefochten geblieben war; es konnte aber auch eine Weiterführung des sozialgeschichtlichen Ansatzes bedeuten und – mit »oral history«[1], »Geschichte des Alltags«[2] und hierdurch neubelebter Lokalgeschichte – neue Forschungsstile und eine beweglichere Kommunikation im Geschichtsbetrieb ermuntern. Der Gedanke, daß Geschichte nicht nur aus aktenmäßig sowie statistisch zu erfassenden Vorgängen, sondern auch aus den Erlebnisweisen und Erfahrungen der Betroffenen besteht, gewann wachsende Beliebtheit; wenn die Betroffenen noch lebten, eröffnete sich hier eine Unendlichkeit an neuen Möglichkeiten der Geschichtsproduktion. Aus der Entwicklung der psychologischen Wissenschaft konnte man eine gewisse Zuversicht beziehen, bei einer derartigen Ausweitung des historischen Spektrums nicht – wie frühere Historiker befürchtet hätten – in einem uferlosen Meer des Subjektiv-Zufälligen, Unbedeutenden und Ahistorischen zu ertrinken, sondern am Ende auch auf diesem Wege an Strukturen und historische Prozesse zu gelangen; ob diese Hoffnung in Erfüllung geht, ist noch nicht zu übersehen. Es ist jedoch deutlich, daß sich solche neuerlichen Tendenzen der Historie mit den hier vorgestellten Projekten antifaschistischer Jugendarbeit treffen und entsprechende Erfahrungen der Historiker, soweit sie bereits vorliegen, von Nutzen sein können.
Die dargestellten Trendfolgen innerhalb der Geschichtswissenschaft spiegeln sich auch in neueren Entwicklungen der schulorientierten *Geschichtsdidaktik;* die Frage, ob und wie die Aufarbeitung von Geschichte ihren aktuellen politischen Charakter auszuweisen hat, wurde unter den Didaktikern sogar zeitweise noch offener und intensiver diskutiert als unter den Fachwissenschaftlern: Hierdurch wurde »Curriculum« zum Reizwort und bekam die Auseinandersetzung um die Lernzielorientierung des Geschichtsunterrichts ihre Schärfe. Die Schwierigkeiten des Unterfangens, die aktuell-

politische Dimension der Geschichte wissenschaftlich in den Griff zu bekommen, machten der Geschichtsdidaktik, die hier weniger gut ausweichen konnte, mehr zu schaffen als der Geschichtsforschung. Der antifaschistischen Jugendarbeit hat die Geschichtsdidaktik daher nicht zuletzt negative Erfahrungen zu bieten. – Davon zu unterscheiden sind Erfahrungen des Geschichtsunterrichts auf der Ebene der Methodik: Sie enthalten auch für die außerschulische Jugendarbeit manches Brauchbare, da das alteingewurzelte Hauptproblem des Geschichtsunterrichts – die Mühsal, aus dem frontalen Monologisieren herauszukommen – auch das Hauptproblem »alternativer Stadtrundfahrten« ist.

Im folgenden soll (1) die Verallgemeinerbarkeit und Aktualisierbarkeit des »Faschismus«-Begriffes aus historischer Sicht erörtert werden; es folgen (2) Überlegungen zur Fundierung einer »antifaschistischen« Zielsetzung für die Jugendarbeit und (3) ein Blick auf den entsprechenden Diskussionsstand in der Geschichtsdidaktik. Der Beitrag schließt mit einigen Überlegungen auf methodischer Ebene: zur Ergiebigkeit von »oral history«, »Geschichte des Alltags« und neuerer Lokalgeschichte (4), und (5) zur historischen Exkursion und Besichtigung historischer Stätten.

Der »Faschismus«-Begriff aus historischer Sicht

»Faschismus« ist als Oberbegriff – also über die bloße Bezeichnung der italienischen Bewegung hinaus, von der der Begriff stammt – geschichtswissenschaftlich bislang nicht besonders gut fundiert, was freilich auch daraus herrührt, daß die meisten einschlägigen Historiker sich um eine solche Fundierung nicht eben bemühten (wobei man hinzubemerken muß, daß es mit exakten, allgemein anerkannten Begriffsdefinitionen in der Geschichtswissenschaft überhaupt nicht sonderlich gut bestellt ist!).

Die Minimalbasis eines solchen Begriffs wäre ein systematischer Vergleich zwischen Nationalsozialismus und italienischem Faschismus; eine solide Grundlage würde sich sogar erst durch Einbeziehung von noch einer Reihe weiterer, als faschistisch zu klassifizierender Bewegungen ergeben; aber von alledem ist bislang nur wenig zu finden. Die namhafteste neuere Publikation dazu, ein von Wolfgang Schieder herausgegebener Sammelband »Faschismus als soziale Bewegung – Deutschland und Italien im Vergleich«[3], enthält nur Beiträge entweder zu Deutschland oder zu Italien; Schieder selbst tat »Faschismus« jüngst als »sinnlosen Allerweltsbegriff« ab.[4] Allgemein überwog in der Sektion »Offene Fragen in der Erforschung des Nationalsozialismus« des 1980 in Würzburg stattgefundenen Deutschen Historikertages eine skeptische, wenn nicht gar entschieden ablehnende Haltung gegenüber dem »Faschismus«-Begriff.

Aus der Sicht der sich abseits der Historiker-Zunft abspielenden »Faschismus«-Debatten der »neuen Linken« muß es überraschen, daß dieser Begriff innerhalb der Historikerschaft am frühesten und bis heute nachhaltigsten von dem konservativen, ideengeschichtlich orientierten Historiker Ernst Nolte in die Debatte gebracht wurde – zu einer Zeit, als der Begriff noch nicht zu einem Reizwort der »neuen Linken« geworden, sondern fast in Vergessenheit geraten war.[5] Vielleicht hat jedoch diese Art der historischen Wiederbelebung des »Faschismus«-Begriffs ihren Grund: Bislang sieht es in der Tat so aus, als ob eine Ähnlichkeit der verschiedenen faschistischen Bewegungen am intimsten auf der Ebene der Ideen, der beschworenen Traditionen und Feindbilder, der Selbstinszenierung und des Aktionsstils besteht und gar nicht so sehr auf der Ebene der sozialen Basis und der ökonomischen Funktion – dazu war der Stand der sozio-ökonomischen Entwicklung in den verschiedenen Ländern, in denen faschistische Bewegungen besondere Bedeutung erlangten (außer Deutschland, Italien und Spanien noch Rumänien, Ungarn, Kroatien), zu unterschiedlich. Nicht ohne Grund vermochten die mit politisch-ökonomischem Interesse geführten »Faschismus«-Diskussionen, wenn auch durchaus mit einer Fülle historischer Fakten versetzt, im allgemeinen den Weg in die empirische Forschung nicht recht zu finden. Dennoch wäre es nicht richtig, Ansätze dieser Art bereits für wissenschaftlich erledigt zu halten: Dazu ist ein sozio-ökonomischer Vergleich der verschiedenen Faschismen noch zu wenig ernsthaft und systematisch versucht worden.

Aber auch wenn der allgemeine »Faschismus«-Begriff für die Zwischenkriegszeit gesichert ist, so bleibt doch immer noch die Frage, ob er sinnvoll auf gegenwärtige und künftige politische Tendenzen angewandt werden kann. Hiergegen bestehen in der bundesdeutschen Historikerschaft noch stärkere Vorbehalte als gegen den Gebrauch des Begriffes für Strömungen der zwanziger und dreißiger Jahre; auch Nolte, der den Oberbegriff »Faschismus« wieder einführte, wollte ihn doch lediglich als Signum einer Epoche verstehen, die 1945 ihr Ende gefunden habe. Selbst ein Historiker wie Fritz Fischer, der wie kein anderer eine kritische Revision des deutschen Geschichtsbildes ins Rollen gebracht hat, erblickt doch zumindest für Deutschland in dem Untergang des Reiches von 1945 eine tiefe Zäsur, jenseits derer die deutsche Geschichte nicht mehr aus dem sozio-ökonomischen Kräftespiel der Ära von 1871 bis 1945 verstanden werden könne.[6]

Tatsächlich kann man, wenn man die konkreten historischen Bedingungen des NS-Aufstiegs in vollem Umfang überblickt, zunächst den Gedanken für geradezu absurd halten, daß Ähnliches in Deutschland noch einmal geschehen könne – daß also »Faschismus« ein geeigneter Begriff für gegenwärtige und künftige Gefahrenpotentiale wäre und »Antifaschismus« das richtige Wort für unterstützenswerte Gegenpositionen. Zwar bestehen, abstrakt gesehen, die ökonomischen und gesellschaftlichen Verhältnisse, unter denen der Sieg des Nazismus möglich war, in der Bundesrepublik nach wie vor; aber ein schlechthin unerläßliches Kernstück der NS-Konstellation scheint zu fehlen: die Möglichkeit, daß die Bundesrepublik einen eigenständigen kriegerischen Imperialismus entfaltet. Ohne diese reale Möglichkeit erscheint alle rechtsradikale Militanz perspektivlos und unfähig, mächtige Interessen an sich zu binden.

Aber die imperiale Phantasmagorie, die allein auf beschränkter bundesdeutscher Basis lächerlich wirkt, könnte, sobald sie ganz Westeuropa umgreift, durchaus Überzeugungskraft gewinnen; eine Rassenideologie könnte hier sogar eher den zu ihr passenden geographischen Rahmen finden als innerhalb der Grenzen einer Nation. Ansätze zu transnationalen Querverbindungen zwischen neofaschistischen Bewegungen sind mittlerweile deutlich erkennbar[7]; in Frankreich, in dem bereits wesentliche Ideologeme und Aktionsformen des früheren Faschismus ihren Ursprung hatten, besitzt der neue Rechtsradikalismus heute schon einen intellektuellen Überbau, der ihm in der Bundesrepublik (noch?) fehlt. Es könnte also kurzschlüssig sein, aus der Zerschlagung alldeutscher

Großmachtträume die Unmöglichkeit eines künftigen Faschismus in Deutschland zu folgern.

Lutz Niethammer, dessen 1969 veröffentlichte Untersuchung über die NPD bereits Vorstellungen über die mögliche Wandlungsfähigkeit des Faschismus vermittelt und davon abhält, die Aufmerksamkeit zu sehr auf »alte Nazis« und unmittelbare Kontinuitäten zum Nationalsozialismus zu fixieren, stellt am Schluß die These auf: »Je weniger ›alte Nazis‹ in der NPD sein werden, um so faschistischer wird ihr Parteicharakter, und um so größer wird die Gefährdung der Demokratie durch sie werden.«[8] Inzwischen ist offenbar die Zeit gekommen, wo die rechtsradikale Szene nicht mehr von »alten Nazis«, sondern von einem neuen Leittypus beherrscht wird, der eher die Chance hat, bei Jugendlichen »anzukommen«. Auch der italienische Neofaschismus scheint sich mittlerweile vom historischen Vorbild des Mussolini-Faschismus weithin gelöst zu haben. Aufklärung über die historischen Faschismen reicht schon von daher schwerlich aus, um Jugendliche gegen neue Spielarten des Faschismus zu immunisieren.

Daß, objektiv gesehen, die innen- wie weltpolitische Situation gegenwärtig sehr anders ist als vor 1933, schließt nicht aus, daß Teile der Jugendlichen ihre eigene Situation heute in ähnlicher Weise erfahren wie die für den Faschismus disponierte Jugend der Zwischenkriegszeit. Eine entscheidende Vorbedingung für den Aufstieg des Faschismus in Italien wie in Deutschland war das vorausgegangene Scheitern revolutionärer Ansätze, und zwar in doppelter Hinsicht: Es verbreitete eine rachsüchtige Triumphstimmung auf der Rechten, die sich zuvor bedroht empfunden hatte, und es vermittelte einem Teil der jungen Generation, der von sozialer Lage, Leidensdruck und radikalem Temperament her durchaus ein revolutionäres Potential darstellte, die Empfindung, daß man den Drang zur Aktion und den Durchbruch zu einer neuen Lebensform nur noch auf der extremen Rechten verwirklichen könne.[9] Die heutige Situation in Westeuropa besitzt nach der Enttäuschung der von der »neuen Linken« getragenen revolutionären Hoffnungen manches Vergleichbare: Der Enthusiasmus für eine sozialistische Neugestaltung der Gesellschaft scheint für viele Jugendliche nunmehr unglaubwürdig und emotional verbaut zu sein; die Sehnsucht nach einer neuen Gemeinschaft geht in andere, oft irrationale Richtungen; zur gleichen Zeit sind der Sozialstaat bisheriger Form und das keynesianische Krisenmanagement deutlich auf ihre Grenzen gestoßen, und niemand bekommt diese empfindlicher zu spüren als die junge Generation, für die sich die sozialen Errungenschaften der bereits im Berufsleben Etablierten unter Umständen wie Barrieren darstellen. Innen- wie weltpolitisch kündigt sich eine Ära wachsender Knappheit und verschärfter Auseinandersetzungen um begrenzte Ressourcen an: Es sind die gleichen Perspektiven, die seinerzeit die Grundlage des faschistischen Weltbildes waren, indem sie zu der Folgerung führten, daß nicht die gesamte Menschheit zu einem besseren Leben fortschreiten könne, sondern nur eine Elite auf Kosten der übrigen Menschheit. Die Fixierung auf die Kerntechnik als einzige Rettung vor einer drohenden Energiekrise könnte das Ihrige beitragen zu einer modernisierten Wiederauferstehung der faschistischen Überzeugung, daß gut leben nur durch »gefährlich leben« – so eine Parole der italienischen Faschisten – möglich ist, wenn nicht gar zu der Konsequenz führen, daß Sicherheit nur durch Weltherrschaft gewährleistet wird. So kann auch eine Innenschau der faschistischen Mentalität und Weltanschauung mit etwas Phantasie für deren Modernisierungsmöglichkeiten Grund zur Beunruhigung geben.

Ob sich jedoch tatsächlich in der gegenwärtigen Bundesrepublik ein bedrohliches faschistisches Potential abzeichnet, ist mit üblichen wissenschaftlichen Methoden schwerlich zu ermitteln. Was sich dahinter verbirgt, wenn sich bei Umfragen soundsoviel Prozent zu der Auffassung bekennen, »unter Hitler« sei »nicht alles schlecht« gewesen, Hitler hätte eigentlich »Gutes gewollt, aber schlecht verwirklicht«, man solle von Auschwitz endlich schweigen, und die anderen Nationen hätten schließlich auch Dreck am Stecken – ob solche Aussagen tatsächlich als chiffrierte Sympathiebekundungen für Faschismus zu werten sind, wäre nur durch längere Bekanntschaft mit den Befragten zu ermitteln. Das Bedürfnis nach »Reinwaschung« der deutschen Vergangenheit kann durchaus einem naiven Streben nach historischer Selbstbestätigung entstammen, das nichts spezifisch Faschistisches hat.[10]

Wenn man zurückblickt auf die Zeit vor 1933 und die Einschätzung des Nationalsozialismus durch die verschiedenen politischen Kräfte, ja selbst durch relativ gut informierte Autoren wie Konrad Heiden oder Theodor Heuss untersucht, dann kann man deprimiert sein über das offenbare Ausmaß der Schwierigkeit, die NS-Gefahr auch nur einigermaßen zutreffend einzuschätzen; es wirkt aus späterer Sicht manchmal geradezu unfaßlich, wie selbst solche Beobachter, die – so meint man – es hätten besser wissen müssen, die Gefahr herunterspielten.[11] Gerade der Transfer von Erfahrungen mit dem italienischen Faschismus führte nicht selten zur Unterschätzung des nationalsozialistischen Vernichtungswillens. Eine auf einem bestimmten Abstraktionsniveau und unter bestimmten Aspekten zutreffende Faschismus-Theorie war mitnichten eine Gewähr für eine Erkenntnis der konkreten und aktuellen Bedrohung; allenfalls, wenn man den Nazismus aus der Nähe, aus persönlicher Konfrontation kannte, konnte man das Ausmaß des Machtwillens und der Brutalität annähernd erkennen und eine Ahnung davon bekommen, daß die immer wieder zu hörende Drohung: »Köpfe werden rollen«, keineswegs nur metaphorisch, sondern ganz wörtlich gemeint war.

Diese historische Einsicht erscheint mir von einiger Tragweite für die Orientierung gegenwärtiger antifaschistischer Jugendarbeit: Diese könnte ihr Selbstverständnis – und Selbstbewußtsein – nicht zuletzt aus der Erkenntnis gewinnen, daß es in besonderer Weise ihre Sache ist, mit Mitteln, die der Wissenschaft nicht zugänglich sind, faschistische Potentiale – oder auch deren Nichtexistenz – zu entdecken: über eigene Konflikterfahrungen und über die längerfristige Beobachtung der Position rechtsradikaler Gruppen innerhalb des sie umgebenden Milieus. Man sollte von der Wissenschaft keine dogmatischen Aussagen über gegenwärtige faschistische Potentiale und Tendenzen in der Bundesrepublik erwarten: Gerade der historische Rückblick macht deutlich, wie sehr es darauf ankommt, die eigene Gegenwart aufmerksam zu beobachten und seine Erfahrungen mit ihr zu machen.

Nur mit Vorsicht kann man daher einige Hinweise darauf geben, woran man prinzipiell gefährliche faschistische Potentiale erkennen könnte. Die Bereitschaft zur gewaltsamen Zerstörung des demokratischen Rechtsstaates oder zur Tolerierung einer solchen Zerstörung erscheint als zentrales und entscheidendes Indiz dafür, ob man von »Faschismus« reden kann; der Haß auf die organisierte Arbeiterschaft und den kulturellen Liberalismus, überhaupt die starke Fixiertheit auf Feindbilder und Angstvorstellungen und im übrigen die

Sehnsucht nach dem »starken Mann« bestimmen in typischen Fällen den politischen Horizont des Faschisten; ein starker Hang zur verschworenen Gemeinschaft und zu harter Disziplin pflegt den aktiven »Kämpfer« zu kennzeichnen. Aber es wäre falsch, sich eine allzu widerwärtige und stereotype Karikatur vom »typischen Faschisten« zu machen; der Nationalsozialismus konnte nur deshalb in Deutschland zum Siege gelangen, weil er eben noch andere und sympathische Seiten besaß und weil er sehr unterschiedliche Mentalitäten ansprechen konnte. Faschistische Potentiale, die sich nicht ausdrücklich als solche zu erkennen geben, wird man schwerlich an Einzelmerkmalen festmachen, sondern nur durch eine Synopse verschiedener Aspekte und durch Rekonstruktion des ideologischen Gesamtrahmens bestimmen können. So ist es etwa durchaus abwegig – obwohl vielfach beliebt –, autoritäre Einstellungen, Abwehrhaltungen gegen Gastarbeiter, Vorurteile gegen Langhaarige und sonstige Manifestationen eines »Spießertums« schlichtweg als »faschistoid« zu klassifizieren: Hier kann der »Antifaschismus« oftmals eine nüchterne Auseinandersetzung mit sozialen Reaktionsweisen, die als solche nichts spezifisch Faschistisches haben, sogar verstellen[12]. Bei allem Bemühen, »Faschismus im Alltag« aufzuspüren, darf doch nie außer acht gelassen werden, daß Faschismus nur als nationalpolitisches Phänomen wirklich zu erkennen ist; die zahlreichen Versuche, »Faschismus« psychologisch zu definieren und »faschistische« Verhaltensmuster zu diagnostizieren, behalten etwas prinzipiell Anfechtbares.

Antifaschismus als Fundament der Jugendarbeit?

»Antifaschismus«: Kann dieser Begriff zur inhaltlichen Bestimmung gegenwärtiger Jugendarbeit herhalten? Antifaschismus bedeutet ja weit mehr als bloße Ablehnung des Faschismus: Er bedeutet die Ausrichtung des gesamten politischen Konzeptes an den Erfordernissen des Kampfes gegen den Faschismus – und damit eben irgendwie auch, wenn auch negativ, am Faschismus selbst. Generell gibt es Grund zu erheblichen Zweifeln, ob sich heutzutage auf solcher Grundlage Jugendarbeit konzipieren läßt: Zum einen erscheint die Substanz zu negativ definiert, zu sehr vom Gegner und zu wenig von positiven Zielen bestimmt; zum anderen ist es

fraglich, ob »Faschismus« unter den hier und heute drohenden Gefahren eine derart zentrale Stelle einnimmt, daß es gerechtfertigt wäre, die gesamte politische Arbeit darauf anzusetzen. Die Befürchtung liegt nahe, daß dabei andere brennende Probleme vernachlässigt werden oder daß das Feindbild »Faschismus« willkürlich und selbstgerecht in Gegenpositionen hineinprojiziert wird und eine rationale Auseinandersetzung mit diesen verhindert. Man muß auch befürchten, daß Jugendliche, die unter das Banner des Antifaschismus gerufen werden, sich für Parteikämpfe, die aus der Vergangenheit überkommen sind und ihren eigenen Interessen fernliegen, rekrutiert sehen.

Daraus, daß sich eine Generalsanktion des Begriffes »Antifaschismus« nicht geben läßt, ist nun aber nicht etwa zu folgern, daß der Begriff prinzipiell zu verwerfen wäre; vielmehr muß aus den lokalen Verhältnissen und der konkreten Situation heraus entschieden werden, ob »Antifaschismus« einer Jugendgruppe eine sinnvolle und glaubwürdige, in die Praxis umzusetzende Identität gibt. Diese Folgerung scheint sich gerade auch aus den hier vorgestellten Projekten zu ergeben. Im konkreten Fall, wo »Antifaschismus« eine noch lebendige, aus Lebenserfahrungen gespeiste gemeinsame Tradition der Selbstbehauptung bezeichnet, kann der Begriff sehr wohl seinen positiven Inhalt haben. Wieweit er einen praktischen Wert besitzt, hängt davon ab, wieweit ein entsprechender Gegner, ein faschistisches Potential tatsächlich erkennbar ist; aber auch dies ist, wie oben ausgeführt, wesentlich nur durch eigene Erfahrungen an Ort und Stelle zu ermitteln. Auch ob man Jugendlichen »Antifaschismus« zumuten kann, ohne daß sich diese indoktriniert vorkommen, hängt entscheidend von einem bereits vorhandenen Vertrauensverhältnis ab.

Historisch besitzt der Begriff »Antifaschismus« etwas Mehrdeutiges. In einem verbreiteten »Wörterbuch zur Geschichte« ist unter »Antifaschismus« zu lesen: »Schlagwort aus dem kommunistischen Lager für die Volksfrontpolitik der Komintern ab 1935, nach 1945 von den Kommunisten wieder aufgenommen, um unter dem Schutz der Besatzungsmacht die nichtkommunistischen Gruppen der deutschen Widerstandsbewegung in den Antifablocks unter kommunistische Kontrolle zu bringen«.[13] Das ist eine einseitig antikommunistische Sicht; aber diese taktische Funktion von »Antifaschismus« als Chiffre hat es zweifellos gegeben[14], und mit dieser historischen Belastung des Begriffes muß man auch heute rechnen. Dennoch lassen neuere Forschungen keinen Zweifel daran, daß 1945 »Antifa«-Initiativen als lokale Basisbewegungen, die spontan aus gemeinsamen Leidenserfahrungen der NS-Zeit hervorgegangen sind, tatsächlich existiert haben, wenn auch historisch äußerst schwer zu rekonstruieren ist, inwieweit man hier eine durchsetzungsfähige Alternative zu dem realen Gang der Dinge sehen kann.[15] Auch hier kann die historische Analyse keine dogmatische Bestimmung liefern, sondern nur einmal mehr verdeutlichen, daß die Entscheidung für den Begriff »Antifaschismus« und dessen inhaltliche Füllung eine praktische Aufgabe der Gegenwart bleibt.

Was kann die Geschichtsdidaktik beitragen?

Auch die *Geschichtsdidaktik* hat zum Thema »Antifaschistische Jugendarbeit« keinen gesicherten Forschungsstand zu bieten, und es ist auch fraglich, ob es ihn prinzipiell je geben kann. Das dokumentierte sich einmal mehr auf der Tagung der bundesdeutschen Konferenz für Geschichtsdidaktik in Berlin (1979), die unter dem Thema »Historisches Bewußtsein und Identität – Der Nationalsozialismus in öffentlichen Medien und im Unterricht« stand. Projekte »antifaschistischen« Unterrichts wurden vorgeführt und lösten heftige Wortgefechte aus; forderte der eine, der Faschismus müsse im Unterricht so behandelt werden, daß er »weh tut«, so erblickte der andere darin eine Vergewaltigung der Schüler von einer Art, die selber etwas »Faschistisches« an sich habe; zeigte sich der eine »erschüttert« über das Bestreben, antifaschistischen Unterricht so zu gestalten, daß er »Spaß macht«, so entgegnete der andere, Antifaschismus dürfe nicht nur, sondern müsse sogar Spaß machen. Im Publikum war gelegentlich im Flüsterton die Frage zu vernehmen: »Was ist eigentlich Antifaschismus?« Aber diese Gretchenfrage wurde auf dem Podium nicht einmal andiskutiert.[16]

Im großen und ganzen neigt die Geschichtsdidaktik aus leidvoller Erfahrung in der letzten Zeit dazu, die Begrenztheit der Möglichkeiten des Schulunterrichts bei der Vermittlung von Geschichtsbewußtsein und einem hiervon geleiteten politischen Verhalten hervorzuheben und demgegenüber die Bedeutung außerschulischer Medien und Sozialisationsprozesse zu betonen.[17] Der häufig an den »Holocaust«-Schock und auch an die deprimierenden Umfrage-Ergebnisse Boßmanns über die NS-Kenntnisse der Schüler[18] geknüpfte Vorwurf an die Historiker, sie hätten es versäumt, Schüler und Öffentlichkeit über den Nazismus aufzuklären, kann die Angegriffenen leicht aus der Fassung bringen: In Wirklichkeit enthält die »Holocaust«-Serie nichts, was nicht die Historie schon seit langem, selbst in populärer Form, publik gemacht hätte, und die NS-Zeit wird allem Anschein nach in vielen Schulen ausführlich, manchmal vielleicht sogar zu ausführlich behandelt – aber es ist eben nicht der Geschichtsunterricht mit seinen wenigen Wochenstunden, der das Bewußtsein der Schüler verwaltet.

Spätestens seit der beispiellosen Wirkung der »Holocaust«-Serie liegt der Gedanke gleichsam auf der Straße, daß eine wirksame Aufklärung über den Nazismus Identifikationsmöglichkeiten enthalten müsse. Das steht in einer gewissen Spannung zu dem bis dahin unter geschichtsdidaktischen Neuerern vorherrschenden Trend, den Unterricht weg von Personengeschichten und hin zu einem notfalls abstrakten Strukturwissen zu orientieren – einem Trend, der seinen Ausgang seinerzeit von der Untersuchung Friedeburg/Hübner[19] nahm, die im personalistischen Geschichtsbild die Wurzel eines apolitisch-autoritären Bewußtseins erkannte. Die Forderung nach Strukturgeschichte entsprach neuen Tendenzen der Geschichtswissenschaft ebenso wie der Lerntheorie[20] (deren als Lernziel gesetzte »Strukturen« freilich nicht unbedingt durch historische »Strukturen« erfüllt wurden).

Bei alledem konnte man aber doch nicht ernsthaft glauben, daß man den Schülern eine abstrakte Historie ohne Menschen vorsetzen dürfe. Dennoch hat die Geschichtsdidaktik bis heute unverkennbare Schwierigkeiten mit dem Stichwort »Identität«[21]; es ist nicht einfach, aus der Einsicht in die Notwendigkeit, die Vermittlung historischen Wissens zu Identifikationsprozessen der Schüler in Beziehung zu setzen, im Rahmen des schulischen Geschichtsunterrichts praktische Konsequenzen zu ziehen. Die Schulstube ist eben gemeinhin nicht der Ort, wo Jugendliche ihre eigenen Identifikationsprozesse offenlegen; meist sind sie nur sehr schwer dazu zu bewegen, im Unterricht »sich selbst einzubringen« – und

selbst wenn sie dies einmal tun, so hindert doch die Lehrplangebundenheit des Unterrichts nur zu oft daran, solche Impulse aufzunehmen. Man kann wohl sagen, daß die Haupttendenzen der neueren »curricularen« Didaktik zumindest in der Art und Weise, wie sie in der Praxis der Lehrerausbildung durchschlagen – in jenem übermäßigen Wichtignehmen des Lehrplans und der Ableitung von Lernzielpyramiden –, einem Unterrichtsstil nicht förderlich sind, der sensibel die tatsächlichen – ungeplanten – Vorgänge bei den Schülern während des Unterrichts verfolgt und unerwartete Gelegenheiten beim Schopf zu packen versteht. Eben auf derartige Fähigkeiten kommt es jedoch bei antifaschistischer Jugendarbeit ganz entscheidend an; auf viele Fragen läßt sich keine generelle, sondern nur eine situationsgebundene Antwort geben (z. B. auch auf die oft gestellte Frage, wieweit solche Jugendarbeit das Ziel haben kann, Erschütterung über die Unmenschlichkeit der NS-Verbrechen hervorzurufen).
Auf der erwähnten Tagung der Konferenz für Geschichtsdidaktik wurde, merkwürdig genug und dennoch aus dem eben Gesagten zu erklären, das Oberthema »Historisches Bewußtsein und Identität« fast überhaupt nicht aufgenommen, obwohl es Gelegenheit genug dazu gegeben hätte. In der Tat kann kaum ein Zweifel daran bestehen, daß antifaschistische Jugendarbeit wesentlich bei Lebenssituationen und Identifikationsprozessen der Jugendlichen anzusetzen hat[22] – wie übrigens die historisch-politische Bildung überhaupt. Die »Lebenssituationen« sind denn auch oft genug verbal beschworen worden, nicht selten jedoch ist der Unterricht zugleich noch lebensferner geworden. Aber eben dieses offenkundige Defizit der Schuldidaktik könnte der außerschulischen Jugendarbeit ein Bewußtsein ihrer eigenen besonderen Möglichkeiten geben: Hier kommen Jugendliche zwanglos zusammen; hier sind persönliche Gespräche möglich, wie es sie im Schulunterricht nur selten gibt; hier fehlt der Druck von Lehrplan, Lernziel und Stoffpensum, von Klausuren, Zensuren und Punktsystemen. Lebensgeschichte und Lebenssituationen der Jugendlichen, die die schulische Geschichtsdidaktik so gerne in ihre Konzepte einbeziehen würde, ohne doch so recht Rat zu wissen, wie dies innerhalb der Schulmauern geschehen soll, könnten vielleicht am ehesten unter Bedingungen der außerschulischen Jugendarbeit konkrete Gestalt gewinnen.

»Oral History«, »Geschichte des Alltags« und neue *Lokalhistorie:* alle diese drei neuen Stile von Historie stehen in einem inneren Zusammenhang. Sie sind von einem Bedürfnis getragen, Geschichte konkreter, menschenähnlicher, hautnäher zu haben und sie nicht nur gesellschaftsbezogen, sondern auch gesellig zu machen. Dieses dahinterstehende Bedürfnis ist freilich deutlicher als die innere Struktur und Ergiebigkeit dieser Forschungsrichtungen. Wenn sogar ihr führender Anwalt innerhalb der bundesdeutschen Historikerschaft, Lutz Niethammer, in der Einleitung des ersten deutschsprachigen Sammelbandes über »Oral History« bemerkt, es handele sich bei »Alltagsgeschichte und Subjektivität« um »Residualkategorien«, »die zunächst einmal nur das Positive an sich haben, daß sie alles offen lassen«[23], so ist eine gewisse Ironie nicht zu überhören, ähnlich wie wenn er sich an anderer Stelle mokiert, Alltagsgeschichte könne »leicht zu einer Gleichung mit zwei Unbekannten werden: Einstieg über einen undurchschauten Alltag von heute, Ausflippen über einen letztlich nicht rekonstruierbaren Alltag von gestern«.[24] »Oral History« und »Alltagsgeschichte« werden als eigenständige, aus sich selbst heraus lebende Forschungsrichtungen innerhalb der Geschichtswissenschaft schwerlich eine Chance haben: Mündliche Berichte sind für die Forschung im allgemeinen nur als Hilfe und Ergänzung bei der Arbeit an schriftlichen Quellen zu gebrauchen; »Alltag« gewinnt, wie schon von Niethammer angedeutet, seine Konturen erst als ein von der bisherigen, sich an gehobenen Instanzen entlanghangelnden Geschichtsforschung unerfaßter Restbereich. Die verallgemeinerbaren und druckreifen Ergebnisse dieser Forschungsrichtungen wirken bisher nicht allzu eindrucksvoll, ausgenommen vielleicht in einem relativ handfesten Spezialbereich der Alltagshistorie wie der Geschichte des Wohnens.[25] Der Forschungsprozeß selbst mitsamt den Erfahrungen, die man dabei macht (auch Erfahrungen mit sich selbst), ist in diesen Bereichen der Historie vermutlich wertvoller als die am Ende erbrachten wissenschaftsfähigen Ergebnisse. Aber eben dies könnte solche Zugänge zur Geschichte für die Jugendarbeit reizvoll machen. Daß die Ergebnisse nur begrenzt verallgemeinerbar sind, heißt nicht unbedingt, daß sie unwichtig sein müssen: Sie können hier und

jetzt sehr wohl ihren Wert haben. Überhaupt läßt sich sagen, daß die wichtigsten Einsichten im Leben – wie man in bestimmten Situationen überlebt, Krisen bewältigt, sich selbst behauptet – häufig situationsabhängig und kaum in schlagenden verallgemeinerbaren Sätzen zu formulieren sind. Die begrenzte Gültigkeit einer Erkenntnis qualifiziert diese im Lichte historischer Erfahrungen geradezu zum Wesen der ganz konkreten, für die Praxis brauchbaren Erfahrung. Diese Einsicht könnte dazu beitragen, eigene Erfahrungen mit antifaschistischer Jugendarbeit wichtig zu nehmen, auch wenn sie neben der ungeheuren Literatur zum Thema Faschismus/Nationalsozialismus unansehnlich wirken.

Was nun den lokalhistorischen Zugang betrifft, so besitzt er innerhalb der Historie schon erhebliche wissenschaftliche Meriten; in vielen Bereichen der Geschichte kann die sozialhistorische Forschung sogar nur durch Lokalstudien vorankommen.[26] Für den faschistischen Führerstaat gilt dies gewiß nicht in gleichem Maße wie für das grundherrschaftliche Europa des Mittelalters, und gewiß wäre es hier ein kapitaler Fehler, lokale Vorgänge nur aus sich selbst heraus begreifen zu wollen; dennoch ist mittlerweile vielfach erwiesen, daß es die zentralen Instanzen des NS-Regimes nur unzulänglich vermochten, die Gesamtheit sozio-ökonomischer Prozesse zu organisieren. Auch hier hat die lokale Forschung eine neue Qualität des wissenschaftlichen Zugangs gebracht, wenn auch wie üblich die Synthesen und theoretischen Auswertungen der Lokalstudien auf sich warten lassen. Ich kann Eike Hennig nicht zustimmen, wenn er die »meisten« Lokalstudien – mit dem »Klassiker« W. Sh. Allen an der Spitze – als »methodisch und theoretisch ... unergiebig« abtut, wenn auch – zugegeben – der theoretische Wert solcher Untersuchungen häufig nur unvollkommen hervorgekehrt wird. Allens Studie über »Thalburg«[27] war 1966, als sie auf deutsch erschien, durchaus geeignet, der Diskussion um die gesellschaftlichen Zusammenhänge des NS-Aufstiegs neue Impulse zu geben; die zur gleichen Zeit im »Argument« begonnene, an Hochschulen vielbeachtete Diskussion über den Primat der Politik bzw. Ökonomie im Faschismus[28] wirkt daneben in ihrer Fragestellung eher unergiebig (»Politik« und »Ökonomie« sind keine Größen, die sich gegeneinander ausspielen lassen!). Kaum irgendwo anders war bis dahin das ambivalente Verhältnis der NS-Bewegung zur bürgerlichen

Gesellschaft so scharf konturiert worden wie bei Allen: Einerseits profiliert sich die NSDAP als »antimarxistische« Speerspitze des beunruhigten Bürgertums (und nicht etwa als Partei der Arbeitslosen), andererseits bricht sie nach ihrer Machtergreifung mit der Zerschlagung der Vereine das Rückgrat der bis dahin bestehenden kleinbürgerlichen Gesellschaft. Die Trennscheide zwischen Bürger und Arbeiter stellt sich in den Kommunikationssystemen der Kleinstadt viel schärfer dar, als man der Sozialstatistik des Reiches oder den parteipolitischen Koalitionen im Reichstag entnehmen könnte. Die Sozialdemokratie erscheint auf lokaler Ebene kämpferischer als auf Reichsebene und läßt die kampflose Kapitulation der Spitze um so fragwürdiger erscheinen; aber auch auf seiten der NSDAP wird deutlich, wie wichtig ihre enorme lokale Aktivität für ihr Durchsetzungsvermögen war. Wenn das Wesen und der historische Hintergrund des Nazismus nur auf überregionaler Ebene zu klären sind, so kann doch die Klärung der immer noch nicht befriedigend beantworteten Schlüsselfrage, wie es ab 1929 zu einem derart sprunghaften Anwachsen der NS-Anhängerschaft gekommen ist, zu einem Teil nur auf lokaler Ebene vorankommen. In der Kleinstadt erkennt man manchmal am besten, was es bedeutete, daß der Militarismus seit der Bismarckzeit geradezu zur Ersatzreligion geworden war. Es ist durchaus vorstellbar, daß lokale Erkundungen und Augenzeugen-Befragungen, wie sie im Rahmen der Jugendarbeit möglich sind, hier noch Entdekkungen machen.

Eine Einordnung und richtige Einschätzung der Funde in der eigenen Umgebung ist allerdings ohne allgemein-historische Kenntnisse nicht möglich; man wird auch damit rechnen müssen, daß die Jugendlichen selbst sich nicht mit Lokalhistorie zufriedengeben, sondern nach allgemeineren Ursachen und größeren Zusammenhängen fragen.[29] Der besondere Reiz, den die Lokalhistorie eben in ihrer Mikrostruktur für den mit allgemeiner Geschichte bereits übersättigten Historiker besitzt, ist für Jugendliche schwerlich nachvollziehbar; oft werden Jugendliche die Entdeckungen, die sie machen, überhaupt erst bei gewissen historischen Vorkenntnissen als solche wahrnehmen. Auch die Alltagshistorie – man bedenke ihre Genese als Residualkategorie! – bekommt ihren Reiz erst dann, wenn man über die »große Politik« bereits einiges weiß.

»Alternative Stadtrundfahrten« aus der Sicht von Erfahrungen mit historischen Exkursionen

Exkursionen[30] eröffnen eine breite Palette von Möglichkeiten, die räumlich angewurzelten Veranstaltungen versperrt sind: Möglichkeiten des Entdeckens und Herumstreifens auf eigene Faust, Erfahrungen von Neugier und Überraschung, ästhetische und atmosphärische Eindrücke, kommunikative und soziale Erlebnisse. Dennoch werden – wohl aus einer durch Angst vor dem Chaos hervorgerufenen Zwanghaftigkeit oder auch aus einem gewissen Übereifer der Exkursionsleiter – diese Möglichkeiten meist viel zu wenig genutzt, und so enthalten Exkursionen oftmals nur noch in potenzierter Form alles Elend des normalen Schulunterrichts: Unter ewigem Zeitdruck wird ein fixes und überladenes Programm absolviert, dessen Punkte oberflächlich abgehaspelt werden; die Teilnehmer müssen viel herumstehen und schlaff und passiv endlose Monologe über sich ergehen lassen.
Die gleichen Mißlichkeiten tauchen bei den hier vorgestellten »alternativen Stadtrundfahrten« auf, die in Methode und Sozialform vielfach doch noch nicht die Alternative zum üblichen Tourismus bzw. zur »Bildungsreise« gefunden haben. Das wurde in den obigen Beiträgen bereits zum Ausdruck gebracht, und dem ist wenig hinzuzufügen.
Nun ist diese Problematik freilich allein auf methodischer Ebene nicht zu lösen: Erst bei entsprechenden inhaltlichen Zielsetzungen wird eine Eigenaktivität der Teilnehmer, ein »entdeckendes Lernen« möglich.[31] »NS-Herrschaft und antifaschistischer Widerstand« erscheint als Leitthema für Stadterkundungen im allgemeinen zu eingeschränkt: Außerhalb der Archive gibt es dazu in der Regel zu wenig zu entdecken; auch die seit einiger Zeit hier und da beliebten Versuche, aus der Architektur der NS-Zeit faschistische Strukturen herauszulesen, geraten leicht etwas künstlich und gewaltsam, zumal die Architektur nach 1945 im großen und ganzen nicht eben humaner geworden ist. Die Thematik sollte daher breiter angelegt werden; denkbar wären etwa Erkundungen zur Sozialgeschichte einer Stadt seit Beginn der Industrialisierung. Bei einer solchen Thematik können Jugendliche nach entsprechender Anleitung auf Schritt und Tritt Entdeckungen machen: über die Wohnbereiche und Haustypen verschiedener sozialer Schichten; auch über das soziale Absin-

ken bestimmter Stadtregionen; über die Auswirkungen der Kriegszerstörungen, Sanierungen und Straßendurchbrüche. Auf diesem Hintergrund erscheint überhaupt erst eine sozialhistorisch fundierte Auseinandersetzung mit der NS-Zeit möglich: Man kann etwa in alten Zeitungen die Wahlergebnisse von 1930–33 in den einzelnen Stadtbezirken nachschlagen und sich von dort aus ein Bild zu machen versuchen, welche sozialen Schichten hinter den verschiedenen Parteien standen; oder man kann ermitteln, welche Bevölkerungsteile in besonderem Maße von den Kriegszerstörungen betroffen wurden.

Das inhaltliche Grundproblem aller Besichtigungen historischer Stätten besteht darin, daß es einerseits darauf ankommt, in den hierbei zu erarbeitenden Themen soweit wie möglich vom Sichtbaren auszugehen – sonst wird ein wesentlicher Sinn solcher Veranstaltungen verfehlt –, daß man es jedoch andererseits vermeiden muß, eine Illusion von historischer Anschauung und eine Verwechslung von historischen Stätten mit der Geschichte selbst hervorzurufen. Dieses Problem stellt sich auch bei der Besichtigung von KZ-Gedenkstätten; es ist nicht leicht zu sagen, wieweit die Eindrücke, die der Besucher heute dort hat, mit der einstigen Realität des Konzentrationslagers etwas zu tun haben. Man sollte diese Diskrepanz zwischen heutigen Anschauungsmöglichkeiten und historischer Realität den Jugendlichen gegenüber keineswegs zu überspielen suchen, sondern ihnen die Illusion unmittelbarer Anschauung unter Umständen sogar ausdrücklich zerstören: Das Beste, was historische Exkursionen in kognitiver Hinsicht bewirken können, besteht eben darin, Jugendliche sowohl die Faszination wie auch die Schwierigkeit einer realitätsnahen sinnlichen Anschauung von Geschichte erfahren zu lassen. Nur dann erscheint Geschichte am Ende nicht als ein konsumierbares Gut, sondern als ein über kritische Fragen und Weiterentwicklung des eigenen Vorstellungsvermögens zu rekonstruierender Prozeß.

Anmerkungen

(1) L. Niethammer (Hrsg.), Lebenserfahrung und kollektives Gedächtnis. Die Praxis der »Oral History«, Frankfurt 1980.

(2) J. Reulecke/W. Weber (Hrsg.), Fabrik, Familie, Feierabend. Beiträge zur Sozialgeschichte des Alltags im Industriezeitalter,

Wuppertal 1978; G. Huck (Hrsg.), Sozialgeschichte der Freizeit, Wuppertal 1980; beide Bände waren Anerkennungsgeschenke bei den Schülerwettbewerben Deutsche Geschichte 1977 und 1979.

(3) Hamburg 1976; einen Überblick über den Forschungsstand geben H.-U. Thamer/W. Wippermann, Faschistische und neofaschistische Bewegungen, Darmstadt 1977, mit einem abschließenden »Versuch einer Typologie der Faschismen«. Für einen kurz zusammengefaßten Vergleich des deutschen und italienischen Faschismus s. B. Hey/J. Radkau, Nationalsozialismus und Faschismus, Neuausgabe Stuttgart 1979 (Polit. Weltkunde II für das 11.–13. Schuljahr), S. 126ff.

(4) »Frankfurter Allgemeine Zeitung« 31. 3. 1980, S. 23.

(5) E. Nolte, Der Faschismus in seiner Epoche, München 1963; vgl. auch ders. (Hrsg.), Theorien über den Faschismus, Köln/Berlin 1967; ders., Die faschistischen Bewegungen, München 1966 (dtv 4004).

(6) F. Fischer, Bündnis der Eliten. Zur Kontinuität der Machtstrukturen in Deutschland 1871–1945, Düsseldorf 1979, S. 95.

(7) »Der Spiegel« 6. 10. 1980, S. 46ff.; R. De Felice, Der Faschismus – ein Interview, Stuttgart 1977, S. 94.

(8) L. Niethammer, Angepaßter Faschismus. Politische Praxis der NPD, Frankfurt 1969, S. 272.

(9) Vgl. Clara Zetkin auf der Komintern-Konferenz von 1923: Der Faschismus komme »als Strafe« dafür, daß das Proletariat nicht die Revolution weitergetrieben habe (Nolte, Theorien über den Faschismus, S. 88).

(10) Vgl. das Schlußreferat Jörn Rüsens auf dem Berliner Geschichtsdidaktikertag 1979: J. Radkau, »Historisches Bewußtsein und Identität«, in: Geschichtsdidaktik, Jg. 5/1980, H. 1, S. 93.

(11) Ph. W. Fabry, Mutmaßungen über Hitler. Urteile von Zeitgenossen, Düsseldorf 1969; Fabry sucht allerdings die Fehleinschätzungen des Nazismus wie Stilblüten zusammen und übertreibt daher die Unvorhersehbarkeit der vom Nazismus herbeigeführten Katastrophe.

(12) Die Abwehrhaltung gegen Gastarbeiter kann man als solche nicht, wie es häufig geschieht, mit dem Antisemitismus gleichsetzen: entscheidend für den letzteren war vielmehr, daß er sich nicht nur gegen »dreckige«, aus dem Osten eingewanderte Juden richtete, sondern zugleich gegen das reiche Finanzjudentum, das man für den Herrscher der Welt hielt und von dessen Sturz man daher eine Veränderung der gesamten Welt erhoffen konnte.

(13) E. Bayer, Wörterbuch zur Geschichte, Stuttgart[2] 1965, S. 136.

(14) So in der »Einheitsfront«-Politik der Komintern ab 1934: H. Duhnke. Die KPD von 1933 bis 1945; Köln 1972, S. 150ff.; auch 1945 gegenüber den Amerikanern: Emil Carlebach in: Chr. Kleßmann/F. Pingel (Hrsg.), Gegner des Nationalsozialismus. Wissenschaftler und Widerstandskämpfer auf der Suche nach historischer Wirklichkeit, Frankfurt 1980, S. 61.

(15) L. Niethammer/U. Borsdorf/P. Brandt (Hrsg.), Arbeiterinitiative 1945. Antifaschistische Ausschüsse und Reorganisation der Arbeiterbewegung in Deutschland, Wuppertal 1976.

(16) Vgl. den von mir verfaßten Tagungsbericht in: Geschichtsdidaktik, Jg. 5/1980, H. 1 S. 90ff.

(17) So auf der Osnabrücker Geschichtsdidaktik-Tagung von 1977; hierüber W. van Kampen/H. G. Kirchhoff (Hrsg.), Geschichte in der Öffentlichkeit, Stuttgart 1979.

(18) D. Boßmann (Hrsg.), »Was ich über Adolf Hitler gehört habe ...«, Frankfurt 1977 (Fischer-TB 1935).

(19) L. v. Friedeburg/P. Hübner, Das Geschichtsbild der Jugend, München 1962, 2. Aufl. 1970.

(20) J. Rohlfes, Umrisse einer Didaktik der Geschichte, Göttingen, 3. Aufl. 1974, S. 25ff.

(21) Vgl. die Historiker-Beiträge in: O. Marquardt/K. Stierle (Hrsg.), Identität, München 1979, und den Artikel Klaus Bergmanns zum Stichwort »Identität« in: Bergmann/Kuhn/Rüsen/Schneider (Hrsg.), Handbuch der Geschichtsdidaktik, Bd. 1, Düsseldorf 1979, S. 46ff.

(22) F. Pingel, Nationalsozialismus im Geschichtsunterricht – neue Perspektiven seit »Holocaust«?, in: Geschichtsdidaktik Jg. 4/1979, S. 308; Rechtsextremismus unter Jugendlichen – Möglichkeiten antifaschistischer Jugendarbeit, hrsg. von der Ev. Jugendakademie Radevormwald 1980, S. 30; J. Radkau, NS-Historie und Schülersituationen. Zu möglichen Fehlerquellen bei der Behandlung des Nationalsozialismus im Unterricht und zur Realisierbarkeit curricularer Ambitionen, in: M. Bosch (Hrsg.), Antisemitismus, Nationalsozialismus und Neonazismus, Düsseldorf 1979, S. 107ff.

(23) L. Niethammer, Lebenserfahrung und kollektives Gedächtnis, S. 10.

(24) Ders., Anmerkungen zur Alltagsgeschichte, in: Geschichtsdidaktik Jg. 5/1980, S. 239. Zum geschichtsdidaktischen Reflexionsstand vgl. die Artikel über »Alltag« und »Alltagsbewußtsein« im Handbuch der Geschichtsdidaktik (Anm. 21).

(25) Vgl. L. Niethammer (Hrsg.), Wohnen im Wandel. Beiträge zur Geschichte des Alltags in der bürgerlichen Gesellschaft, Wuppertal 1979; J. Burnett, A Social History of Housing 1815–1970, London 1978.

(26) Das betont für die neuere Sozialhistorie selbst Eric J. Hobsbawm, obwohl er sich kurz vorher mokiert, manche Tendenzen führten dahin, »aus der Stadtgeschichte einen großen Behälter mit schlecht definiertem, heterogenem und manchmal undurchsichtigem Inhalt zu machen«: in H.-U. Wehler (Hrsg.), Geschichte und Soziologie, Köln 1972, S. 343. Eines der besten neueren Beispiele für einen modernen Typ von Stadtgeschichte ist das Buch von David Crew, Bochum – Sozialgeschichte einer Industriestadt 1860 – 1914, Frankfurt (Ullstein-TB) 1980.

(27) W. Sh. Allen, »Das haben wir nicht gewollt!« Die nationalsozialistische Machtergreifung in einer Kleinstadt 1930 bis 1935, Gütersloh 1966.

(28) Das Argument, Hefte 41 (Dezember 1966) und 47 (Juli 1968).

(29) J. Radkau, Erfahrungen aus Unterrichtsprojekten »Kriegsalltag am Heimatort 1939 – 1945«: lokalhistorische Ansätze zu einer elementaren Friedenserziehung in Unterklassen, in: Geschichte in

Wissenschaft und Unterricht, Jg. 29/1978, bes. S. 829.
(30) Die bisher einzige ausführliche Untersuchung zur historischen Exkursion ist das Buch meines Kollegen Bernd Hey, mit dem ich seit sieben Jahres gemeinsame Exkursionen unternehme: Die historische Exkursion, Stuttgart 1978.
(31) Zum »entdeckenden Lernen« vgl. den Artikel K. Filsers im Handbuch der Geschichtsdidaktik, Bd. 2; J. Radkau, Bedingungen und Tragweite experimentellen und entdeckenden Lernens für den Geschichtsunterricht – 30 Thesen, in: W. Fürnrohr (Hrsg.), Geschichtsdidaktik und Curriculumentwicklung I, München 1974, S. 115–134.

Benno Hafeneger/Gerhard Paul

Die Auseinandersetzung mit dem Faschismus als Aufgabe der Jugendarbeit

Die folgenden Thesen sind Reflexionshilfen für die Auseinandersetzung mit Themenbereichen des »Faschismus/Neofaschismus«. In der schulischen und außerschulischen politischen Bildung hat sich gezeigt, daß mehr »aufklärender Sozialkundeunterricht« und »verordnete Trauerarbeit« Jugendliche kaum erreicht und historisches Bewußtsein nicht über die Vermittlung von »Stoff« erreicht werden kann. Politisch-pädagogische Strategien, die Anfälligkeiten für autoritäre und (neo)faschistische Ideologien, Verhaltensweisen und Organisationen verhindern und bekämpfen wollen, müssen sich immer auch auf die »Ganzheit« der Jugendlichen, ihre jeweilige Lebenssituation, ihre aktuellen Krisen und Hoffnungen beziehen und attraktive Gegenwelten anbieten.

1. These: *Die Entwicklung im rechtsradikalen Lager ist gekennzeichnet durch Verjüngung, Militanz und zunehmende Anhängerschaft.*

Nach offiziellen Angaben entwickelt sich seit 1974 eine wachsende Anhängerschaft kleiner, überwiegend militanter neonazistischer Gruppen ohne feste Organisationsstruktur. Die Gruppen haben keine geschlossene Ideologie, sind untereinander zerstritten und organisatorisch zersplittert.
Ende 1979 gab es in der Bundesrepublik Deutschland 69 rechtsextremistische Organisationen mit rund 17300 Mitgliedern. Für das Jahr 1980 wurde vom Bundesinnenministerium eine Mitgliederzahl von 19800 angegeben. Dabei wurde ein »harter Kern« von etwa 300 Aktivisten geschätzt, der durch besondere Militanz und Fanatismus hervortrat und sich verstärkt bemühte, konspirativ vorzugehen. Darunter waren etwa 40 Personen, die im vorausgegangenen Jahr entweder bereits wegen terroristischer Betätigung verurteilt oder von Ermittlungsverfahren nach § 129 StGB erfaßt worden waren.
Die offiziell genannten Zahlen dürften als erheblich zu niedrig angesehen werden – so schätzen z. B. die Autoren des Fea-

tures »Wotans Erben« bereits 1977 rund 10000 Jugendliche im »rechten Lager«. Die Zahl von »Ausschreitungen« und der Anteil von Gewalttaten von Rechtsextremisten sind 1980 im Vergleich zu 1979 erneut angestiegen: 1980 verübten Neonazis 104 Gewalttaten, ein Jahr zuvor waren es 97 und 1978 »nur« 52. Besonders gewalttätig und kriminell waren die 7 Sprengstoffanschläge der »Deutschen Aktionsgruppen« Manfred Roeders auf Ausländerwohnheime, der Sprengstoffanschlag auf der Münchner Theresienwiese und die Mordtaten des Lagerarbeiters Frank Schubert (VSBD) an der Schweizer Grenze. Dabei kamen insgesamt 19 Menschen ums Leben, über 200 wurden verletzt.
Das Bundesjustizministerium erstellt seit zwei Jahren ein zentrales Verzeichnis über die rechtsradikalen Schriften, derentwegen ein staatsanwaltschaftliches Ermittlungsverfahren oder ein Strafverfahren eingeleitet werden. Bis zum Sommer 1980 waren 198 Fälle erfaßt, die Tendenz ist stark ansteigend. Die Bonner Bundesprüfstelle erhielt seit Anfang 1978 bis Ende 1980 62 Anträge auf Indizierung rechtsextremer Schallplatten und Druckerzeugnisse, von denen 47 auf den Index kamen.[1]

2. These: *Von »der« Jugend und »dem« Rechtsextremismus kann nicht gesprochen werden; notwendig ist eine differenzierte Betrachtung der Jugendlichen im »rechten Lager«.*

Bei der Betrachtung der derzeitigen neofaschistischen Szene ist auffällig, daß sich das Spektrum der Gruppen in den letzten Jahren erheblich erweitert hat. Es reicht von rechtsradikalen Gruppierungen, die jeden Vorwurf der Faschismusnähe empört zurückweisen, über Organisationen, die zwar ihre Sympathie für den Nationalsozialismus oder Teile seiner Politik durchscheinen lassen, dies aber nicht offen aussprechen, bis hin zu offen militaristisch und faschistisch auftretenden Gruppen. Sie umfassen ein Spektrum von sogenannten Pfadfindergruppen, dem »Bund heimattreuer Jugend« (BHJ), der »Wiking-Jugend« (WJ), den »Jungen Nationaldemokraten« (JN), bis hin zu den paramilitärischen »Wehrsportgruppen« und zu offen neonazistischen Gruppen wie der »Aktionsfront nationaler Sozialisten« (ANS) und der »Volkssozialistischen Bewegung Deutschlands/Partei der Arbeit« (VSBD). Für jede »Stufe« der von den Organisationen systematisch

vorangetriebenen Radikalisierung Jugendlicher stehen verschiedene »Lernfelder« als »Lernangebote« bereit. Sie reichen von Zeltlagern, Sonnwendfeiern, ideologischen Schulungen, Schmierereien, Plakataktionen, Straßenagitationen, Wehrsportübungen, militärischem Drill bis hin zu Überfällen und terroristischen Gewalttaten.[2]
Die Jugendlichen in diesem politischen Spektrum müssen sowohl nach den Organisationen als auch nach ihrer Beziehung zu denselben unterschieden werden. Zwischen einem Schüler, der gelegentlich ein Hakenkreuz malt, einem Sympathisanten und einem aktiven Mitglied oder einem Funktionsträger bestehen gewichtige Unterschiede.
Mitglieder und Funktionsträger unterscheiden sich bezüglich der Zeitdauer ihrer Mitgliedschaft, vor allem aber bezüglich der Existenz oder Nicht-Existenz einer die Organisation und Mitgliedsrolle transzendierenden Perspektive, d. h. es ist ein wesentlicher Unterschied, ob jemand einer Organisation eine Woche oder zwei Jahre angehört, ob er sich – z. B. verbunden mit Beruf, Studium, Heirat – vorstellen kann, die Organisation wieder zu verlassen, oder ob er eine Rückkehr zur »bürgerlichen Existenz« strikt ausschließt und sich ganz als »politischer Soldat« begreift.
Es gilt zu unterscheiden, nach der jeweiligen Involviertheit in rechtsextremen Organisationen, dem Grad der aktiven Teilnahme an Aktionen und dem Grad der Akzeptanz, die den Normen, Ritualen, Symbolen (dem Lebensstil) dieses »Lagers« entgegengebracht wird.
Nur in vereinzelten Fällen haben sich Lehrer und Mitarbeiter in der Bildungs- und offenen Jugendarbeit unmittelbar mit in sich gefestigten, organisierten rechtsextremen Gruppen auseinanderzusetzen, immer wieder aber berichten sie von auftretenden Hakenkreuzschmierereien, Heil-Hitler-Grüßen, dem Absingen von Liedern, dem Tragen von Emblemen, von der Diffamierung von ausländischen Gruppen und von Rechtfertigungsversuchen der nationalsozialistischen Vergangenheit.[3] Solche Rechtfertigungs- und Verdrängungsversuche der nationalsozialistischen Vergangenheit und die relativ häufigen symbolischen Provokationen von Jugendlichen lassen aber nicht ohne weiteres auf ideologische Identifikationen und Bejahung entsprechender Programme schließen. Diese Artikulations- und Verhaltensweisen müssen zuerst von der aktuellen Lebenssituation her als Versuch verstanden

werden, zu provozieren, Protest zu artikulieren, kurzfristig Identität herzustellen, sich von ökonomischem und psychischem Problemdruck zu befreien und überschaubare Cliquenzusammenhänge aufzubauen.

Noch ist der Kern des jugendlichen neonazistischen Aktionsfeldes überschaubar und scheint relativ isoliert zu sein von der überwiegenden Mehrheit der Jugendlichen. Bisher fehlen empirische Untersuchungen, die den Zusammenhang dieses Feldes mit den vielfältigen jugendlichen Protestformen, ihren latenten und manifesten politischen Einstellungen herausarbeiten könnten.

Daß Information und Aufklärung über die nationalsozialistische Vergangenheit noch keineswegs durchgängige Prinzipien politischer Bildung ist – und deshalb dringend geboten –, belegen unter anderem die ernüchternden Ergebnisse der Untersuchungen von Wiesenmüller[4] und Boßmann[5] über Kenntnisse, Meinungen und Urteile westdeutscher Schüler zum Nationalsozialismus.

Eine neuere Untersuchung von Sochatzy[6] zeigt, daß Jugendliche weniger anfällig sind für Statements, die eindeutig dem nationalsozialistischen Gedankengut zuzuordnen sind oder in Verbindung mit dem Namen Hitler stehen. Aber gut ein Zehntel der befragten Schüler stimmte rechtsradikalen Parolen in starkem Maße zu, jeder vierte tat dies im überwiegenden Umfang.

»Sehr viel stärker ist die Zustimmung dort, wo konservative, rechtsextreme (auch eindeutig antidemokratische) Ansichten vertreten werden ... In erster Linie scheinen – wie unsere Ergebnisse ausweisen – Hauptschüler und Auszubildende gefährdet zu sein. Sie sind die Verlassensten, die Kleinsten, die Schwächsten und Ohnmächtigsten in dieser Gesellschaft.«

Nach der Untersuchung von Sochatzy existiert in der Bundesrepublik unter Jugendlichen ein breites Potential noch nicht rechtsradikal Entschiedener, nicht rechtsradikal Organisierter, das aber, in persönlichen und gesellschaftlichen Krisensituationen unter Handlungsdruck gesetzt, jederzeit für rechtsradikale Bewegungen mobilisierbar wäre. Die Untersuchung nennt als zentrale Gründe für das Erstarken (latenter) rechtsradikaler Orientierungen:

»Sie bieten – anders als die etablierten Parteien – etwas, was fasziniert; sehr einleuchtende Problemanalysen und -benennungen, unmittelbar verständliche und sehr einfach vorstellbare Problemlösungsrezepte für Radikalkuren – und »große« Ziele, »echte« Werte, Kameradschaft, Gemeinschaft, Handlungsmöglichkeiten, Bewährungschancen, Selbstwerterlebnisse, Identität durch Identifikation mit dem Großen und Ganzen auf höchst einfache Weise.«

Jugendlicher Neofaschismus ist somit keineswegs a priori mit ideologischen Identifikationen gleichzusetzen. Es gilt daher zu differenzieren zwischen Jugendlichen, die organisiert sind und faschistische Symbolik und Ideologien bewußt politisch zu Propagandazwecken einsetzen, und denen, für die diese zunächst nur eine psychosoziale Stabilisierungs- und Orientierungsfunktion in Ablösungs- und Identitätsfindungsprozessen haben.[7]

3. These: *Das Konzept einer antifaschistischen Jugendarbeit als kollektive Trauerarbeit allein ist nicht mehr zeitgemäß.*

Antifaschismus als kollektive Trauerarbeit ist in der Geschichte der Bundesrepublik systematisch und massenhaft eigentlich nie geleistet worden. *Trauerarbeit* – wie sie die Psychoanalyse versteht[8] – ist ein lange sich hinziehender Vorgang der Ablösung von liebgewonnenen Objekten und Zuständen, gegen den sich vielfältige Barrieren und Sperren sträuben. Trauerarbeit ist nicht das rasche, akklamatorische Sich-Lösen von diesen Zuständen und Objekten, die »abstrakte Negation«, hinter der sich die alten Erinnerungen um so lebendiger wieder durchsetzen können. »Die totale Abwehr von der Vergangenheit hindert uns ... sowohl daran, die falschen von den erinnerungswürdigen Werten und Idealen unterscheiden zu lernen, als auch ihren Zusammenhang und ihre Wirkung auf die Gegenwart erkennen zu können.«[9] Trauerarbeit ist mit Abwehrvorgängen (der Verleugnung, der Tabuisierung, der Entwirklichung, der Projektion usf.) nicht zu vereinen, deren Aufgabe es ja gerade ist, Realitätseinsichten und die damit verbundenen Schmerzen zu vermeiden. Trauerarbeit ist ein mit »Erlebnissen von Rissen und Wunden im Selbst des Trauernden« (Freud) verbundener Prozeß des Erinnerns, des Wiederholens und Durcharbeitens, der sukzessiv die Bindungen an die verlorenen Zustände und Objekte zerreißt. Die damaligen Verhaltensweisen, Gefühle und Phantasien müssen schmerzhaft wiederbelebt und erinnert werden, um sie nicht in der Gegenwart zu idealisieren. »Trauer«, so schreibt Margarete Mitscherlich, »ist ein seelischer Vorgang, in dem

ein Individuum einen Verlust mit Hilfe eines immer wiederholten, schmerzlichen Erinnerungsprozesses langsam zu ertragen und durchzuarbeiten lernt, um danach zu einer Wiederaufnahme lebendiger Beziehungen zu den Menschen und Dingen seiner Umgebung fähig zu werden.«[10]
Dieses von Mitscherlich formulierte Konzept der Trauerarbeit war und ist dort notwendig, wo in Traditionen, in Einstellungen und Haltungen Identifikationen fortbestehen. Sie ist für diejenigen notwendig, die als Täter und Mitläufer mit dem Nationalsozialismus verstrickt waren, nicht aber für diejenigen, die nur noch sehr mittelbar etwas mit ihm zu tun haben, deren aktueller Rechtsextremismus nicht einfach aus personeller Kontinuität und verdrängter Vergangenheitsaufarbeitung erklärbar ist, sondern der ein Produkt gegenwärtiger gesellschaftlicher Verhältnisse ist. Aber auch weil die Zeit des Nationalsozialismus für viele Jugendliche heute genauso weit entfernt scheint wie die napoleonischen Kriege, läßt sich dieses an Mitscherlich orientierte Konzept nicht mehr auf den Alltag der Jugendarbeit heute übertragen. Erinnern, Wiederholen, Durcharbeiten des Vergangenen muß für Jugendliche als moralische Pflichtübung erscheinen, für die aus ihrer Sicht eigentlich kein Grund besteht. Von Mitarbeitern in der Jugendarbeit werden hier mitunter Identifikationen unterstellt, die real nicht vorhanden sind, die aber die unkritische Übertragung des Konzepts der Trauerarbeit begründen. Hierauf reagieren viele Jugendliche mit Abwehrhaltungen und Blokkierungen. Antifaschistisch orientierte Jugendarbeit hat sich auf den Alltag von Jugendlichen heute zu beziehen und auf die in aktuellen Problemen begründeten rückwärts gerichteten Lösungsstrategien und Orientierungen.

4. These: *Die kognitive Dimension antifaschistischer Jugendarbeit hätte über die begriffliche Präzisierung des Faschismus in seinen ökonomischen, ideengeschichtlichen und sozialpsychologischen Aspekten hinaus auch die Aufklärung über Kontinuitäten und Verschiebungen antidemokratischen Denkens und Handelns zu umfassen.*

Die primär moralische Orientierung vieler antifaschistischer Initiativen, die meist unzulängliche wissenschaftliche Qualifikation der Träger solcher Initiativen, Planungsdruck und pragmatische Überlegungen im Blick auf das Machbare verhindern in vielen Fällen eine theoretische Vorklärung und Reflexion der Fragen, was Faschismus eigentlich war, welche begriffliche Dimensionen er umfaßte, wie die Theorien des Faschismus didaktisch und methodisch in jugendattraktive Bildungsangebote umgesetzt werden können, welche Lerneffekte eigentlich beabsichtigt sind und wie diese auf den Alltag von Jugendlichen heute bezogen werden können. So werden dann vielfach assoziativ und ekletizistisch Programmpunkte aneinandergereiht, ohne vorab über deren politischen Stellenwert und theoretische Struktur nachgedacht zu haben. Nicht nur hier erweist es sich als Problem, daß den in der Praxis der Jugendarbeit stehenden Mitarbeitern nur sehr begrenzt auch Zeit für eine qualitative Reflexion zugestanden wird, daß das administrative Interesse weniger auf die Qualität als auf die quantitative Ausbeute und das reibungslose Funktionieren von Bildungsinstitutionen gerichtet ist. Jugendarbeit und politische Bildung drohen so zum wiederholten Male Ausfallbürgen gesellschaftlich bedingter Probleme zu werden und Alibifunktion für das notwendige gesellschaftliche und staatliche Handeln zu bekommen.

Demgegenüber wäre ausgehend von einer begrifflichen Präzisierung des historischen Faschismus in Deutschland[11] politische Bildung primär auf die Gegenwart zu beziehen, wäre auf ökonomischer, politischer und sozialpsychologischer Ebene die Frage nach den fortbestehenden braunen Kontinuitätslinien »unter der dünnen Decke des Demokratischen« zu stellen und wäre deutlichzumachen, daß der Rückfall in die faschistische Barbarei strukturell immer noch möglich ist, solange das gesellschaftliche Produktions- und Reproduktionssystem fortbesteht, das einst den Faschismus hervorgebracht hatte. Zu öffnen wären der Blick und die Sensibilität auch für die Formveränderungen und Verschiebungen faschistischer und rechtsextremer Politik in der Gegenwart. Als Verschiebungsphänomene rechtsextremer Politik wären unter anderem zu diskutieren: die Ablösung des Blockwartsystems durch die Möglichkeit der computergesteuerten Überwachung des gesellschaftlichen Verkehrs, die Ersetzung von Juden als gesellschaftlichen Sündenböcken und legalen Objekten der Aggressionsabfuhr durch Ausländer, Zigeuner, Terroristen, Hausbesetzer usf., die Ablösung der expansionistischen Ideologie vom »Volk ohne Raum« durch die eher innenpolitisch gerichtete Ideologie vom »Volk ohne Energie«

und die sich damit andeutende Beherrschung des gesellschaftlichen Innenraumes, wie sie etwa Robert Jungk in seiner Vision vom »totalen Atomstaat« gezeichnet hat, oder auch die Ersetzung der Vernichtung menschlichen Lebens durch Euthanasie- und Rassenpolitik durch die potentielle Vernichtung der natürlichen menschlichen Lebensbedingungen durch neue, dem Profitmotiv folgende Produktivkräfte.
Antifaschistische Jugend- und Bildungsarbeit müßte dort, wo sie sich auf die Gegenwart bezieht, radikaler die durch Politik und Verfassungsschutzbehörden künstlich vorgegebenen Grenzziehungen zwischen den Rechtsextremisten am Rande und denen im Zentrum in Frage stellen und auch deutlicher als bisher den alltäglichen Rechtsextremismus in der Bevölkerung, wie er sich in Hilfssheriff-Allüren bei Fahndungssendungen, in der Hoffnung auf »starke Männer«, in Einstellungen zu Minoritäten usf. artikuliert, als Gefahrenpotential herausarbeiten und dort auf Veränderung zielen. Dieses hätte zu geschehen ohne Angst, bei irgendwelchen Mächten anzustoßen. Antifaschistische Jugend- und Bildungsarbeit wird ohne das Rückgrat seiner Akteure kaum möglich sein oder eben nur in den unverbindlichen Formen moralischer Pflichtübungen. Adorno ist daher zuzustimmen, wenn er schreibt:

»Politischer Unterricht«, der sich darauf konzentriert, »daß Auschwitz sich nicht wiederhole ... wäre nur möglich, wenn zumal er ohne Angst, bei irgendwelchen Mächten anzustoßen, offen mit diesem Allerwichtigsten sich beschäftigt. Damit müßte er in Soziologie sich verwandeln, also über das gesellschaftliche Kräftespiel belehren, das hinter der Oberfläche der politischen Formen seinen Ort hat. Kritisch zu behandeln wäre ... ein so respektabler Begriff wie der der Staatsraison: Indem man das Recht des Staates über das seiner Angehörigen setzt, ist das Grauen potentiell schon gesetzt.«[12]

5. These: *Die von Parteien und Gewerkschaften, Kultusministerien und Jugendverbänden wiederholt geforderte Aufklärung über die Zeit des Nationalsozialismus und des Widerstandes wäre stärker lokalhistorisch, biographisch, erfahrungs- und aktionsorientiert zu gestalten.*

Die Grenzen einer rationalen Aufklärungspädagogik sind verschiedentlich hervorgehoben worden.[13] Aufklärungsstrategien haben ihre Bedeutung insbesondere im Präventivbereich, wo es darum geht, am historischen Beispiel Gefahren rechtsextremer und faschistischer Politik zu markieren. Dabei sollten produkt- und aktionsorientierte Auseinandersetzungsformen Vorrang haben vor traditionellen Methoden der Jugendarbeit und politischen Bildung. Das Konzept der »Spurensicherung« trägt dem Rechnung. Spuren nationalsozialistischer Herrschaft und antifaschistischen Widerstandes werden – jenseits der offiziellen (Heimat-)Geschichtsschreibung und kommunaler Denkmalspflege – teils produktorientiert wie im hannoverschen antifaschistischen Stadtspiel, teils eher traditionell in der Form der Stadtrundfahrten und in lokalen Aufklärungsaktionen sowohl ideell als Erinnerung als auch materiell als Denkmalspflege, als Erhaltung vom Verfall bedrohter Stätten, »gesichert«. Gemeinsam ist all diesen Bemühungen, im eigenen geographischen Nahbereich die Ausprägungen, Formveränderungen und Kontinuitätsbezüge überregionaler Geschichte zu erkunden. Die Frage »Wie war das eigentlich bei uns?« motiviert eher, zum eigenen Forscher in Sachen nationalsozialistischer Vergangenheit zu werden, Zusammenhänge und Kontinuitäten zu entdecken, als das Rezipieren von Daten und Ereignissen. Jugendliche, vereinzelt und in Gruppen, machen sich auf zu erkunden, was ihnen in Gesprächen im Familienkreis und den Erzählungen der Lehrer vorenthalten wird. Sie werden zum eigenen Forscher und Experten in Sachen »demokratischer Heimatkunde«. Während die traditionelle Lektüre von Texten die zeitliche Entfernung heutiger Jugendlicher zur Zeit des Nationalsozialismus kaum überbrücken kann und wenig motivierend wirkt, können ehemalige Widerstandskämpfer, Verfolgte, aber auch Personen, die ihr Mitläufertum inzwischen kritisch aufgearbeitet haben, zum personellen Transmissionsriemen in die Vergangenheit werden. Gespräche mit ihnen zwingen nach unseren Erfahrungen insbesondere dann zum Nachdenken, wenn dabei über Erfahrungen und Erlebnisse einer vergleichbaren Altersgruppe, d. h. über die Behandlung von Kindern und Jugendlichen durch den NS-Staat, über Jugendliche in Lagern und im Widerstand, berichtet werden kann. In solchen Gesprächskreisen wird Geschichte plötzlich konkret, lebendig und aktuell. Sie liegt nicht einfach hinter den Jugendlichen, sondern steht ihnen in Gestalt ihres Gesprächspartners gegenüber. Dieser biographische Zugang wird sicherlich nicht die gesamte Bandbreite des nationalsozialistischen Alltags erhellen können, aber er wird anregen

und Identifikationen mit der anderen, der demokratischen Geschichte anbieten können.
Einen dritten interessanten Zugang zur Geschichte können gut vorbereitete Besuche in KZ-Gedenkstätten sein[14] oder auch längere Arbeits- und Studienaufenthalte in Gedenkstätten, wie sie die »Aktion Sühnezeichen« durchführt. Aus dem Lernort Gedenkstätte erschließt sich zwar nicht, wie immer wieder angenommen wird, die faschistische Realität der Verfolgungsmaschinerie und des Lageralltags. Der Lernort Gedenkstätte ist vielmehr ein Lernangebot und eine Lernprovokation zu weiter reichenden Fragen über die politische Realität der Bundesrepublik, des Gastlandes, in dem sich die Gedenkstätte befindet, und nicht zuletzt über sich selbst. Dies bestätigen die Erfahrungen der Mitarbeiter der »Aktion Sühnezeichen«. Eine ähnlich motivierende Wirkung können internationale Jugendaustauschmaßnahmen insbesondere mit osteuropäischen Ländern haben. Auch hier begegnet einem Vergangenheit nicht abstrakt in der Form eines Textes, sondern in der konkreten Interaktion mit den Gesprächspartnern und ihren Erinnerungen, auf die man reagieren muß.
Den deutlichsten Lerneffekt haben solche Auseinandersetzungsformen, die kollektiv ausgewertet und aufbereitet werden und auf die Erstellung eines Produkts, mag dies eine Ton-Dia-Serie sein, ein Videofilm, ein Zeitungsartikel oder gar eine kleine Ausstellung, ausgerichtet sind. In der Produktion dieser Medien organisieren sich nachträglich Erfahrungen, strukturieren sich und können anschließend Kommunikationsgegenstand im Gespräch mit Eltern, Lehrern und Freunden werden. Zudem sind diese thematischen Auseinandersetzungsformen einer lokalen »Forschergruppe«, eines Gesprächs mit Augenzeugen und eines Gedenkstättenbesuchs eingebettet in einen gemeinsamen, nicht individuellen, selbstbestimmten, nicht fremdbestimmten Lernzusammenhang: Die Jugendlichen bestimmen selbst Lerngegenstand, Lernform und Lernrhythmus. Unterschiedliche Fähigkeiten und Fertigkeiten werden gefordert und gefördert.
Auf diesem Weg können zwar Einsichten in die Ursachen und Zusammenhänge der lokalen und überregionalen NS-Geschichte angeregt werden, können auch antifaschistische Einstellungen aufgebaut und verstärkt werden. Damit Auschwitz sich nicht wiederhole, bedarf es ergänzend des sozial-emotionalen Unterbaus.

6. These: *Eine politische Jugendarbeit, die sich »antifaschistisch« versteht, muß lebensweltbezogen und bedürfnisorientiert sein.*

In der aktuellen Diskussion wird zu Recht gefordert, den »attraktiven« Angeboten »der Rechten« auf der Handlungsebene, ihren einfachen, die Komplexität reduzierenden Erklärungen und Argumentationen etwas Adäquates entgegenzusetzen, eine attraktivere, den »ganzen Menschen« einbeziehende Jugendarbeit zu praktizieren. Dabei kommt es entscheidend auf die inhaltliche Differenz der Handlungsangebote, Argumentationen und Symbole an. Die jugendbewegten Formen der Jugendarbeit – Lager und Fahrten, Sport und Spiele – sind nicht per se rechts oder links, faschistisch oder demokratisch. Es kommt einerseits auf den Gesamtzusammenhang an, in dem sie angewendet werden, und auf ihre Funktion im Gesamtspektrum einer Gruppe. Es kommt andererseits darauf an, ob mit ihnen Mündigkeit, Selbständigkeit, gegenseitige Hilfe, ein kritisch-solidarisches Verhältnis zur inneren und äußeren Natur, zum eigenen Körper und zu unseren natürlichen Lebensbedingungen erworben werden kann, oder ob sie im Dienste der Erziehung zur Abhängigkeit, zur Konkurrenz, zur romantisierenden Naturverklärung und zur Männlichkeit stehen. Gegenangebote wären vorab auf solche latenten Lernprozesse hin zu überprüfen. Mit dem einfachen Kopieren der Angebote einer rechten Jugendarbeit und rechter Politikmuster ist es nicht getan.
Der Alltag der Jugendarbeit muß stärker als bisher inhaltlich und organisatorisch so ausgerichtet werden, damit existentielle und relevante Erfahrungen und Probleme von Jugendlichen im Mittelpunkt stehen. Erst dadurch, daß den jugendlichen Problemlösungs- und Geltungsbedürfnissen Realisierungs- und Darstellungsmöglichkeiten in sozial anerkannten Zusammenhängen angeboten und die Jugendlichen in ihren vielfältigen Orientierungsfragen nicht alleine gelassen werden, läßt sich letztlich verhindern, daß sie die Identifikationen und Orientierung an »starken Männern« und Führungsfiguren suchen; erst dadurch, daß Jugendliche ihre nicht eingelösten Bedürfnisse nach Zugehörigkeit und Geborgenheit in Freundschafts- und Gruppenbeziehungen einbringen können, werden sie der Romantik und Kameraderie rechter Gemeinschaften nicht mehr bedürfen; erst dadurch, daß dem

jugendlichen Streben nach Idealen durch das praktische Erleben von Solidarität und Humanität entsprochen wird, werden sie sich der Anziehung rechtsautoritärer Ideale und Identifikationsangebote entziehen können; erst dadurch, daß ihnen durch die Vermittlung alltäglich-lebenspraktischer Hilfestellungen und Fähigkeiten die Zukunft wieder ein wenig verfügbarer erscheint, werden sich ihre Sicherheitsbedürfnisse nicht mehr an die Versprechungen demagogischer »Führer« heften müssen.

Die Entwicklung einer den »ganzen Menschen« einbeziehenden Jugendarbeit würde bedeuten, über Einzelangebote (z. B. Stadtrundfahrten), zeitlich fixierte (Friedens-Aktionswochen) und kurzzeitpädagogische Veranstaltungen (Seminare) hinaus kontinuierliche Arbeits- und Lebenszusammenhänge von Jugendlichen einzubeziehen bzw. zu entwickeln, die nachhaltig und wirksam Bewußtsein und Verhalten verändern können. Das bedeutet allerdings, gegebenenfalls eine enge thematische Auseinandersetzung zugunsten einer breiteren Lern- und Handlungsbereitschaft von Jugendlichen aufzugeben. Warum sollten sich Jugendliche – bei ihren Alltagserfahrungen und Problemen – längere Zeit mit »Faschismus/Neofaschismus« befassen? Die solidarische Bewältigung aktueller Lebenskrisen und die Entwicklung von Lebensperspektiven sind für sie vorrangiger. Solidarisches Gruppenleben und motivierende, spannende Angebote machen für Jugendliche aber auch die Auseinandersetzung mit »Faschismus/Neofaschismus« interessant und begründbar.

Dies bedeutet auch: Die *gezielte* Thematisierung des Faschismus und Neofaschismus in Form von Seminaren, Aktionswochen, Besuchen in KZ-Gedenkstätten, Ausstellungen, alternativen Stadtrundfahrten, lokalhistorischen Untersuchungen, Diskussionen mit ehemaligen KZ-Insassen und Widerstandskämpfern muß immer auch – will sie wirkungsvoll sein – die aktuelle Lebenssituation, die subjektiven Deutungen und Hoffnungen Jugendlicher mitreflektieren und darf nicht zur moralisch-verordneten Pflichterfüllung im Sinne eines nachgeholten stoffvermittelnden Geschichtsunterrichts werden.

Die Aktivitäten in der Jugendarbeit und Jugendbildung sind bisher eher präventiv ausgerichtet und haben bislang keine Dialogformen zur Auseinandersetzung mit jugendlichen Rechtsextremisten entwickelt; das machen auch die Berichte

in diesem Band deutlich. Antifaschistische Aktivitäten sind oft für die eigene Gruppe – für ihre Binnenstabilisierung, ihren Verständigungsprozeß – wichtiger als für den eigentlichen politischen Adressaten.[15]
Reale Erfahrungen von Jugendlichen, die sich an Selbstbestimmung, Bedürfnis- und Handlungsorientierung festmachen, verhindern am ehesten autoritäre und rechtsradikale Orientierungen. Von daher ist jede bedürfnis- und erfahrungsorientierte Jugendarbeit und Jugendbildung implizit immer auch antifaschistisch.
Alternative, solidarische und problemlösende Bezüge unter Jugendlichen sowie offene Gespräche und Vertrauensverhältnisse, die in eine politische Gesamtstrategie eingebunden sind, können allein langfristig ein Beitrag der Jugendarbeit sein, um solche gesellschaftlichen Verhältnisse zu schaffen, in denen jeder »Spielart« von Faschismus die psychologische und soziale Basis und politische Chance entzogen ist.

Anmerkungen

(1) Ein differenziertes Bild aus der Sicht des »informativen Verfassungsschutzes« zeichnet H. J. Schwagerl in: Gerhard Paul/Bernhard Schoßig (Hrsg.): Jugend und Neofaschismus, Provokation oder Identifikation? Köln/Frankfurt 1979. Die Organisationen und Mitgliederzahlen sind in dem jährlich vom Bundesinnenminister herausgegebenen Verfassungsschutzbericht enthalten.
(2) Die verschiedenen Gruppen werden dargestellt von K. K. Rabe/A. Meyer, Unsere Stunde, die wird kommen, Bornheim-Merten, 1979 und »deutsche jugend«, Heft 9/1979.
(3) Vgl. ausführlicher: B. Hafeneger/G. Paul, Zwischen Panik und Beschwichtigung. Über den Umgang mit dem »neuen Faschismus« in der Jugend, in: L. Böhnisch u. a., Abhauen oder Bleiben, München 1980; Peter Dudek (Hrsg.), Hakenkreuz und Judenwitz, Bensheim 1980.
(4) Gerhard Wiesenmüller: Unbewältigte Vergangenheit – überwältigte Gegenwart?, Stuttgart 1972.
(5) Dieter Boßmann (Hrsg.), Was ich über Adolf Hitler gehört habe ... Folgen eines Tabus: Auszüge aus Schüleraufsätzen von heute, Frankfurt/M. 1977.
(6) Klaus Sochatzy, Parole: rechts! Jugend wohin? Neofaschismus im Schülerurteil, Frankfurt/M. 1980.
(7) Vgl. hierzu die Beiträge von Ali Wacker und Gerhard Paul in: Paul/Schoßig (Hrsg.), Jugend und Neofaschismus, a. a. O.
(8) Vgl. hierzu Sigmund Freud, Trauer und Melancholie, in: Gesammelte Werke, Bd. 10, S. 430; Alexander und Margarete Mitscherlich, Die Unfähigkeit zu trauern, München 1967, S. 78f.

(9) Margarete Mitscherlich, Die Notwendigkeit zu trauern, in: Peter Märthesheimer/Ivo Frenzel (Hrsg.), Im Kreuzfeuer: Der Fernsehfilm »Holocaust«, Frankfurt/M. 1979, S. 209.
(10) Ebenda, S. 208.
(11) Vgl. Eike Hennig, Faschismus vor 1933 und nach 1945. Anmerkungen zu einem Kampfbegriff, in: Paul/Schoßig (Hrsg.), Jugend und Neofaschismus, a. a. O.
(12) Theodor W. Adorno, Erziehung nach Auschwitz (1966), in: ders., Erziehung zur Mündigkeit, Frankfurt/M. 1971, S. 104.
(13) Zur Kritik der »rationalistischen Aufklärungspädagogik« und der emotionalen »Opferpädagogik« vgl. Gerhard Paul, Grenzen und Möglichkeiten politischer Bildung im Kampf gegen jugendlichen Rechtsextremismus, in: Paul/Schoßig (Hrsg.), Jugend und Neofaschismus, a. a. O.; ferner den Aufsatz von Dierk Joachim, Bernd Keller, Gudrun Ullrich-Hadeler, Volker Ullrich, Antifaschistisches Lernen: Subjektbezug und Alltagserfahrung, in: »Demokratische Erziehung«, Heft 6/1980.
(14) Eine informative Übersicht über Gedenkstätten in der Bundesrepublik und der DDR liefert Falk Pingel, Erinnern oder Vergessen? Überlegungen zum Gedenken an den Widerstand und an die Opfer des Nationalsozialismus, in: aus politik und zeitgeschehen, beilage zur wochenzeitung das parlament, Heft 9–10/1981, S. 20–26; ebenso das Heft 3–4/1980 der »Informationen« des Frankfurter »Studienkreises zur Erforschung und Vermittlung der Geschichte des deutschen Widerstandes 1933–1945«.
(15) Zur Hilflosigkeit des linken Antifaschismus vgl. Peter Dudek, »Ich bin bereit, dafür in den Knast zu gehen«, in: päd. extra, Heft 7–8/1980.

Dritter Teil:
Anregungen und Hinweise

Bayerischer Jugendring

Eine Arbeitshilfe zum Thema »Nationalsozialismus im lokalen Umfeld«[1]

Wie kann man in das Thema Nationalsozialismus einsteigen?

Unser Ansatz, die persönliche Betroffenheit Jugendlicher in Sachen Nationalsozialismus aufzuspüren und uns von ihr in die inhaltliche Aneignung politischen Wissens über den Nationalsozialismus führen zu lassen, bringt mit sich, daß wir in der Einstiegsphase naheliegenden Versuchungen ausweichen. Einmal riskieren wir mit der Schock-Methode unvorbereiteter KZ-Besichtigungen oder des Vorführens grausiger Film-Dokumente erfahrungsgemäß ein Abwiegeln. Jüngere Jugendliche »machen dicht« oder befreien sich von dem psychischen Druck durch Witzeleien, älteren gibt eine »Horror-Show« wohlfeilen Anlaß zu intellektuell distanzierenden Vor-Urteilen. Zum andern sollten wir uns anstrengen, beim Auftauchen »schockierender« Äußerungen Jugendlicher (Hitler-Kult oder was immer) auf jedes moralisierende Urteil zu verzichten, eingedenk der Tatsache, daß eben solche »Berührungstabus« eine ehrliche Vergangenheitsbewältigung verhindert haben.
Ziel der Einstiegsphase muß sein, möglichst viel authentisches Material an Wissen, Meinungen, Mutmaßungen oder Emotionen, das in den Jugendlichen selbst spontan abrufbar oder über Assoziationen erschließbar ist, zu aktivieren und ungekränkt zum Ausdruck kommen zu lassen. Für die Jugendlichen ist es zudem wichtig, geklärt zu haben, wieviel sie überhaupt »wissen«, bevor sie aus der Gruppe nach draußen gehen können.
Ein möglicher Einstieg wäre also: Wir spiegeln unser Bewußtsein in Sachen Nationalsozialismus in unserer familiären Umgebung / von der Schule / vom Arbeitsplatz.

»Tischgespräch – was wir bei uns zu Hause über den Nationalsozialismus erfahren haben«

Methodische Möglichkeiten: Erstellung einer Wandzeitung/Bild-Text-Collage; Rollenspiele mit Tonband/Video-Aufzeichnung unter den Satz-Vorgaben:

– Das hätte es unter Hitler nicht gegeben ...
– Ihr wißt ja gar nicht, was wir durchgemacht haben ...
– Man konnte ja nicht ahnen, daß ...
– Immerhin haben die Nazis erreicht, daß ...
– Was hätte man denn machen sollen, wenn ... usw.

Welcher Einstieg sich auch immer findet: Wenn die Aussagen und Meinungen zum Nationalsozialismus ehrlich sind, werden sie ein Zerrbild des Dritten Reiches ergeben. Gestapo-Terror und Kraft-durch-Freude, Judenverfolgung und Autobahnbau werden aufleuchten, gleichsam wie touristische Höhepunkte einer Fahrt in die Vergangenheit; sie geben aber wenig Klarheit darüber, wie das Dritte Reich »funktioniert« hat, wie es als Alltagsrealität glaubhaft wird.
Die erfordert im Weiterführen zweierlei:
– Das im ersten Schritt vorgebrachte Material sollte in seiner ganzen Fülle, auch in seinen Widersprüchlichkeiten festgehalten werden (in Form großer Wandzeitungen).
– Unter dem Hinweis, daß das Dritte Reich immerhin 12 Jahre als Gemeinwesen funktioniert hat, sollte dann das gesammelte Material geordnet, gegliedert und in den Bezug zueinander gebracht werden, der – nach Meinung der Jugendlichen – Verständnis- und Funktionszusammenhänge des Dritten Reiches erhellt.
Methodisch kann dies beispielsweise in Form eines großen Puzzle gestaltet werden. Die einzelnen Begriffe, Satzteile, Schlagwörter werden zunächst gesammelt und dann gemeinsam mit der Gruppe zugeordnet, z. B. mit Hilfe von Begriffs- und Meinungskärtchen (zu einem Puzzle) oder als Wanddiagramm/Netzplan mit verschiedenen Farben und Beziehungspfeilen (evtl. mit Tageslicht-Schreiber).
Aus einer solchen Vor-Ordnung der Dinge und Undinge unseres NS-Fundus kann sich verblüffend schnell die bekannte, auf der Oberfläche so stimmig erscheinende NS-Alltagslogik abzeichnen. Beispiele:

»Die Wirtschaftskrise hilft Hitler zur Macht«:
Vier Millionen Arbeitslose – Hitler verspricht Arbeit und Brot – Zur Durchführung seiner »Radikalkur« braucht er diktatorische Vollmachten – Arbeitsprogramme bringen Arbeitslose von der Straße weg – Wer das kritisiert, erscheint als Gegner von Volksinteressen, denn: – Arbeit macht frei.

»Der kleine Mann wird durch die Inflation beschissen«:
Inflation – Der Mittelstand, die kleinen Händler gehen pleite und die Großen sahnen ab – »die Bonzen sollen enteignet werden« – Anti-

»kapitalistische« Nazi-Propaganda von der »Brechung der Zinsknechtschaft« – jüdische Minderheit wird traditionell mit Geld, Handel, Banken, Kaufhäuser identifiziert – Judenhetze als Aufdekkung von »Volksschädlingen«: die Juden sind unser Unglück.

»Die Hitler-Jugend als Sinnbild für den Aufbruch in eine neue Zeit«: Tradition der Jugendbewegung: Protest gegen das Bestehende, Rückzug auf Ideale gesellschaftlicher/nationaler Erneuerung – Nationalsozialismus als Antwort der Jugend gegen die Väter-Ordnungen (Bürgertum bzw. Marxismus) – NS-Jugendkult (Jugend = Träger des Schicksalskampfes, Garanten der Zukunft) attraktiv durch Angebote persönlicher Aufwertung – zäh wie Leder, hart wie Krupp-Stahl – oder sozialer Aufstiegsmöglichkeiten – und: »Die Zeltlager beim Bund Deutscher Mädel (BDM) waren das Schönste in meinem Leben«.

Die Lokalhistorische Aufdeckung des Nationalsozialismus

Das Zusammentragen und Ordnen des den Jugendlichen zugänglichen Erfahrungsschatzes über den Nationalsozialismus erschließt – wie gesagt – oberflächliche und vor allem *emotional* nachvollziehbare Sinnzusammenhänge, die offenbar einer breiten Mehrheit bedrückend oder plausibel genug waren, um Widerstand jeder Art gegen das Regime insgesamt gesehen als Randprobleme des Nationalsozialismus erscheinen zu lassen.
So muß unsere Allerweltsfrage an die ältere Generation »wieso habt Ihr da nicht durchgeblickt?« präziser in überprüfbare Bereiche unserer Neugier münden. Beispiele:

War die Terrormaschine des Nationalsozialismus tatsächlich oder vermeintlich so lückenlos, daß skeptische bis kritische Meinungen kaum geäußert, geschweige in Taten umgesetzt wurden, und jedermann »nur seine Pflicht tat«?

Erweist sich der nach dem Krieg so massenhafte »run« auf den Titel eines »Widerstandskämpfers zwischen den Zeilen« als Vernebelung der Tatsache, daß viele mit Vielem im Grunde einverstanden sein konnten, »Auschwitz natürlich ausgenommen«? Nach einer Umfrage anläßlich von »Holocaust« hält angeblich jeder Dritte den »Nationalsozialismus an sich für eine gute Sache, die bloß falsch durchgeführt wurde«.

Müssen wir daraus entnehmen, daß unser in der Regel sehr theatralisches Bild des Dritten Reiches das zeitgenössische Erleben des NS-Alltags nicht erfaßt, wo Biedersinn zu Hause war und ein Gerechtigkeitsdenken, in dem der schauerliche Satz »Wennsd' nicht parierst, kommst auf Dachau« populäre pädagogische Hausmannskost werden konnte? so:

Steht uns schließlich die Frage ins Haus, ob nicht das Gewöhnliche, das Gewohnte und d.h. auch das vom durchschnittlichen NS-Volksgenossen bewohnte Stück deutschen Daseins als der eigentliche Schauplatz des Nationalsozialismus interessieren muß: 12 Jahre deutscher Geschichte im Spiegel eines Alltags, dessen Lebensformen im großen und ganzen so natürlich erscheinen mußten wie das Weiterleben seiner bisherigen gesellschaftlichen Grundlagen vor 1933 und nach 1945.

An diesem Punkt scheint uns der *lokalhistorische Ansatz* einer Beschäftigung mit dem Nationalsozialismus in voller Breite und allen Richtungen möglich und unerläßlich:

»Wie hat sich Nationalsozialismus in der mir bekannten/vertrauten Umgebung, unserer Familie, Nachbarschaft, unserer Stadt, unserer Organisation vollzogen?«

Einmal, weil auf dieser Ebene es in unseren Fähigkeiten und Möglichkeiten als Jugendgruppe liegt, konkret Faschismusforschung zu betreiben. Zum anderen, weil wir durch die unvermeidliche emotionale Nähe des Forschungsgegenstandes zu uns selbst, zum Werden unserer eigenen Person, eine Chance sehen sowohl für ein länger anhaltendes thematisches Engagement wie auch für die selbstkritische Überprüfung jener voreiligen Selbstgewißheit, mit der Nachgeborene nun einmal »alles besser gewußt« haben dürfen/sollen.

Anregungen zur thematischen Entfaltung unserer Fragen

Der bisherigen Linie folgend halten wir eine vorschnelle Fütterung der Jugendlichen mit bereits pädagogisch aufbereitetem »Beweismaterial« (Filme, Ausstellungen) im Prinzip für ungünstig. Besser scheint es uns, die Jugendlichen bestimmten nach ihrer Neugier und in Auseinandersetzung mit ihren eigenen (Vor-)Urteilen – wozu der Gruppenleiter unter Umständen durchaus provozieren sollte – Stoßrichtung und Einkreisung ihrer Schwerpunkte. Eine – wie skizziert – aus dem subjektiven Erfahrungsschatz gewonnene Landkarte einer NS-Rechtfertigungsideologie kann eigentlich in jedem einzelnen ihrer kurzschlüssigen Erklärungsmuster Ausgangspunkt des Weiterfragens sein, also:

1. Beispiel: Wirtschaftskrise und Aufstieg der NS-Bewegung

a) Vorklärende Diskussion: Wie erleben wir als einzelne / als Bevölkerung konkret eine Wirtschaftskrise? Dazu fällt uns in der heutigen Situation sicher was ein.

b) Versuchen wir herauszufinden, wie es unserer nächsten Umgebung einmal 1925–28 und zum andern 1930–33 wirtschaftlich erging, wie das im persönlichen und wie im öffentlich-kommunalen Bereich zum Ausdruck kam:
– Wie war die Beschäftigungssituation? Was konnte man sich mit dem Lohn kaufen? Was kostete Essen, Auto etc. Was passierte bei Arbeitslosigkeit?
– Was tat sich in der Kommunalpolitik? Was konnte nicht (mehr) geleistet werden? Wohnungswesen, öffentliche Einrichtungen usw.?
– Wie standen die Parteien und Gewerkschaften da, 1926 bzw. 1932? Wem wurde was geglaubt? Was konnten sie (nicht mehr) tun?
– Was gab es damals von dem, was heute »Sozialarbeit« heißt? Was wurde für die Jugend getan?
– Wie sahen damals die »kleinen Freuden des Lebens« aus?

c) Das Bild der National-Sozialistischen Deutschen Arbeiterpartei (NSDAP):
– Wie fing das in unserer Stadt an? Was sprach die Leute an, was stieß sie ab?
– Was verbanden die Leute mit ihrem Vertrauen in die NSDAP, die doch keine Partei von Wirtschaftsexperten im herkömmlichen Sinn waren? Warum ließen sie die Kommunisten abblitzen, die doch ebenso heftig das »Weimarer System« bekämpften?
– Wie erklären die Dabeigewesenen den Bedeutungswandel der NSDAP von der politischen Randgruppe zur erfolgreichen Massenbewegung? Wer oder was hat sich gewandelt zwischen 1925–33?

2. Beispiel: Die »nationalsozialistische Volksgemeinschaft« vor Ort

a) Vorklärende Diskussion: Wen oder was würden wir als »Volk«, »Volksgemeinschaft« verstehen? Wen schließen wir ein, wen aus (Gastarbeiter)? – Volksgemeinschaft = Interessengemeinschaft.

b) Wie ging die »Nazifizierung« des öffentlichen und gesellschaftlichen Lebens in unserer Stadt, unserer Gegend vor sich?
– Wie war vor 1933 die Einstellung unserer Bevölkerung zum Staat von Weimar? Wie standen bis dahin die Nazis und die übrigen »Rechten« (deutschnationale, antirepublikanische, christliche) zueinander und wie verhielten sich diese nach 1933?
– Welche Stimmung löste in der Bevölkerung die sogenannte »Gleichschaltung« aus, wie verlief diese praktische Machtübernahme auf lokaler Ebene und wie veränderte sich dadurch der Alltag?
– Wie stand es um den Druck »von oben«, wie um die Bereitschaft »von unten«, sich in die NS-Volksgemeinschaft einzureihen: als Einzelperson, als Gruppe, als Organisation?

c) Wie vollzog sich die Praxis des »Volksgemeinschaft«-Gedankens?
– Inwiefern erschien er den Zeitgenossen in ihrer wirtschaftlichen und sozialen Situation glaubhaft und attraktiv?
– Welchen Bedürfnissen, Hoffnungen und »deutschen« Einstellungen kam er gelegen?
– Der Nationalsozialismus als alltagsumfassendes Angebot zum gesellschaftlichen Engagement (politisierend, berufsständisch, geschlechtsspezifisch, pädagogisch, gemeinnützig, gesellig, sportlich), fand diese Vereinnahmung aller Lebensbereiche mehr Zuspruch oder stieß sie auf Mißtrauen?
– Wie und woran (vielleicht auch: ab wann) wurde für jedermann, der sehen wollte, sichtbar, daß das Zusammenrücken der Volksgemeinschaft im Sinne des Nationalsozialismus konsequent ein Abrücken von Personen und gesellschaftlichen Gruppen bedeutete und früher oder später deren »Ausmerzung« als »unzuverlässige« oder »artfremde« Elemente nach sich ziehen würde?

3. Beispiel: Jugendarbeit im Dritten Reich

a) Vorklärende Diskussion: Wurzeln, Profil und Tendenzen der Jugendbewegung (bürgerliche, proletarische, religiöse, soldatisch-politische Ansätze) vor 1933. Was ist davon heute noch lebendig, was mausetot – leider! Gott sei Dank!?

b) Die Hitlerjugend (HJ) als freiwillig-unfreiwilliges Sammelbekken jugendbewegter Strömungen und politischer Träume vom »neuen Reich«.
– Wie begann es hier am Ort mit der HJ? Bildete sie sich eigenständig heraus oder wurde sie »verordnet«? Welche Art von Leuten waren dort führend, initiativ? Welche Kinder/Jugendliche fanden sich dort ein?
– Wie war das Verhältnis der anderen Jugendgruppen am Ort zur HJ? Was machte die HJ, was machten die anderen in der Praxis? War die HJ attraktiver oder eher abstoßend? Gab es Auseinandersetzungen? Wie standen die bürgerlichen/konfessionellen Jugendgruppen überhaupt »der Politik« damals gegenüber? Wurden sie hineingezogen in die z. T. tätlichen Auseinandersetzungen der politischen Gegner?

c) Die Hitlerjugend als Staatsorgan
– Welche sanften bzw. massiven Einwirkungsmöglichkeiten benutzte die örtliche HJ/Parteiführung zur Eingliederung der Jugendverbände und der unorganisierten Jugend in ihre Reihen?
– Was war für die ehemals konfessionell oder bündisch Organisierten innerhalb der HJ von ihrem eigenen Ansatz fortführbar, was überhaupt war ihnen an der HJ angenehm?
– In der HJ sein hieß damals »Dienst tun«. Wie groß war der direkte und indirekte Anteil und Einfluß des »Dienstes« im Ablauf des Alltagslebens?
– Welche materiellen und ideellen Vorteile zog man als Schüler,

Auszubildender, Minderjähriger, also als extrem Abhängiger, wenn man sich eifrig in der HJ betätigte?
– Wie wirkte sich die umfassende Vereinnahmung des Jugendlichen durch die HJ auf die Situation in Elternhaus, Schule und Betrieb aus?
– Welche Bedeutung maßen die damaligen Jugendlichen selbst der weltanschaulichen Schulung im Gesamterlebnis HJ bei?

d) Erlebnisse damaliger HJ-ler mit Jugendlichen, die aufgrund ihrer rassischen, politischen, religiösen Bindungen der Hitler-Jugend und dem Nationalsozialismus fern standen.

Diese Themenliste läßt sich in dieser Art beliebig erweitern. Die hier im Detail entfalteten Themen sind nicht zufällig ausgewählt, sondern sie sollen dazu anregen, mehr den alltäglichen als den spektakulären Nationalsozialismus zu erforschen. Was nicht heißt, außergewöhnliche Vorgänge und Vorhaben in dieser Zeit, z. B. Widerstandsaktivitäten, sollen ausgeklammert werden. Gerade der unzählige Widerstand im Alltag, der nicht in den Geschichtsbüchern steht, ist durch den Versuch, Grenzsituationen des (Zusammen-)Lebens nachfühlend zu erforschen, menschlich gesehen sicher eines der lohnendsten Themen.

Weitere Vorschläge:

– Die NS-Ideologie vom weiblichen Wesen: Wie wurden die Frauen mit der ihnen zugedachten Rolle fertig? Stimmt es, daß gerade Frauen begeisterte Hitler-Fans waren?
– Kollege Betriebszellenleiter: Wie sah die offizielle Interessenvertretung am Arbeitsplatz aus? Was lief unterschwellig an gewerkschaftlich-politischen Aktivitäten?
– Winterhilfswerk, Eintopfessen, Volkswagen: Wie lebte es sich eigentlich – materiell gesehen – im Dritten Reich?

Methodische Vorschläge

Um bei der Beschäftigung mit dem Nationalsozialismus weder der schulmeisterlichen Belehrung noch der geflügelten akademischen Aufklärung in die Fänge zu geraten, muß die Methodenfrage auf den Prüfstein erfolgreicher Jugendarbeit gelegt werden: Jugendliche betreiben in Eigeninitiative die Verfolgung ihrer Interessen. Unter diesem Gesichtspunkt sollten wir die Erfolgschancen der hier vorgeschlagenen Methode in unseren Gruppen abwägen.

1. *Die persönliche Konfrontation mit der Vergangenheit:* Die Befragung von Familienangehörigen, Bekannten und sonstigen auskunftswilligen Personen der älteren Generation in unserer Nachbarschaft und am Ort, wobei auch Funktionsträger nicht vergessen werden sollten: Ehemalige Mitglieder unserer eigenen Organisation, von Parteien, Gewerkschaften, Vereinen, pensionierte Beamte und Politiker, Geistliche, Geschäftsinhaber usw. Form und Vorgehen einer solchen Befragung sollte sich nach der jeweiligen Fragestellung gestalten. Man kann

– sich ausführlich Lebensläufe und Erinnerungen über einen längeren Zeitraum erzählen lassen,
– Interviews zu einem engeren Fragenkreis bzw. zu einzelnen historischen Ereignissen machen,
– mehrere Personen, die dieselben Ereignisse am Ort aus einem unterschiedlichen Interessensstandpunkt erlebt haben (beim Thema »Wirtschaftskrise« z. B. eine Hausfrau, einen Ladenbesitzer, einen Gewerkschafter usw.) zu einem gemeinsamen Erinnerungsaustausch einladen.

2. *Sammlung von Dokumenten der NS-Zeit:* Unter Dokumenten soll alles Material (Bild, Text, Gebrauchsgegenstände, Ablichtungen oder Fotos von typischen Objekten der NS-Zeit) verstanden werden, welches noch heute als Zeugnis dieser Zeit greifbar ist. Man kann

– eventuell noch vorhandene »Familienschätze« haben: Fotoalbum, Zeitungsausschnitte, Briefe, Tagebücher, Urkunden (Arierpässe?), Lebensmittelkarten, Todesmeldungen, amtliche Mitteilungen, Nazi-Literatur, HJ-Liederbücher;
– Verbindung mit der Zeitung am Ort aufnehmen, um in deren Archiv die damalige Berichterstattung einzusehen (fotokopieren). Ein guter Kontakt zur Lokalredaktion einer Zeitung kann auch helfen, sonst nicht mehr greifbare Informationen oder Informationsträger aufzuspüren, z. B. kennt man dort oft noch alte Kollegen, die vieles miterlebt und erfahren haben, was in der Zeitung nicht erscheinen konnte;
– bei örtlichen Vereinen, Partei- und Gewerkschaftsgliederungen nach alten Unterlagen ihres Organisationslebens fragen: Veröffentlichungen, Flugblätter, Rundschreiben, Protokolle, Plakate. Gerade am Thema »die NS-Volksgemeinschaft« wäre sehr interessant, mit Hilfe solcher Dokumente und der Unterstützung ehemaliger Mitglieder nachzuverfol-

gen, wie so manche alteingesessenen bürgerlichen Vereine »in den Sog« des Nationalsozialismus gerieten;
– kommunalpolitische Aspekte der NS-Zeit aufspüren: Was waren die großen lokalen Ereignisse jener Zeit (Stadtarchiv/Zeitungsarchiv), die sich im Bild und in den Gewohnheiten des Gemeinwesens niederschlugen? Gab es bei uns oder in der Nähe Einrichtungen oder Vorgänge, die – wie es damals hieß – »geheime Reichssache« waren (KZs und Außenlager, Psychiatrische Anstalten mit Euthanasie-Programmen, Kriegsindustrie). Gab es, und wie sah sie aus, bei uns eine jüdische Gemeinde; gibt sie es wieder? Gab es so etwas wie »typische Nazi-Viertel« in unserer Stadt? In welchen Wohngegenden entwickelte sich Widerstand, wo konnte belastendes Material versteckt und umgeschlagen werden? (In Form von Fotoreportagen; Stadtpläne mit geheimen Verbindungswegen des Widerstands kennzeichnen).

Anmerkungen zum Einsatz von Medien

Medien – darunter verstehen wir vor allem technische Mittler wie Tonband-, Film- und Videogeräte, Plattenspieler, im weiteren Sinn, aber auch alle anderen Materialien und Werkzeuge, die der Veranschaulichung von Informationen dienen – Medien also sollte man bei allen Vorteilen doch immer den Rang eines Hilfsmittels belassen. Wir sind skeptisch gegenüber einer modischen »Medien-Euphorie«, die gern dem Glauben anheim fällt, eine wirkungsvolle, weil technisch gelungene Darstellung eines Themas erleichtere automatisch dessen inhaltliche Durchdringung. Unter dem Eindruck des Mediums drohen die Inhalte, um die es eigentlich geht, in den Hintergrund zu treten zugunsten einer ästhetischen oder handwerklich-technischen Aufmerksamkeit am Medium selbst.
Diese Erfahrung nötigt uns, zwischen einem aktiven und passiven Umgang mit Medien in der praktischen Arbeit zu unterscheiden.
Aktiver Medieneinsatz wäre demnach das Einbinden technischer Ausstattung in das von der Gruppe selbstgesteuerte Erkenntnisinteresse, also Geräte-Einsatz als Gedächtnisstütze, erweiterte Wahrnehmung, differenzierte Ausdrucksmöglichkeit und unbegrenztes Festhalten und Wiederholen von

Information und Kommunikation. Solange nicht eine komplizierte und störungsanfällige Bedienung der Beschäftigung mit dem eigentlichen Thema im Weg steht (die bekannten Erfahrungen mit Video), sollte zu einem aktiven Medieneinsatz immer angeregt werden, weil

– dadurch die Aufnahmebereitschaft eines Stoffes durch die aktive Beteiligung an der thematischen Ausgestaltung gefördert wird;
– sich über ein Medium Perspektiven in ein Thema führen lassen, die allein mit sprachlicher Vermittlung nicht erreichbar sind;
– schließlich Medienfertigkeit Voraussetzung schafft zur Erschließung eigener medialer Möglichkeiten, die sich in der Handhabung eines Themas auftun: vom Fotografieren zur eigenen NS-Dokumentation, vom Tonband-Interview zur Hörbild-Produktion.

Zum *passiven Medieneinsatz* zählen wir die Vorführung von Filmen sowie den Besuch von Ausstellungen und Veranstaltungen. Die grundsätzliche Problematik des Medieneinsatzes als »Vorführung« ist wohl bekannt. Man denke nur an Untersuchungen über Fernsehgewohnheiten. Die distanzierte, dem Leben zuschauende anstatt sich aussetzende Einstellung des Medien-Konsumenten hat schon so manchen Gruppenleiter, der sich von einem Film den großen Diskussionsknüller versprach, die Verlegenheit eingebracht, nach Ende des Films mühselig ein Gespräch ankurbeln zu müssen: aufgrund der Sättigung der Zuschauer meist ein erfolgloses Unterfangen. Hier unterliegen Medien derselben Gefahr wie die sprachliche Vermittlung auch. Man kann ein Thema mit Reiz- und Informationsüberflutung bei der Zielgruppe erledigen.

Gerade bei der Beschäftigung mit dem Nationalsozialismus zögern wir, einen Einstieg über ein passives Medienerlebnis zu empfehlen, eben weil das dazu verfügbare Anschauungsmaterial so »attraktiv« (aufbereitet) ist. Unsere Bedenken seien an zwei Beispielen verdeutlicht:

Ein Original-Nazifilm besitzt zweifellos den Reiz des Ungewöhnlichen und wird schon deshalb Aufmerksamkeit erregen. Zu bedenken ist aber, daß uns die an Einstellung und Emotionen der dreißiger Jahre ausgerichtete Propaganda – z.B. NS-Wochenschauen – heute oft wegen ihres befremdenden äußeren Erscheinungsbildes absurd oder lächerlich vorkommen. Dies deshalb, weil unsere Generation ganz andere Wertvorstellungen, Bedürfnisse etc. hat. So kann möglich werden, daß den heutigen Jugendlichen der Nationalsozialismus als ein total haarsträubendes Spektakel erscheint, auf das eigentlich nur Idioten hereinfallen konnten, und so eine ernsthafte Auseinandersetzung mit dem Nationalsozialismus geradezu unterlaufen wird.

Das zweite Beispiel ist der Besuch von KZ-Gedenkstätten und dokumentarischen Ausstellungen, die sich mit dem Thema Nationalsozialismus befassen. Jugendliche begegnen dabei dem Versuch, eine gewesene Realität darzustellen. Diese Realität ist aber kaum vorstellbar, geschweige denn emotional nachvollziehbar. Bei einem unvorbereiteten Besuch machen daher die Jugendlichen eher »dicht«, weichen einer Auseinandersetzung mit dem Geschehenen aus. Konstruktive Betroffenheit kommt dann nicht zustande.

Möglich wäre allerdings, eine Gedenkstätte z. B. zusammen mit einem ehemaligen Häftling zu besichtigen. Im Vordergrund müßte dann aber die Auseinandersetzung mit den Erzählungen des Betroffenen stehen. Dies wäre aber auch nur dann sinnvoll, wenn bereits vorher Themen wie Widerstand, Konzentrationslager etc. von der Gruppe bearbeitet wurden. Nur so sind Interesse und Betroffenheit vermittelbar und werden nicht »künstlich« hervorgerufen.

Der Besuch einer KZ-Gedenkstätte oder die Besichtigung »harter« NS-Dokumente sollte also nicht zu einer »allgemeinen Einstimmung in ein ernstes Thema« mißbraucht werden. Ein solches Vorgehen muß sich aus dem thematischen Zusammenhang konsequent ergeben. Unverzichtbar ist es allemal.

Vor allem aber sollten durch KZ-Besichtigungen jene Aspekte erhellt werden, die im Schatten der gigantischen NS-Verbrechen, Krieg und Judenvernichtung etwas im dunkel geblieben sind, die aber als »Fortsetzung der Politik mit anderen Mitteln« abscheuliche Folge der so gemütvoll begonnenen »Blut-und-Boden«-Romantik waren. Wir denken hier z. B. daran:

– daß in den KZs nicht nur politische Gegner und Juden drangsaliert und vernichtet wurden, sondern daß die griffige Ideologie einer »erbgesunden, biologisch wertvollen Volksgemeinschaft« die Logik in sich schloß, letztendlich jedwede »Artfremden« – Homosexuelle, Zigeuner, psychisch Kran-

ke, zum Schluß auch Zwangsarbeiter und Kriegsgefangene aller Länder – als Unkraut zu vertilgen,
– daß das KZ-System ein gewaltiger Wirtschaftskonzern war, mit dessen Zugriffsmöglichkeiten gerade in den von »Untermenschen« bewohnten, besetzten Gebieten eine bis dahin in Kriegen nicht erlebte ökonomische Ausplünderung gewollt und möglich wurde, ohne die das NS-Gewaltsystem wesentlich früher am Ende gewesen wäre.[2]

Vertiefungsmöglichkeiten

Die Beschäftigung mit dem Nationalsozialismus wird je nach Intensität des Engagements, nach Materiallage oder auftretenden Schwierigkeiten früher oder später den Punkt erreichen, bei dem sich Fragen nach dem Erfolg bisherigen Tuns stellen, nach einer Zusammenfassung und Verallgemeinerung der gewonnenen Einsichten, auch nach den Möglichkeiten der praktischen Verwertbarkeit des Dazugelernten.
Folgende Möglichkeiten einer urteilenden und schlußfolgernden Verfestigung des neuen Wissens bieten sich unter anderem an:
(1) Eine theoretisch-abstrakt weitergeführte Beschäftigung mit den Ursachen und Bedingungen des Nationalsozialismus als historisch-gesellschaftliches Zusammentreffen einer ökonomischen Krise und eines genauer zu untersuchenden Bewußtseins. Dabei müßte allerdings in der Gruppe die Bereitschaft zur selbständigen oder gemeinsamen Beschäftigung mit weiterführender Literatur vorhanden sein.
(2) Die Zusammenstellung einer eigenen Bild-/Ton-Dokumentation aus dem gesammelten Material. Günstig wäre dabei die Konzentration auf einen Leitgedanken.
(3) Eine kreativ-gestalterische Umarbeitung dessen, was einen während der forschenden Beschäftigung bewegt hat: Fotomontagen z.B. nach dem Vorbild von John Heartfield, Ton-Montagen für ein dem Alltag des Dritten Reiches entnommenes Hörbild und ähnliches. Ob dies sinnvoll ist, hängt allerdings von der Wahrhaftigkeit ab, die einer gefühlsmäßigen Identifizierung mit angetroffenen Personen und deren Erlebnissen im Dritten Reich möglich ist.
(4) Für eine Möglichkeit scheint nun aber hier der richtige Platz zu sein, die so oft schon im Vorgriff verspielt wird: Die

kritische Sichtung und »Vereinnahmung« der künstlerischen und pädagogischen NS-Verarbeitung. Beim fortgeschrittenen Stand des Einblicks in den Nationalsozialismus können Spielfilme und Dokumentar-Streifen, Ausstellungen und Veranstaltungen wirklich guten Gewissens »konsumiert« werden, weil die Aufnahme neuer zum Teil auch abweichender NS-Eindrücke vorbereitet ist und nun bewußt gespeichert und ausgewählt wird.

(5) Dazu gehört auch die Überlegung, ob die Gruppe nicht Gedichte, Lieder und Theaterstücke zum Thema Nationalsozialismus aktivieren kann: Ein Abend mit politischen Liedern von Tucholsky bis Süverkrüp, die Einstudierung von Brechts »Furcht und Elend des Dritten Reiches« oder Max Frischs »Andorra«, wobei man vielleicht auch und gerade sich mit Literatur in dieser Form auseinandersetzen sollte, deren Anti-NS-Haltung sich durch ein genaues Nachfragen als recht zwielichtig erweisen kann wie z.B. Zuckmayers »Des Teufels General«.

(6) Zu den unverzichtbaren Formen einer inhaltlichen Vertiefung gehört natürlich auch, sich mit dem neuen Wissensstand einer Auseinandersetzung außerhalb der Gruppe zu stellen. Das kann in der eigenen Organisation beginnen. Man bietet anderen Jugendgruppen eine Abendveranstaltung oder ein Seminar zum Thema Nationalsozialismus an.

Der weitere Schritt sollte dann in die Öffentlichkeit führen:

- eine Abendveranstaltung in einem offenen Jugendheim;
- eine nach Inhalt und Zielgruppe stadtteilorientierte Informationsschau in einem Stadtteil-Zentrum;
- Podiumsdiskussion in einer Stätte der Erwachsenenbildung oder der Altenarbeit, um die »dabeigewesene Generation« zu einer Auseinandersetzung zu aktivieren, die wieder neue Detailerkenntnisse bringt;
- mit dem erarbeiteten Material auf die örtliche und überörtliche Schüler- und Jugendpresse, die Lokalredaktionen der örtlichen Zeitungen wie auch auf Jugendredakteure in Funk und Fernsehen zugehen;
- die öffentliche Auseinandersetzung mit neofaschistischen Gruppen: Eine inhaltliche Auseinandersetzung mit diesen Organisationen wird kaum möglich sein; sie schicken ihre Ideologen und eine echte Diskussion wird nicht stattfinden. Eher noch werden diese Organisationen damit aufgewertet. Sinnvoll ist aber bestimmt das Gespräch mit den jugendlichen

Anhängern. Diese sind meist keine bewußten Faschisten, eher fasziniert von Uniform und Feldkampfspielen. Auch Protestverhalten und Suche nach Geborgenheit in der Gruppe spielen eine zentrale Rolle. Auf sie zuzugehen, sie zu Gruppenabenden und Fahrten einzuladen, ist sicherlich eine gute Möglichkeit, unser Wissen praktisch umzusetzen.
Allerdings: Der Kreuzzugcharakter mancher Antinazi-Aktionen und ihrer publizistischen und juristischen Begleitmusik muß Skepsis erwecken, wenn dort mit einer plakativen »Gemeinsamkeit der Demokraten« geeifert wird, um – zwei rechts zwei links – wieder mal Randgruppen vom gesunden Volkskörper abzuzäunen. Das sollte nicht das Ergebnis unserer Beschäftigung mit dem Nationalsozialismus gewesen sein. Es sollten vielmehr uns jetzt diese »Ränder« interessieren, vielleicht entdecken wir an ihnen die Bruchstellen in unserer eigenen Immunität gegenüber der faschistischen »Lösung«. »Denn ein blinder Antifaschist« ist immer noch ein Blinder – und wie schwer es ist, Blinde aufzuhalten, mußten wir in unserer Geschichte allzuoft erfahren.[3]

Auswertung durch Aktualisierung der NS-Erfahrung

Wir erinnern an unseren Ausgangspunkt: Wir haben die Unzulänglichkeit herkömmlicher Aufklärung über den Nationalsozialismus bemängelt, anknüpfend an die alte Erkenntnis, daß die Menschen zwar nicht unter selbstgewählten Umständen, aber eben doch selbst die Geschichte vollziehen. Ohne sie brechen weder Kriege aus noch erholen sich Börsen. Wir wollten uns und die damals Handelnden ins Zentrum unserer Erforschung des Nationalsozialismus stellen, um diesen und die ihn Lebenden und Vollziehenden in ihrem gesellschaftlichen Zusammenhang zu verstehen.
Durch das genaue Hineinschauen in den NS-Alltag sollte sich erweisen, daß hier nicht schicksalhafte Verirrung oder heimtückische Manipulation zu einem »Betriebsunfall Nationalsozialismus« führten, sondern unter den gegebenen Umständen Millionen offenbar zu überzeugen waren, trotz mancher Kritik am äußeren Erscheinungsbild (SA-Schläger) den Nationalsozialismus für einen Ausweg aus der wirtschaftlichen und sozialen Not zu halten.
Es gilt, Geschehenes als Tatsache zu akzeptieren, und es

bleibt die Befürchtung, daß vielleicht wieder möglich wird:
– daß sich die Welt im Bewußtsein der Menschen offenbar so »verdreht« darstellen kann, daß eine völlig blödsinnige Krisenerklärung (»die Juden sind an allem schuld«) zur Staatsvernunft einer Krisenlösung wird,
– daß diese Lösung die – damals doch eigentlich sichtbaren – Ursachen der Wirtschafts- und Gesellschaftskrise (Weltkriegsausgang, kapitalistische Konjunkturkrisen) glatt verleugnet und zu Lasten und gegen die Interessen der arbeitenden Bevölkerung umdeutet: »Volk an den Spaten – Saustall ausmisten«.
Ja, daß diese Lösung gerade deshalb so erfolgreich ist:
– weil Millionen von Arbeitslosen nicht nur materiell, sondern offenbar auch ideologisch sich den Nachweis ihrer gesellschaftlichen Nützlichkeit von der Weisheit der Staatsorgane erwarten,
– weil diese Millionen dann im guten Glauben an den Aufbau einer neuen Gesellschaft tatsächlich und äußerst kostengünstig die Substanz der alten sanieren,
– weil ein unerschütterliches Vertrauen in eine fürsorgliche Obrigkeit und eine uralte Untertanen-Sehnsucht nach »normalen« Verhältnissen – wie zu Kaisers Zeiten – einer überwältigenden Mehrheit in ihrer Einstellung zum Nationalsozialismus entscheidender war als die täglich erlebte Tatsache, mehr denn je zuvor wirtschaftlich ausgebeutet (Arbeitsdienst, Lohnstopp) und sozial verfügbar gemacht zu werden (»Volksgenosse«).
Was hier passiert ist: Eine Mehrheit der Bevölkerung (darunter auch viele ehemalige Anhänger der linken Parteien) gab dem ideologischen Angebot einer heilen Welt in der NS-Volksgemeinschaft den Vorrang vor dem eigentlich auf der Tagesordnung stehenden Kampf für ihre materiellen Interessen. Das sollte nicht nur Marxisten verstören. Da wird ein breites Bedürfnis nach vorgeordneter Harmonie und konfliktfreier Lebensführung sichtbar, das auch im Widerspruch steht zum damaligen ökonomischen und politischen Entwicklungsstand der bürgerlichen Gesellschaft.
So ist auch verschiedenerseits diese obrigkeitshörige, die Politik scheuende und darum vordemokratische Mentalität der Weimarer Republik dafür verantwortlich gemacht worden, daß die Bewältigung der Weltwirtschaftskrise in Deutschland einen anderen Ausgang fand als in anderen ähnlich betroffe-

nen Ländern mit älterer bürgerlich-demokratischer Tradition.

Eine Auswertung unserer Beschäftigung mit dem Nationalsozialismus führt so zwangsläufig zu der Gretchenfrage, wie wir's denn heute mit der Demokratie halten. Ob uns denn angesichts der aktuellen wirtschaftlichen Probleme schon genügend vom »Geist von Weimar« trennt, um eine ähnliche Entwicklung für ausgeschlossen halten zu dürfen. Niemand mag sicher sagen, ob unser Staat seine freiheitlich-demokratische Feuertaufe schon hinter sich hat. Bis in die jüngste Zeit hat wohl vor allem ein mit Wachstumsraten erkaufter sozialer Friede den gesellschaftlichen Verteilungskämpfen einen verträglichen Anstrich gegeben. Mit Wohlstand wuchs sicher auch Toleranz, und deutschnationaler Kasernenhofton in Schulen, Ämtern und Familien ist seltener geworden.

Trotzdem gibt es noch viele Bereiche unserer Gesellschaft, in denen undemokratische Prinzipien weitergelebt werden. Dies nicht bloß als vermeidbare zwischenmenschliche Unfreundlichkeit, sondern als den Alltag bestimmende Strukturen. Mangelnde demokratische Durchdringung unserer Wirtschaft, grundgesetzwidrige Erziehungspraktiken in Familien und sozialen Einrichtungen, Kasernierung oder Klinisierung von sogenannten Problemfällen, versteckter bis offener Rassismus gegenüber ausländischen Mitbürgern, bürokratische Vereinnahmung gesellschaftspolitisch zu lösender Aufgaben durch Behörden, der Trend zur Verwaltung der Willensbildung auch bei freien Tägern des politischen und sozialen Lebens, wie Parteien, Verbände, Körperschaften, sind Beispiele dafür.

So sollte die Beschäftigung mit dem Nationalsozialismus letztlich unsere Aufmerksamkeit gegenüber dem Fortleben gesamtgesellschaftlicher antidemokratischer Traditionen schärfen. Sie sollte unser Engagement dafür wecken, daß Demokratie alltägliche Gewohnheit wird.

Anmerkungen

(1) Diese Arbeitshilfe erschien erstmals im Mai 1980 als Broschüre des Bayerischen Jugendringes. Die hier abgedruckten Teile sind ein Auszug aus dieser umfangreicheren Broschüre.
(2) Vgl. Höhne, Der Orden unter dem Totenkopf, München 1967.
(3) Rotermundt, Nationalsozialismus und Neofaschismus, Schriftenreihe des KJR Nürnberg, Nr. 3, S. 127.

Joachim Radkau

Hinweise zur Arbeit in Archiven und zur Befragung von Augenzeugen

Zur Benutzung von Archiven

Die hier gegebenen Hinweise beziehen sich vorwiegend auf Stadtarchive: die Benutzung von Staats- und Landesarchiven setzt normalerweise den Nachweis eines wissenschaftlichen Zweckes voraus und ist in der Regel auch nur bei einer derartigen Absicht sinnvoll; über die Brauchbarkeit und Zugänglichkeit örtlicher Verbands-, Handelskammer-, Firmen- und sonstiger privater oder halböffentlicher Archive läßt sich keine allgemeine Aussage machen. Man wird sich hierüber am besten im jeweiligen Stadtarchiv informieren können.

Das Spektrum der Stadtarchive ist zwangsläufig begrenzt – nicht nur regional auf die Stadt und die nächste Umgebung, sondern auch thematisch auf die im Bereich kommunaler Kompetenz liegenden Vorgänge. Infolgedessen wird man gerade über viele besonders brisante Komplexe der NS-Zeit – die Funktionsweise der totalitären Kontrolle, die Aktivität der verschiedenen NS-Organisationen, die Verfolgung politischer Gegner, die Judenvernichtung, die Kriegsvorbereitung und Kriegswirtschaft – hier in der Regel kaum Hintergrundmaterial finden. Aber wenn kommunale Archive für die Erforschung des NS-Systems häufig nicht allzu ergiebig sein mögen, so können sie unter didaktischem Aspekt dennoch von Nutzen sein; denn in ihren Oberflächenerscheinungen sind die erwähnten Vorgänge in der örtlichen Presse vielfach dokumentiert, und zumindest die Lokal- und Regionalpresse wird man im städtischen Archiv meist vollständig gesammelt finden.

Nun erfordert die Durchsicht ganzer Pressejahrgänge allerdings viel Zeit und Geduld; sie ist Jugendlichen ohne besonderes historisches Interesse auf keinen Fall zuzumuten. Vielen wird obendrein die gotische Druckschrift zu schaffen machen; in solchen Fällen könnte man sich auf die Durchsicht des – vielfach bereits in Antiqua gesetzten – Anzeigenteils beschränken, der ohnehin häufig ein viel ungeschminkteres Bild des Alltags vermittelt als der propagandistisch eingefärbte Berichtsteil. Im übrigen sollte man die voluminösen Zeitungsbände gezielt an bestimmten Daten aufschlagen, wo zu Ereignissen Stellung genommen werden mußte, die in besonderem Maße den Charakter des NS-Regimes enthüllten: zu denken wäre etwa an die Zerschlagung der Gewerkschaften (2. 5. 1933), die unter dem Vorwand des angeblichen »Röhm-Putsches« unternommene Mordaktion vom 30. 6. 1934, die »Reichskristallnacht« vom 9./10. 11. 1938, den Kriegsausbruch Anfang September 1939 oder die Kapitulation der bei Stalingrad eingekesselten 6. Armee Anfang Februar 1943.

Das wären nun allerdings sämtlich Vorgänge der nationalen Geschichte, die sich durch lokale Materialien zwar illustrieren, aber nicht wirklich erschließen lassen. Um Möglichkeiten für ein entdeckendes Lernen in der eigenen Umwelt zu schaffen, sollten darüber hinaus aus der im Stadtarchiv vorhandenen Literatur wichtige Daten der Stadtgeschichte ermittelt werden, die Anhaltspunkte bei der Durchsicht der Zeitungsjahrgänge und weiteren Erkundungen liefern. Dabei wäre etwa an die Daten der schweren Luftangriffe zu denken; besonders hier könnten zeitgenössische Presseberichte durch Befragung von Augenzeugen ergänzt bzw. korrigiert werden.

Relativ günstig ist die Situation, wenn das Stadtarchiv eine Sammlung von Zeitungsausschnitten zu bestimmten Themen besitzt; dies ist offenbar häufig der Fall. Ich habe an 35 Stadtarchive, über die gesamte Bundesrepublik verteilt, einen kurzen Fragebogen versandt mit der Bitte, die dort jeweils vorhandenen Bestände anzukreuzen; von 32 Archiven wurde der Fragebogen nach wenigen Tagen ausgefüllt zurückgesandt; vielleicht ist dieser rasche und fast vollständige Rücklauf als positives Indiz für die Bereitschaft der Archive zur Mithilfe bei entsprechenden Projekten der Jugendarbeit zu werten. Das Ergebnis ist, soweit schematisierbar, in der Tabelle auf der folgenden Seite wiedergegeben.

vorhandene Bestände für den Zeitraum 1933–1945	(1) Sammlung von Zeitungsausschnitten zu bestimmten Themenbereichen	(2) Fotosammlungen	(3) Schulchroniken	(4) Chronik der Kriegsereignisse	(5) Berichte über die Stimmung in der Bevölkerung	(6) Aufstellung über die Kriegszerstörungen in der Stadt	(7) Lebensmittelkarten	(8) Flugschriften (z. B. des Widerstands oder der alliierten Propaganda)	(9) Sonstige Materialien (auch aus der Zeit nach 1945) über den Widerstand und über Opfer des Nationalsozialismus
Stadtarchive									
Aachen	x	x		x		x	x	x	x
Bielefeld	x	x	x	x	x		x	x	
Bochum	x	x		x		x	x	x	x
Bonn	x	x	x	x	x	x	x	x	x
Celle	x	x		x	x	x	x		
Dortmund		x		x	x			x	x
Düsseldorf	x	x		x		x	x	x	x
Duisburg	x	x	x	x		x	x		
Essen	x	x	x	x		x	x	x	
Frankfurt	x	x		x		x	x	x	
Freiburg									
Fulda		x	x	x		x	x		x
Göttingen							x		
Hagen	x	x		x		x			
Hannover	x		x		x	x	x	x	
Heidelberg		x		x			x		
Karlsruhe	x	x		x		x	x		
Kiel		x		x		x	x		
Koblenz				x				x	
Köln	x	x	x			x		x	x
Mannheim	x	x	x	x	x	x	x	x	x
München	x	x		x		x	x		x
Münster	x	x		x	x	x	x		x
Nürnberg				x		x	x	x	x
Regensburg	x					x	x		
Saarbrücken				x		x			x
Stuttgart	x	x		x		x	x	x	x
Trier	x	x				x	x	x	x
Tübingen									
Ulm		x		x		x	x		
Wolfsburg	x			x		x			
Wuppertal		x		x		x	x		x

Wie man sieht, gibt es in der Materiallage von Stadt zu Stadt beträchtliche Unterschiede, und man sollte sich in jedem Fall über die vorhandenen Bestände genau informieren, bevor man eine Jugendgruppe in ein Archiv führt. Die Wirkung des Krieges auf die Stadt, der Kriegsalltag und die Kriegszerstörungen werden im allgemeinen mit dem vorhandenen Material – Zeitungsausschnitte, Fotos, Lebensmittelkarten, Kriegschroniken und Aufstellungen über die Zerstörungen des Luftkrieges – relativ gut zu dokumentieren sein; viel spärlicher jedoch, wenn überhaupt vorhanden, ist zumeist das Material über den Widerstand. Auch bei den Flugschriften, die in zahlreichen Stadtarchiven gesammelt wurden, handelt es sich anscheinend überwiegend um alliiertes Propagandamaterial, nicht um Flugblätter des Widerstandes bzw. illegal eingeschleuste Schriften des Exils. Wenn man bedenkt, welch zentrale Bedeutung das Verteilen solcher Schriften einst im Selbstverständnis des Widerstandes und Exils besaß, und welche Opfer dafür gebracht wurden, so vermittelt demgegenüber der Überlieferungsstand einen eher ernüchternden Eindruck von der Reichweite dieser Aktivität.
Erwähnenswert sind einige Sonderaktionen bestimmter Stadtarchive: Aus Bochum wird mitgeteilt, daß dort eine Dokumentation über den Widerstand in den Städten Bochum, Wattenscheid und Hattingen geplant ist; eine Ausstellung zum gleichen Thema wird vom Stadtarchiv Dortmund vorbereitet; das Stadtarchiv Münster plant »eine Dokumentation über die gesamte NS-Zeit mit einer pädagogisch-didaktischen Aufbereitung«. Das Stadtarchiv Bonn hat eine »Zeugenbefragung über Widerstand und Verfolgung« archiviert, die jedoch – ebenso wie seinerzeitige offiziöse Berichte über die Stimmung in der Bevölkerung – nicht frei zugänglich ist.
Das Frankfurter Stadtarchiv sandte den Fragebogen ausgefüllt zurück mit dem grundsätzlichen Bedenken: »Archivmaterial ist in der Regel für Schulungszwecke ungeeignet, allein schon aus konservatorischen Gründen. Es müßte für diesen Zweck erschlossen, d. h. ausgewählt und dupliziert werden.« In der Tat wird man die Jugendlichen dazu anhalten müssen, mit dem Archivmaterial – man denke an die Brüchigkeit jahrzehntealten Zeitungspapiers, zumal des schlechten Papiers der Kriegszeit! – so behutsam wie nur möglich umzugehen, wenn man es mit den Archivaren nicht verderben will. Skepsis wurde auch aus München geäußert: »Die Erfahrung zeigt,

daß vor allem bei jugendlichen Archivbenutzern unser zeitlicher Aufwand beim Zusammensuchen des Materials an verschiedenen Stellen des Hauses oft weit über dem des Benutzers liegt, der das ihm Vorgelegte vielfach nur kurz durchblättert.« Daher könne »das Material aus Personal- und Raummangel nur für ernsthafte Forschung zur Verfügung gestellt werden«. Derartige Einschränkungen scheinen jedoch die Ausnahme zu sein; man muß sich vermutlich am ehesten bei den publikumsüberlaufenen Archiven großer Metropolen darauf gefaßt machen. Dennoch ist zu betonen, daß man ein Stadtarchiv nicht besichtigen kann wie ein Museum; ohne ein Mindestmaß an »Sitzfleisch«, an Ernst und Ausdauer ist ein Besuch nicht sinnvoll. Wieweit man die Zeit und Hilfe der Archivare in Anspruch nehmen kann, ist von Fall zu Fall behutsam zu ermitteln; man muß damit rechnen, daß die unter der wachsenden Papierflut moderner Bürokratien seufzenden Archivleiter mit Irritation auf die verbreitete Meinung reagieren, ein Archivar habe ein ruhiges Leben und eine Unendlichkeit an Zeit!

Eike Hennig verweist in seinem Beitrag auf zahlreiche »Frustrationserlebnisse«, die Jugendliche mit Archiven gemacht hätten. Von populären Büchern und Medien her werden Jugendliche oftmals die Erwartung haben, auch in Archiven rasch auf spannende und bedeutungsvolle Dinge zu stoßen; es ist jedoch eine typische erste Archiverfahrung, daß man nicht das findet, was man sucht; daß man sich geduldig über Durststrecken hinweg in die Materie einarbeiten und aus vielen Mosaiksteinchen schrittweise größere Zusammenhänge rekonstruieren muß. Ohne Enttäuschungen und zeitweilige Fadheitsgefühle geht das schwerlich ab; da diese jedoch ein schwer zu eliminierender Bestandteil aller produktiven, nicht lediglich konsumierenden Prozesse sind, kann hieraus nicht schon die Nichteignung der Archive für die Jugendarbeit gefolgert werden. Man sollte sich allerdings Gedanken machen, wie sich Phasen der Frustration am Ende schöpferisch nutzen lassen.

Allgemein ist zu betonen, daß man an Archivmaterial mit einer aktiven Haltung – mit bestimmten Fragestellungen, die sich in Such-Aufgaben umsetzen lassen – herangehen muß. Wenn man in ein Archiv geht, ohne zu wissen, was man will, bekommt man – im doppelten Sinne des Wortes – zu spüren, daß man hier »nichts zu suchen hat«. Nirgendwo erfährt man

so deutlich wie im Archiv – und schon diese Erfahrung ist etwas wert –, daß es »Geschichte an sich« nicht gibt, sondern nur Geschichte als Antwort auf Fragen, Hypothesen, projizierte Wunsch- und Angstvorstellungen, – und zwar als eine nicht fertig abrufbare, sondern zu erarbeitende und oft auch weiterer Diskussion auszusetzende Antwort. Eben dies wird durch die literarisch aufbereitete Historie, die von Laien vielfach mit einer objektiven Faktizität von Geschichte verwechselt wird, zu oft verdeckt.
Ein Problem wird allerdings häufig dadurch entstehen, daß Jugendliche sich zunächst solche Leitfragen stellen, zu deren Beantwortung mit dem verfügbaren Material nicht viel weiterzukommen ist. Auch auf historischen Exkursionen macht man immer wieder die Erfahrung, daß die zu Hause ausgedachten Leitfragen an Ort und Stelle zur Erschließung der sichtbaren historischen Überreste nicht recht zu gebrauchen sind. Auch diese Fehlanzeige kann durchaus eine Erkenntnis enthalten und sollte keineswegs überspielt werden; im übrigen jedoch kommt es oftmals entscheidend darauf an, nach ersten zum Teil negativen Erfahrungen mit dem Material die ursprünglichen Fragen unter Umständen anders zu formulieren oder durch andere Fragestellungen zu ersetzen. Wenn man z. B. auf die Frage: »Warum fand die NSDAP so viele Anhänger?« keine direkte Antwort findet, könnte man sie umformulieren in die Frage: »Wodurch versuchte die NSDAP Anhänger zu gewinnen?« Die Frage: »Wer verdiente am meisten am Krieg?« könnte, wenn aus lokalem Material nicht zu beantworten, durch die Frage ersetzt werden: »Wer hatte unter dem Krieg am meisten zu leiden?« Auf eine entsprechende Flexibilität sollte man sich innerlich einstellen und sie nicht etwa als zu mißachtende Inkonsequenz empfinden: jeder produktive Erkenntnisprozeß vollzieht sich in einem dialektischen Wechselspiel zwischen subjektiven Vorstellungen und Eigenstrukturen des Materials.
Abschließend ist vielleicht noch der Rat angebracht, daß man nicht versuchen sollte, die Gesamtstruktur des Faschismus und der NS-Historie induktiv aus der Lokalhistorie zu erschließen: dies dürfte schwerlich gelingen und ist methodisch prinzipiell anfechtbar. Erst auf der Grundlage allgemeinhistorischer Kenntnisse vermag der Jugendliche die Bedeutung vieler lokaler Vorgänge überhaupt zu erkennen; und die Kritik an der NS-Politik bekommt ihre volle und sichere Grund-

lage doch erst durch die Totalität des Geschehens: das sollte man über allem Reiz der Lokalhistorie nicht vergessen.

Zur Befragung von Augenzeugen

Die Historie versteht sich gerne als kollektives Gedächtnis der Menschheit; die wissenschaftliche Historie besitzt dabei jedoch ein tiefes Mißtrauen gegenüber dem Erinnerungsvermögen – und der Erinnerungsbereitschaft – des einzelnen Menschen, und das gewiß mit vielerlei Grund. Und es gibt darüber hinaus besondere Gründe, bei dem belasteten Thema »Nationalsozialismus« der späteren Erinnerung besonders wenig zu trauen. Niethammer bemerkt, durch die Erfahrung, »daß die Erinnerung an den Nationalsozialismus weitgehend unzuverlässig war und von Verdrängungen, stereotypisierten Entschuldigungen, wenn nicht von direkten Lügen verformt und überschwemmt wurde«, sei »die Erinnerung als zeitgeschichtliche Quelle« geradezu in Verruf gekommen.[1] Zwar denkt er dabei wohl vornehmlich an Erinnerungen ehemaliger Anhänger und Mitläufer des Nazismus; aber erhebliche Verdrängungsphänomene, wenn auch anderer Art, gibt es zweifellos auch bei Gegnern und Opfern des Nazismus: Verdrängung von einstigen Erfahrungen der Angst und Hoffnungslosigkeit, der eigenen Nichtigkeit und Isolation, der Demütigung und des Irrewerdens an der eigenen Position bis hin zur Unterwerfung unter das NS-System und zum Überleben auf Kosten anderer.

Besonders gegenüber der mündlich vorgetragenen Erinnerung hegte die Geschichtswissenschaft immer größte Vorbehalte (obwohl nicht recht einzusehen ist, wieso das mündliche Sich-Erinnern soviel weniger wert sein soll als das schriftliche Memoirenwerk), die bis zu völligem Desinteresse gingen; das Interview spielt – von der neuerlichen »Oral-History«-Bewegung (vgl. meinen Beitrag im Zweiten Teil) abgesehen – traditionell in der historischen Methodik nur eine sehr geringe Rolle. Selbst Droysen, der einst lehrte, das Verstehen des Historikers sei »ganz dasselbe, wie wenn wir den mit uns Sprechenden verstehen« und der darauf hinwies, »daß von den nahen und nächsten Geschehnissen die mündliche Überlieferung ungleich reicher ist als die schriftliche«[2], machte von der mündlichen Erinnerung und dem Gespräch als Geschichtsquelle nicht viel Wesens, ja ging sogar mit seiner eigenen Erinnerung an die aktiv miterlebte 1848er Revolution erstaunlich geringschätzig um! Sogar solche Historiker, die dem Interview im Grunde eher freundlich gesonnen sind, pflegen diese positive Einstellung doch so vorsichtig wie nur möglich zu formulieren und mit viel Skepsis zu versetzen. Peter Hüttenberger verweist auf typische Perspektivverzerrungen und Fehlerquellen späterer Aussagen: Bei den Befragten haben »spätere Erfahrungen und Tätigkeiten ... die Erinnerungen an das Vorangegangene überlagert;« sie meinen außerdem, »daß das, was sie taten, getan werden mußte, und daß es so getan werden mußte, wie sie es taten«. »Sie verdrängen vergangene unangenehme Kämpfe und bagatellisieren alte Rivalitäten, sofern diese beigelegt oder abgeschlossen sind. Zurück bleibt das anekdotisch Amüsante ...«.[3] Hüttenberger bezieht sich allerdings wohl vorwiegend auf Erfahrungen mit ehemaligen Angehörigen von Regierungsstellen; nicht alles ist auf Gespräche mit früheren Widerstandskämpfern zu übertragen: diese werden nicht so leicht danach streben, Geschichte auf »amüsante Anekdoten« zu reduzieren, wenn auch eine gewisse Neigung dazu selbst dort vorkommen mag.

Nun ist es überhaupt nicht schwierig, eine lange Liste von möglichen Unzulänglichkeiten mündlicher Aussagen zu geben, und es gibt auch kein allgemeines Rezept zur Korrektur dieser Mängel; man darf dabei aber doch nicht vergessen, daß die papierene Alternative zu solchen »mündlichen Quellen« zum allergrößten Teil aus Akten besteht, die der NS-Herrschaftsapparat produziert hat. »Welchen Grund gibt es denn zu glauben«, fragt Falk Pingel mit Recht, »daß Quellen aus nationalsozialistischer Verwaltung oder Regierung per se objektiver sein sollen als die Quellen derer, die von den Nationalsozialisten ... verfolgt worden sind«?[4] Auf dem Grunde der als wissenschaftlich geltenden Methodik erkennt man mitunter das Vorurteil, daß Amtliches objektiver ist als Nichtamtliches und Schriftliches objektiver als Mündliches. Wenn man sich jedoch klargemacht hat, daß die Objektivität der Historie mitnichten durch den papierenen Charakter der Quellenbasis gesichert ist, dann gelangt man zu einer höheren Wertschätzung mündlicher Zeugnisse.

Im großen und ganzen kann man davon ausgehen, daß der historische Quellenwert einer Aussage desto höher ist, je kürzer der berichtete Vorgang zeitlich zurückliegt; allerdings kann auch die Distanz des Alters, das Nicht-mehr-Bestehen früherer Personen- und Interessenbindungen die Offenheit einer Aussage erhöhen; welcher Aspekt mehr ins Gewicht fällt, läßt sich nur im Einzelfall klären. Ein Grund dafür, daß die Geschichtswissenschaft vom Interview nur sehr wenig Gebrauch macht, liegt darin, daß wegen der dreißigjährigen Sperrfrist staatlicher Akten zumeist nur Vorgänge erforscht werden, die mehr als drei Jahrzehnte zurückliegen: dieser zeitliche Abstand kann in der Tat den Wert gegenwärtiger mündlicher Aussagen von Beteiligten erheblich reduzieren. Bei zeitlich näherliegenden Themen sind – wie ich selbst bei der Arbeit an einer Geschichte der bundesdeutschen Atomwirtschaft erfahren habe – Gespräche mit Beteiligten auf jeden Fall von hohem Wert. Niethammers Resümee, daß sich »das Interview nicht nur als eine Dokumentationsgrundlage, sondern als ein Pfadfinder zu bisher übersehenen Quellen und als Stimulator zum Stellen neuer Fragen erwiesen« habe[5], fand ich vollauf bestätigt.

Es läßt sich sogar grundsätzlich behaupten, daß die Historie ihr humanes Elementarinteresse verleugnet, wenn sie nicht, wo immer möglich, das Gespräch mit den Beteiligten sucht, ganz gleich, was nun ein solches Gespräch an »harten Fakten« erbringt. Es war das klassische Ziel der Geschichtswissenschaft, historische Phänomene »aus sich selbst heraus« zu verstehen, sie also aus ihren eigenen Voraussetzungen, Interessen, Kategorien und geistigen Horizonten zu begreifen. Bei längst Vergangenem kann man nie so ganz die Probe aufs Exempel machen, da Tote nicht zu erkennen geben können, ob man sie verstanden hat; aber um so mehr sollte man dort, wo das Gespräch noch möglich ist, es in intensiver Form suchen, damit man nicht über allem Aktenstudium vergißt, was »Verstehen« in vollem Sinne eigentlich bedeutet. Viele Fragen, die man als Historiker normalerweise kaum zu stellen, und viele Neugierden, denen man kaum nachzugehen wagt – da man weiß, daß man auf der Grundlage der archivierten Akten damit doch nicht vorankommt –, kann man bei lebendigen Menschen, die antworten können, ins Spiel bringen; das Interesse am Menschen, das ein Grundantrieb der Historie wie der anderen Sozialwissenschaften ist, kann man viel umfassender ausspielen, wenn man den Betreffenden noch in seiner Körperlichkeit, seinen Reaktionsweisen, seiner Mimik und Gestik erlebt.

All das gilt in besonderem Maße für Zeugenbefragungen im Rahmen der Jugendarbeit, die nicht von einem vorwiegend fachhistorischen Interesse geleitet ist – bei der es also nicht so sehr darauf ankommt, ob das Gespräch handfestes historisches Faktenmaterial erbringt, das sich überprüfen läßt. Worin könnte stattdessen der Sinn solcher Gespräche für Jugendliche bestehen? Hierauf gibt es viele mögliche Antworten. Ich meine, ein wesentlicher Sinn könnte dahin gehen, daß Jugendliche in solchen Gesprächen etwas darüber lernen, wie aus den Leiden der NS-Zeit Lebenserfahrungen – auch Erfahrungen politischer Art – gewonnen wurden, und wie es möglich war, die damit verbundenen schweren Krisenschocks in der eigenen Lebensgeschichte zu bewältigen. Man muß freilich damit rechnen, daß man manchmal eine Lebensgeschichte von der Art präsentiert bekommt, wie sie der Erzähler wohl gerne gelebt hätte, aber in seiner realen Existenz doch nicht voll verwirklichen konnte; aber selbst solche *möglichen* Sinnentwürfe des eigenen Lebens können ihren Aussagewert besitzen. Sie könnten heutige Jugendliche dazu anleiten, auch für ihr eigenes Leben einen Sinn, eine »Geschichte« zu suchen und deprimierende Erfahrungen im Blick darauf aufzuarbeiten. Spontan ist es den meisten Jugendlichen kaum vorstellbar, daß auch ihr eigenes Dasein einen historisch-politischen Charakter hat, der aktiv begriffen werden kann; das Gespräch mit Älteren, die vieles durchgemacht und aufgearbeitet haben und sich der politischen Bedingungen ihrer eigenen Existenzchancen bewußt geworden sind, könnte dazu beitragen, Jugendliche die Bedeutung des eigenen Lebens erkennen zu lassen. Schon der lebensgeschichtliche Entwurf als solcher scheint eine gewisse Immunisierung gegen einen neuen Faschismus zu enthalten: Es ist wohl kein Zufall, daß es trotz der Millionen ehemaliger Nationalsozialisten nicht eine einzige Autobiographie gibt, die auf irgendwie eindrucksvolle Weise NS-Positionen verteidigt und aufrechterhält. Der Entwurf individueller Lebensgeschichte kann die Lehren der kollektiven Geschichte nur schwer ganz ignorieren!

Man sollte Gespräche mit Augenzeugen, vor allem mit ehemaligen Widerstandskämpfern bewußt an Zielen solcher Art orientieren; ein überwiegend auf Ermittlung und Richtigstellung historischer Fakten abgestelltes Gespräch wird leicht unergiebig werden, da Jugendliche ohne viel historische Vorbildung in der Regel nicht die Mittel besitzen, um das Erzählte zu überprüfen. Interviews sind für die Geschichtsforschung meist nur dann zu gebrauchen, wenn der Befrager ein gründliches, auf die spezielle Interview-Situation zugeschnittenes Detailwissen besitzt; allgemeine Schulbuch-Kenntnisse reichen nicht aus, um die Zuverlässigkeit der mündlichen Bereiche einschätzen und unsichere Punkte kompetent hinterfragen zu können. Ein Interview im wissenschaftlichen Sinne würde die meisten Jugendlichen weit überfordern; das schließt nicht aus, daß sich an leicht überprüfbaren Einzelpunkten dennoch einmal das problematische Verhältnis zwischen den aus der Erinnerung erzählten Geschichten und der historischen Wirklichkeit ansprechen läßt.

Die Wahrheitsermittlung in solchen Gesprächen hat es mit einem Grundproblem zu tun, dessen Lösung häufig viel Feingefühl erfordert: einerseits ist zur Sicherung und Überprüfung der Informationen ein eher »harter« Diskussionsstil nötig: Man muß den Redefluß des Befragten unterbrechen, ihn immer wieder zum Thema zurückführen, manche Frage penetrant mehrmals stellen, ihn auf Widersprüche in seinen Erzählungen aufmerksam machen, seine Angaben mit entgegenstehenden Fakten konfrontieren, ungenaue Angaben hinterfragen. Nun wird sich jedoch der Angesprochene eine inquisitorische Befragung im Stil eines Spiegel-Interviews oder gar eines gerichtlichen Verhörs oftmals nicht gefallen lassen – am wenigsten von Jugendlichen oder von Fremden, die ihn nichts weiter angehen! Selbst in einer Diskussion mit Wissenschaftlern fuhr der an solche Situationen gewöhnte Emil Carlebach gelegentlich auf: er habe sich »durch einen Großteil dieser Diskussionsbeiträge bisher gekränkt gefühlt. Ich komme mir vor wie ein Meerschweinchen, das in einem Glaskasten sitzt, während die Biologen oder Chemiker darüber streiten, welche Injektion sie jetzt an ihm vornehmen sollen ...«[6]

Das menschliche Problem enthält auch ein sachliches Problem: Eine offene Sprache kann man von dem Befragten nur dann erwarten, wenn bereits eine gewisse Atmosphäre des Vertrauens besteht, und die kann bei einem inquisitorischen Fragestil nicht leicht aufkommen. Überhaupt werden viele Angesprochene erst nach längerer Bekanntschaft dazu bereit sein, auch solche Dinge zu erzählen, die ihnen unangenehm sind und über die sie normalerweise nicht reden.

Für den Historiker kann es dabei am Ende schwierig werden, über den ihm inzwischen freundschaftlich Bekannten hernach doch aus kritischer Distanz zu schreiben; die Dabeigewesenen sind über die Darstellung des Historikers oft enttäuscht und verärgert, und der Historiker selbst kann unter Umständen die Peinlichkeit empfinden, Vertrauen mißbraucht zu haben. Das ist wohl einer der Gründe, die bei Historikern häufig eine Scheu vor dem Interview bewirken, das zumeist eben einen grundlegend anderen, viel individuelleren Charakter besitzt als das soziologische Interview. Aber von all solchen Problemen ist die Augenzeugenbefragung im Rahmen antifaschistischer Jugendarbeit doch weitgehend entlastet, wenn man hier auch gewiß nicht in das entgegengesetzte Extrem verfallen und sich gutgläubig, ohne kritische Zwischenfragen, endlose Monologe anhören sollte.

Im allgemeinen kann man davon ausgehen, daß desto mehr Skepsis angebracht ist, je flüssiger, farbiger und bereitwilliger einer erzählt, je witziger die Pointen sind, je mehr der Erzähler selbst als Hauptfigur erscheint und je mehr die Erinnerung bereits in vorgefertigten, längst immer wieder erzählten und weiter ausgeschmückten Geschichten vorliegt. Im übrigen gilt die schon einst bei der – weithin auf immanente Textkritik angewiesenen – Bibelkritik erprobte Faustregel: am glaubwürdigsten sind solche Geschichten bzw. Geschichten-Fragmente und Zitate, die dem Gesamttenor des Erzählers, seinem gegenwärtigen Selbstbewußtsein und seiner Interessenlage *wider*sprechen. Dieses Kriterium führt allerdings leicht zu einer hyperkritischen Haltung; man muß außerdem viel über den Erzähler wissen, um diese Regel anwenden zu können. Eine zuverlässige Methode, um Berichte durch immanente Analyse zu überprüfen, gibt es nicht; ein Mehr an Sicherheit kann man nur durch weitere Informationen aus anderer Quelle erreichen.

Auch aus der beschriebenen kritischen Methodik heraus ist zu folgern, daß man sich mit den Augenzeugen nicht nur über bestimmte Geschehnisse der NS-Zeit, sondern über ihr gesamtes Leben, auch über die Zeit nach 1945 unterhalten sollte; je besser man ihre spätere Entwicklung und gegenwärtige Situation kennt, desto mehr Anhaltspunkte gewinnt man zur Einschätzung der Substanz ihrer Erinnerungen. Zu der gleichen Folgerung führt aber auch der oben dargestellte lebensgeschichtliche Ansatz bei der Zielbestimmung solcher Gespräche; in einem weitergespannten Bogen führt er wieder mit dem historisch-kritischen Ansatz zusammen, der ihm zunächst zuwiderzulaufen schien. – Im übrigen kann das Gespräch mit Augenzeugen dadurch belebt werden, daß man auch selber zu schildern versucht, wie man sich als Nachgeborener jene Vorgänge und Lebenssituationen vorstellt: eben hierdurch werden jene Mißverständnisse offengelegt, über die hinweg sich das historische Verstehen als ein Prozeß kritischer (und selbstkritischer) Rekonstruktion vollzieht.

Anmerkungen

(1) In: L. Niethammer (Hrsg.), Lebenserfahrung und kollektives Gedächtnis, Frankfurt 1980, S. 11; ähnlich P. Hüttenberger, Zur Technik der zeitgeschichtlichen Befragungen, in: Der Archivar Jg. 22/1969, S. 169f.
(2) Droysen, Historik, Neudruck München 1967, S. 25 u. S. 63.
(3) Hüttenberger (Anm. 1) S. 170; vgl. auch den Artikel »Interview (Oral History)« von L. Steinbach im Handbuch der Geschichtsdidaktik Bd. 2 (Düsseldorf 1979).
(4) In: Chr. Kleßmann/F. Pingel (Hrsg.), Gegner des Nationalsozialismus. Wissenschaftler und Widerstandskämpfer auf der Suche nach historischer Wirklichkeit, Frankfurt/New York 1980, S. 57; vgl. auch ebd. S. 36 (R. Mann) und 60f. (E. Carlebach).
(5) Niethammer, Lebenserfahrung und kollektives Gedächtnis, S. 19.
(6) In: Kleßmann/Pingel S. 60.

Ursula Krause-Schmitt / Axel Ulrich

Das Dokumentationsarchiv des deutschen Widerstandes

Mit dem »Dokumentationsarchiv des deutschen Widerstandes 1933–1945« in Frankfurt möchten wir ein nun seit 1977 bestehendes überregionales Projekt vorstellen.[1] Mit fast allen Initiativen, die sich mit der Aufarbeitung der Geschichte des deutschen Faschismus, des antifaschistischen Widerstandes und den neofaschistischen Tendenzen in unserem Land beschäftigen, hat das Projekt Dokumentationsarchiv einige Probleme politischer und finanzieller Art gemeinsam: 1. Es wird getragen von einem kleinen Personenkreis – in unserem Fall vom »Studienkreis zur Erforschung und Vermittlung der Geschichte des deutschen Widerstandes«, einem Zusammenschluß von Wissenschaftlern, ehemaligen Widerstandskämpfern, Gewerkschaftern und Pädagogen, der mit der Vermittlung der Erfahrungen der jüngsten deutschen Geschichte einen Beitrag für die Erziehung zu demokratischem Handeln heute leisten will. 2. Für diese eigentlich allgemein anerkannte Aufgabe stehen uns keine öffentlichen Gelder zur Verfügung. Das Dokumentationsarchiv wird ausschließlich aus Spenden finanziert. 3. Unser thematisches Konzept, die Erforschung und Vermittlung eines wahrheitsgetreuen Bildes der Jahre 1933 bis 1945 und hier vor allem einer historisch korrekten Darstellung der deutschen Widerstandsbewegung, zu der nicht allein und auch nicht in erster Linie der 20. Juli gehört, sondern vor allem der kontinuierliche und zahlenmäßig stärkste Widerstand der Arbeiterbewegung, findet keineswegs allgemeine Zustimmung, sondern bildet vielmehr Gegenstand heftiger politischer Kontroversen, zumal es einige in unserer Gesellschaft weitverbreitete Tabus berührt, beispielsweise was die Einschätzung der Rolle der Industrie oder was den Widerstandsbeitrag sozialistischer und kommunistischer Gruppen betrifft. Hieraus resultieren Behinderungen verschiedenster Art.

Aufgaben des Dokumentationsarchivs

Obwohl es eine ganze Reihe zeitgeschichtlicher Institute in der Bundesrepublik gibt, sind diese Institute doch im wesentlichen Forschungseinrichtungen mit relativ strengen Benutzungsbestimmungen. Dies gilt z. B. für das Bundesarchiv, für das Institut für Zeitgeschichte und in besonderem Maße für das Document-Center in Westberlin. Neben anderen finden sich hier nicht immer gut erschlossene und nicht immer zugängliche Bestände zum Bereich Verfolgung und Widerstand, ebenso wie in den meisten Landes- und Stadtarchiven, bzw. Gerichtsarchiven. Ferner gibt es Parteien-, Gewerkschafts- und kirchliche Archive, die sich jeweils mit dem Widerstand ihrer Organisation beschäftigen, z. B. das zur SPD gehörende »Archiv für soziale Demokratie« oder die Gedenkstätte Ernst Thälmann. Für Konzentrationslager sind zwei Archive vorhanden: das Archiv der KZ-Gedenkstätte Dachau und das Archiv des Internationalen Suchdienstes in Arolsen. Für die Erforschung des deutschen antifaschistischen Widerstandes gibt es bei uns – im Unterschied zu Österreich, Italien oder Frankreich, um nur einige unserer Nachbarländer zu nennen – jedoch kein zentrales, die Widerstandsbewegung in ihrer ganzen Breite erfassendes Institut. Das hat zur Folge, daß die Quellen zerstreut, zum Teil mangelhaft erschlossen und damit schwer aufzufinden sind.
Das Dokumentationsarchiv hat sich zur Aufgabe gestellt, soweit wie möglich die Quellen des Widerstandes zu sammeln. Dabei geht es in erster Linie um die authentischen Zeugnisse des Widerstandes, also um im Untergrund erschienene Flugblätter, Handzettel, Zeitungen, Tarnschriften und ähnliches, dann vor allem um Erlebnisberichte ehemaliger Widerstandskämpfer und Verfolgter. Erst in zweiter Linie sammeln wir die Dokumente der Repression, also Gestapomaterialien, Anklage- und Urteilsschriften. Ein weiterer Schwerpunkt bildet die Dokumentation der Teilnahme deutscher Antifaschisten in der europäischen Widerstandsbewegung, wobei uns hier die gute Kooperation mit ausländischen Archiven des Widerstandes sehr viel weiterhilft. Wir haben von Anfang an darauf Wert gelegt, daß unsere Bestände optimal und für den Benutzer sinnvoll erschlossen sind. Wir verfügen heute über einen chronologischen, einen Personen-,

Ortsnamen- und Schlagwortkatalog, der uns hilft, die vielfältigen Anfragen exakt zu beantworten.
Damit kommen wir zu einer für unsere Diskussion wichtigen Frage, nämlich nach der Hilfestellung oder – wenn man so will, nach der Dienstleistung, die das Dokumentationsarchiv für alle Projekte, die sich mit Faschismus und Widerstand beschäftigen, anbietet.
Jeder weiß, wie schwierig es ist, hat man erst einmal ein thematisches und didaktisches Konzept erarbeitet, nun die für dieses Konzept, bzw. für die entsprechende Lerngruppe geeigneten Materialien zu finden. Die meisten Stadtarchive, Bibliotheken und wissenschaftlichen Institute sind nicht in der Lage, solche Anfragen zu beantworten oder gar Material z. B. für Ausstellungen zur Verfügung zu stellen. Benutzungsbestimmungen behindern zudem häufig den Zugang. Für das Dokumentationsarchiv des deutschen Widerstandes bildete von Anfang an – neben den eigentlichen Aufgaben einer Forschungseinrichtung – die Frage der Vermittlung einen Arbeitsschwerpunkt. Dabei kommt es nicht vorrangig auf unsere eigenen Initiativen an, obwohl wir auch hier einiges aufweisen können: Schulbuchkonferenzen, Ausstellungen, unseren Film »Berichte vom Widerstand«, die vierteljährlich erscheinenden »Informationen« und ähnliches mehr.[2] Wichtiger ist die Frage, wie man anderen bei der Durchführung ihrer Projekte behilflich sein kann. Das Archiv hat daher vergleichsweise liberale Benutzungsbestimmungen; es verfügt über eine kompetente Bibliothek, ein Dokument- und Bildarchiv, das zweckmäßig erschlossen ist, so daß z. B. jeder leicht feststellen kann, ob es über eine bestimmte Stadt oder auch über einen bestimmten Betrieb Literatur oder sonstige Quellen zu den Bereichen Faschismus und Widerstand gibt. Es verfügt zudem über eine Informationssammlung über alternative Ansätze im Geschichtsunterricht sowie über antifaschistische Projekte in der ganzen Bundesrepublik. Man könnte also vielleicht sagen, es ist eine Art von Material- und Ideenbörse, die bei der Planung und Realisierung von Projekten sehr nützlich ist.
Dennoch wollen wir keine Illusionen wecken: Das vorhandene Material entspricht dem jeweiligen Forschungsstand; über beispielsweise lang vernachlässigte Regionen findet man auch bei uns nicht allzu viel. Auch sind wir darauf angewie-

sen, daß uns Projektgruppen, antifaschistische Arbeitsgruppen, Studenten ihre Arbeitsergebnisse zur Verfügung stellen.

Arbeitsmöglichkeiten für Gruppen im Dokumentationsarchiv

Ein Großteil unserer Benutzer kommt aus dem schulischen Bereich; es handelt sich sowohl um Lehrer als auch um Schüler. Bei den meist jungen Lehrern, die Faschismus und Widerstand im Unterricht behandeln, besteht aufgrund unzureichender Ausbildung an den Universitäten und in den Studienseminaren sowohl eine inhaltliche Informationslücke als auch mangelnde Erfahrung im didaktisch-methodischen Vorgehen. Bei allen Fragen der Unterrichtsvorbereitung leistet das Dokumentationsarchiv Hilfestellung – durch Bereitstellung von Literatur und geeignetem Quellenmaterial, durch Erfahrungsaustausch und nicht zuletzt durch die Sammlung alternativer Unterrichtseinheiten, die an verschiedenen Schultypen und in verschiedenen Altersstufen erprobt wurden.

Von möglichen Lernformen scheinen sich jene am meisten bewährt zu haben, die den Lerngruppen eine überwiegend selbständige Auseinandersetzung mit dem Thema ermöglichen. Wir haben gute Erfahrungen mit Schulklassen gemacht, die Arbeitsgruppen gebildet haben beispielsweise zu Themen wie »Jugendwiderstand«, »Widerstand aus christlicher Überzeugung«, »lokaler Widerstand« oder auch zum Thema »Zwangsarbeit und Industrie«. Hierbei wurde der Unterricht von der Schule, weg vom Schulbuch, ins Archiv verlegt und dort konnte anhand von Literatur und Quellenmaterialien »entdeckendes Lernen« erprobt werden. In der Regel entwickeln sich bei diesen Arbeitsgruppen lebhafte Kontroversen über die jeweiligen Vormeinungen und Vorurteile. Wie groß das Interesse an diesen selbständigen Arbeitsformen ist, wird auch dadurch verdeutlicht, daß häufig die eigentliche Unterrichtszeit überschritten wurde: man las sich fest oder diskutierte eben weiter.

Besonders motivierend für die Schüler schien uns, wenn eine praktische Umsetzung des Erarbeiteten geplant und im Laufe der Unterrichtseinheit einbezogen wurde. So gibt es Schulklassen, die ihren Archivbesuch und die hier gefundenen Do-

kumente – illegale Flugblätter und Zeitungen, Anklageschriften usw. – zum Ausgangspunkt für die Herstellung von Wandzeitungen, von kleinen Ausstellungen, die dann in der Schule gezeigt wurden, benutzten. Sofern wir später mit den Schülern und Lehrern noch Kontakt hatten – und das ist häufig der Fall –, waren vor allem die Erfahrungen, die man bei der Realisierung solcher Konzepte mit Mitschülern, anderen Lehrern, Eltern und Schulleitung machte, für den gesamten Lernprozeß von größter Bedeutung.
Das gleiche gilt in besonderem Maße für Schüler- und Jugendgruppen, die selbständig, teilweise auch begleitet von Vertrauenslehrern, im Rahmen von Projekten der Schülervertretungen Ausstellungen oder antifaschistische Wochen vorbereiten und sich direkt an das Dokumentationsarchiv mit der Bitte um Unterstützung wenden. Hier sehen wir unsere Aufgabe darin, diesen Gruppen zu helfen, indem wir das Konzept inhaltlich und im Hinblick auf seine Realisierbarkeit diskutieren; hierbei können auch praktische Tips und technische Hinweise vermittelt werden, vor allem aber kann geeignetes Material zur Verfügung gestellt werden. Von diesem Angebot machen naturgemäß am stärksten die Schulen aus dem Großraum Frankfurt Gebrauch, doch Anfragen liegen aus dem ganzen Bundesgebiet vor.

Gespräche mit Augenzeugen

Eine große Bedeutung messen wir der Diskussionsrunde mit ehemaligen Widerstandskämpfern bei, die im Rahmen einer Unterrichtseinheit sowohl in den Räumen des Archivs als auch in der Schule stattfinden kann. Die persönliche Begegnung mit einem aktiven Gegner Hitlers, der oft Jahre im Zuchthaus und Konzentrationslager verbracht hat, vermittelt nach allen bisherigen Erfahrungen das nachhaltigste Erlebnis, das viele Vorurteile abbauen helfen kann und das als bis dahin meist völlig unbekanntes Gegenbild zum Mitläufertum vieler Eltern und Großeltern Möglichkeiten zur positiven Identifizierung bietet. Man sollte gerade diese Form der Vermittlung noch stärker nutzen, solange die Möglichkeit dazu noch besteht. Leider wird der Kreis der Widerstandskämpfer, die körperlich und geistig noch in der Lage sind, ihre Erfahrungen weiterzugeben, von Tag zu Tag kleiner. So wird es auch immer schwieriger, ehemalige Widerstandskämpfer als Referenten zu gewinnen, deren soziale Erfahrungen nicht zu weit von jenen der jeweiligen Lerngruppe entfernt sind. Bei der Organisierung solcher Gesprächsrunden bemühen wir uns um eine möglichst enge Übereinstimmung des sozialen Milieus, der Sprache, der Erfahrungen im weitesten Sinne. Haben wir z. B. eine Gruppe Berufsschüler aus der metallverarbeitenden Industrie, bemühen wir uns, unter den zur Verfügung stehenden Referenten möglichst einen »gestandenen Metaller« zu finden, oder haben wir eine Frauengruppe, bitten wir eine Widerstandskämpferin. Obwohl mühselig und nicht immer zu realisieren, bewährt sich diese Auswahlmethode dann zumeist.

Das bisher Festgestellte gilt im wesentlichen auch für unsere Arbeit mit Bildungsreferenten und Projektgruppen aus dem außerschulischen Bereich. Jedoch ausgeprägter als bei Unterrichtseinheiten sind hier die Anforderungen an lerngruppenspezifische bzw. projektspezifische Dokumente. So bemühen wir uns z. B., für die Bildungsarbeit unter arbeitslosen Jugendlichen Dokumente zusammenzustellen, die ganz konkret den Zusammenhang zwischen Arbeitslosigkeit, Aufstieg des Faschismus und Rolle der Industrie aufzeigen. Nicht nur hier kommt es darauf an, den Begriff »Dokument« im weitesten Sinne zu verstehen. Es sind keineswegs die langen und schwierigen Quellentexte der »hohen Politik«, die Verständnis vermitteln, sondern in geeigneter Zusammenstellung und geeigneter Didaktik mindestens ebenso sehr: zeitgenössisches Bildmaterial, Karikaturen, Lieder, Gedichte, Erlebnisberichte und ähnliches mehr. Dieses Quellenmaterial will jedoch erst gefunden werden, und jeder weiß, wie schwierig dies ist. Doch hat sich das zentrale Archiv trotz seiner geringen Mittel auch hier bereits bewährt.

Es würde zu weit führen, noch andere konkrete Formen der Projektunterstützung aufzuführen, obwohl wir gerade in Frankfurt, das ja durch starke neonazistische Umtriebe berüchtigt ist, positive Erfahrungen mit Jugendtheaterprojekten und Bürgerinitiativen gegen die Neonazis haben. Gerade die wachsenden demokratischen Aktivitäten gegen den Neofaschismus, die glücklicherweise überall in der Bundesrepublik zu verzeichnen sind, stellen uns vor die Notwendigkeit, unser Dokumentationsarchiv zu erweitern und eine Abteilung »Neofaschismus« einzurichten, ein Projekt, das im Augenblick leider noch am Geld scheitert. Doch wir hoffen, auch diese »Hürde« nehmen zu können.

Anmerkungen

(1) Dokumentationsarchiv des deutschen Widerstandes, Rossertstr. 9, 6000 Frankfurt/M., Tel. 0611/721575. Träger: Studienkreis zur Erforschung und Vermittlung der Geschichte des deutschen Widerstandes 1933–45. Öffnungszeiten: Dienstag bis Donnerstag 10–17 Uhr, Gruppen nur nach telefonischer Vereinbarung.
(2) *Schulbuchkonferenzen:* Deutscher Widerstand 1933–1945. Aspekte der Forschung und der Darstellung im Schulbuch. Eine Berichterstattung. Hrsg. Edgar Weick im Auftrag des Studienkreises zur Erforschung und Vermittlung der Geschichte des deutschen Widerstandes 1933–1945, Heidelberg 1967; *Ausstellungen:* Von der großen Ausstellung »Der deutsche antifaschistische Widerstand«, die aus technischen und finanziellen Gründen nicht mehr gezeigt werden kann, gibt es einen Bildband: Peter Altmann u. a.: Der deutsche antifaschistische Widerstand 1933–1945 in Bildern und Dokumenten, Frankfurt 2. Auflage 1978. Gegenwärtig verleihen wir die Ausstellung »Kinderzeichnungen aus dem Konzentrationslager Theresienstadt«. *Film:* »Berichte vom Widerstand« hergestellt vom Lehrbereich Film/Fernsehen an der Gesamthochschule Kassel in Zusammenarbeit mit dem Studienkreis. 16 mm, s./w., 45 Min. Verleih: Studienkreis und Präsidium bzw. Landesverbände der VVN-Bund der Antifaschisten. Die *»Informationen«* können beim Studienkreis angefordert werden.

Barbara Distel

Zum Besuch in der KZ-Gedenkstätte Dachau

Die KZ-Gedenkstätte Dachau

1965 wurde auf dem Gelände des ehemaligen Konzentrationslagers Dachau eine Gedenkstätte errichtet. Sie entstand auf Initiative und nach den Plänen des *Comité International de Dachau,* der internationalen Organisation der ehemaligen politischen Gefangenen des Lagers, unterstützt durch ein Kuratorium aus Vertretern des öffentlichen Lebens und mit finanzieller Hilfe des bayerischen Staates.

Die Gedenkstätte umfaßt: ein Museum mit einer Dokumentationsausstellung, einen Kinosaal, ein Archiv und eine Präsenzbibliothek. In der Ausstellung werden auf einer Fläche von 2500 qm rund 500 Fotos und Dokumente zur Vorgeschichte des Dritten Reiches sowie zur Geschichte des Lagers Dachau und anderer nationalsozialistischer Konzentrationslager gezeigt. Im Museum sollen demnächst auch Diskussionsräume für auswärtige Besuchergruppen ausgebaut werden.

Die Mauern und Wachtürme des ehemaligen Lagers wurden ausgebessert; die beiden ersten Baracken wurden rekonstruiert, und von den restlichen Baracken wurden die Fundamente mit den jeweiligen Nummern belassen. Außerdem sind das ehemalige Lagergefängnis (Bunker), das Eingangsgebäude (Jourhaus) und die beiden Krematorien im Originalzustand erhalten.

Inzwischen wurden auf dem Gelände des ehemaligen Lagers drei religiöse Gedenkstätten (evangelisch, katholisch, israelitisch) sowie ein internationales Mahnmal errichtet.

Nach Fertigstellung wurde die KZ-Gedenkstätte Dachau vom Freistaat Bayern übernommen und der bayerischen Verwaltung der staatlichen Schlösser, Gärten und Seen unterstellt. In einem Vertrag zwischen dem Comité International de Dachau und dem Freistaat Bayern wurde festgelegt, daß grundsätzliche Änderungen nur in gegenseitigem Einvernehmen vorgenommen werden können.

Hinweise und Anregungen zur Durchführung eines Besuches der KZ-Gedenkstätte Dachau

Vor einem Besuch der KZ-Gedenkstätte sollte auf jeden Fall eine entsprechende Vorbereitung der Gruppe stehen. Neben allgemeiner Übersichtsliteratur zum KZ-System[1] bieten sich dafür vor allem ein Film, eine Diareihe und der Gesamtkatalog an.

– Der Dokumentarfilm »KZ-Dachau« (22 Minuten) wird laufend im Museum vorgeführt. Er kann aber auch über die Landesfilmdienste entliehen werden.
– Die Diareihe »KZ-Dachau« (24 Dias, Lehrerbeiheft und Kopiervorlagen) wurde in Zusammenarbeit zwischen der KZ-Gedenkstätte und dem Institut für Film und Bild, München, erstellt und kann über die Bildstellen entliehen oder in der Gedenkstätte gekauft werden.
– Neben zwei kleineren Broschüren findet vor allem der Gesamtkatalog der ausgestellten Dokumentation als Materialiensammlung Verwendung in der politischen Bildung. Mehrere Landeszentralen für politische Bildung haben ihn angekauft. Außerdem werden in der Gedenkstätte Freiexemplare an Lehrer und Pädagogen abgegeben.[2]

Der »Erfolg«, d.h. ob es gelingt, die Jugendlichen zu motivieren, sich mit dem Thema auseinander zu setzen, hängt letzten Endes entscheidend vom Wissen und Engagement des Lehrers oder Gruppenleiters ab, der seine Gruppe nach Dachau führt.
Es ist nicht sinnvoll, Jugendliche ohne Vorbereitung und auf sich gestellt durch die Gedenkstätte zu schicken. Eine aus Vorurteilen und Halbwissen entstehende Unsicherheit erzeugt dann leicht eine ablehnende Haltung. Besonders bei großen Gruppen, die ohne Begleitung Erwachsener sind, entsteht aus der Gruppensituation heraus häufig aggressives Verhalten: Man weiß nicht, wie man mit dem Geschehenen umgehen soll, und versucht die bei den Bildern aufsteigende Beklemmung abzuschütteln, indem man mit Steinen wirft, die Wände beschmiert oder mit einem Kameraden eine Rauferei beginnt.
Wenn dagegen die jungen Besucher gut vorbereitet sind und in ihrem Begleiter einen offenen und informierten Gesprächspartner haben, dann zeigt sich, daß der Besuch der Gedenkstätte Erfahrungen vermittelt, die durch andere Informationsangebote (Literatur, Film, Diskussion) nicht zu ersetzen sind. Dies gilt um so mehr, wenn der Besuch mit einem Ge-

spräch mit einem ehemaligen Häftling verbunden werden kann; denn für die meisten Jugendlichen ist es die erste Begegnung mit einem Menschen, der kein »Mitläufer« war, sondern aktiver Gegner des Nationalsozialismus. – Allerdings lassen sich diese Gespräche nur selten ermöglichen, da nur noch wenige ehemalige Häftlinge als Gesprächspartner zur Verfügung stehen.

Gesprächspartner für Besuchergruppen sind auch die zwei freiwilligen Mitarbeiter der Aktion Sühnezeichen/Friedensdienste, Berlin, die die Evangelische Versöhnungskirche auf dem Gelände der Gedenkstätte seit Februar 1980 betreuen.

Ein zentraler Gesichtspunkt für den »Erfolg« eines Besuches ist es, ob es den Jugendlichen gelingt, Bezüge zu ihrer persönlichen Erfahrungswelt herzustellen. Eine Möglichkeit dazu ist die Begegnung mit Menschen, in der durch die Schilderung persönlicher Erfahrungen Geschichte lebendig wird, die Jugendlichen zu einem Vergleich mit der eigenen Umwelt veranlaßt werden (»Was hat mein Großvater damals gemacht/gewußt«) und auch zu Überlegungen hinsichtlich ihrer eigenen Person (»Wie würde ich mich in ähnlicher Situation verhalten«).

Eine besondere persönliche Betroffenheit ergibt sich häufig auch darin, wenn jugendliche Besucher durch die Dokumentation zum ersten Mal erfahren, daß es auch in der Nähe ihres Heimatortes ein Außenlager des Konzentrationslagers gab und daß dort unter Umständen tausende KZ-Häftlinge in einer Rüstungsfabrik gearbeitet haben. In mehreren Fällen wurde spontan der Wunsch geäußert, zu Hause weiter zu forschen, was sich dort in den Jahren von 1933–1945 ereignet hat. – Ob ein solches Projekt weiterverfolgt und tatsächlich verwirklicht wird, hängt in der Regel davon ab, ob die Jugendlichen auch entsprechende Unterstützung und zusätzliche Informationen erhalten.

Zu jedem Besuch in der KZ-Gedenkstätte gehört unbedingt eine »Nachbereitung« in Form eines Gesprächs, bei dem Fragen ausführlich beantwortet und Vorbehalte und Kritiken geäußert und diskutiert werden können. Ein Beispiel für mögliche Auswertungsgespräche bieten folgende (für eine 9. Hauptschulklasse) zusammengestellten Fragen:

1. Was veranlaßte Sie, die Gedenkstätte in Dachau zu besuchen?
2. Worin liegen Ihrer Meinung nach die Ursachen für ein totalitäres System, wie das von 1933–1945?

3. Welchen Zweck verfolgten die Nationalsozialisten mit der Errichtung von Konzentrationslagern?
4. Welche Bevölkerungsgruppen wurden inhaftiert und warum gerade diese?
5. Warum gab es kaum Proteste gegen diese Lager?
6. a) Ist in einem totalitären Staat Widerstand überhaupt möglich? Ja? Nein? Wenn ja, in welcher Form? b) Wie läßt sich ein totalitäres System verhindern?
7. Wo liegen die Gründe dafür, daß Menschen (oft mit »hoher« Bildung) so unmenschlich werden konnten?
8. Halten Sie ein solches Lager in unserem Staat für unmöglich? Begründen Sie bitte!
9. Welche heutigen Äußerungen zeigen Tendenzen, die ähnliche Situationen ermöglichen könnten?
10. Muß man sich für die Taten einer früheren Generation schuldig fühlen?
11. Welche Erziehungsprinzipien müssen aufgestellt werden, damit ähnliche Ereignisse verhindert werden können?
12. Worin liegt Ihrer Meinung nach der Sinn und die Funktion der Gedenkstätte des Konzentrationslagers Dachau?

Insgesamt ist allerdings zu sagen, daß mit dem Besuch einer Schulklasse oder Jugendgruppe in Dachau keine zu hoch gesteckten Lernziele verbunden werden sollten. Vielleicht kann damit ein Anstoß gegeben werden, der zum Weiterfragen und zur weiteren selbständigen Beschäftigung anregt. Ein Besuch in einer KZ-Gedenkstätte kann jedenfalls nicht die Defizite der politischen Bildung »auf einen Schlag« beseitigen.

Anmerkungen

Die Adresse der Gedenkstätte: KZ-Gedenkstätte Dachau, 8060 Dachau, Tel.: 08131/1741.
Öffnungszeiten: täglich von 9.00 Uhr – 17.00 Uhr.

(1) Als allgemeine Übersichtsliteratur zum KZ-System ist zu empfehlen: Eugen Kogon, Der SS-Staat. Das System der deutschen Konzentrationslager, München 1977 – Ernst Antoni, Faschistische Konzentrationslager 1933–1945. KZ von Dachau bis Auschwitz, Frankfurt a.M. 1979 – Hans Buchheim / Martin Broszat / Hans-Adolf Jacobsen / Helmut Krausnick, Anatomie des SS-Staates, 2 Bände, München 1967.
(2) Die kleine Textbroschüre »KZ Dachau 1933–1945« ist zum Preis von 3,– DM, der Gesamtkatalog der Ausstellung zum Preis von 13,– DM von der KZ-Gedenkstätte Dachau, 8060 Dachau, erhältlich.

Hans-Gerd Jaschke

Didaktische Arbeitshilfen zur Auseinandersetzung mit dem Rechtsradikalismus[1]

In jüngster Zeit sind in der praktischen Arbeit der Jugendverbände eine Reihe didaktisch orientierter Ansätze zum Umgang mit neonazistischen Tendenzen unter Jugendlichen entwickelt worden.
Diese Feststellung ist um so bemerkenswerter, wenn man den Publikationsrahmen berücksichtigt: Eine geradezu unüberschaubare Vielzahl von Broschüren in relativ geringer Auflage sowie abgelegen publizierte »Arbeitshilfen« und Handreichungen belegen einerseits das Bemühen der Jugendverbände um einen praktischen »Antifaschismus«, andererseits laufen die konzeptuellen Arbeiten oft nebeneinander her und sind einer interessierten Öffentlichkeit nur schwer zugänglich.
Die sechs nachfolgend vorgestellten Dokumentationen aus der praktischen Jugendarbeit werden nicht allein wegen ihrer analytischen und pädagogischen Qualitäten herangezogen. Die Arbeitsergebnisse gehen, geleitet vom Interesse der praktischen Umsetzung in der Jugendarbeit, über die weitgehend im konzeptuellen Rahmen steckengebliebene wissenschaftliche Diskussion (vgl. zuletzt Gerhard Paul/Bernhard Schoßig [Hrsg.], Jugend und Neofaschismus, Frankfurt 1979) durch ihre stärkere Praxis-Nähe hinaus, sie können aber auch die Diskussion um »Faschismus in der Schule« stimulieren (vgl. dazu Peter Dudek, Hakenkreuz und Judenwitz. Antifaschistische Jugendarbeit in der Schule, Bensheim 1980). Die herangezogenen Arbeiten haben neben dem »anregenden« auch einen dokumentarischen Wert: Sie vermitteln einen Eindruck über die antifaschistische Praxis von Jugendverbänden heute. Ich möchte die kommentierende Vorstellung ergänzen durch Hinweise auf Fundstellen von Filmen, die in der antifaschistischen politischen Bildung eingesetzt werden können.

1. *Neonazismus unter Jugendlichen – ernst genommen*

Die von Jürgen Morét (Evangelische Jugendakademie Radevormwald) bearbeitete Tagungsdokumentation (Rechtsextremismus unter Jugendlichen, Möglichkeiten antifaschistischer Jugendarbeit, hrsg. von der Ev. Jugendakademie Radevormwald, Januar 1980) enthält zusammenfassende Referate, Einzelbeiträge, Erfahrungsberichte und Materialien. Bei ausnahmslos allen Beiträgen läßt sich zunächst feststellen, daß neonazistische Tendenzen unter Jugendlichen ernst genommen werden, d.h.: Eine Spielart des Antifaschismus, die sich auf die Parole »Nazis raus!« zentriert, wird als ungeeignet für die politische und pädagogische Praxis empfunden. Zu dieser Einschätzung führen die praktischen Erfahrungen der meisten Teilnehmer in der Arbeit mit Jugendlichen.

»Ernst nehmen« bedeutet auf der anderen Seite keineswegs eine Überschätzung rechtsextremer Gefahren, obwohl mehrfach das große Potential autoritärer Denkstrukturen in der Bundesrepublik hervorgehoben wird. Angemessene Handlungsperspektiven werden entwickelt auf der Grundlage einer differenzierten Lagebeurteilung: Abstufungen in der Palette rechtsextremer »Entschiedenheit« sind neben dem organisierten »harten Kern« (Wiking-Jugend – Junge Nationaldemokraten, NSDAP-AO u.a.) sporadisch registrierte Handlungssequenzen wie z.B. das Erzählen von Judenwitzen, Hakenkreuzschmierereien, Vorliebe für Uniformierungen (vgl. S. 26ff.).

»Ernst nehmen« bedeutet weiterhin – darüber verschafft die Tagungsdokumentation einige Klarheit – die Anerkennung der scheinbaren Überlegenheit rechtsextremer Jugendarbeit. Dazu gehören die Präsentation einfacher Weltbilder in einer Zeit komplexer werdender gesellschaftlicher Strukturen, »einfache« Benennungen von Krisenursachen durch Konstruktion von Feindbildern und nicht zuletzt die von einigen rechtsextremen »Führern« vorgelebte Opferbereitschaft durch »totales« Engagement und Bereitschaft, für die »Bewegung« auch Nachteile bis hin zu Gefängnisstrafen und sogar den Tod in Kauf zu nehmen.[2]

Die Attraktivität rechtsextremistischer Jugendarbeit, die sich an der in den letzten Jahren verstärkten Hinwendung Jugendlicher zu rechtsextremen Gruppierungen ablesen läßt, ist zugleich als Schwäche demokratischer Jugendarbeit zu be-

greifen. Die Tagungsdokumente stellen, daran anknüpfend, eine Vielfalt antifaschistischer demokratischer Lernmethoden zur Diskussion. Hervorzuheben ist, daß die Modelle (»Unsere Stadt im 3. Reich«, »Lebendige Zeugen«, Filme, Planspiele, Wandzeitungen und Collagen, vgl. S. 86ff.) um Authentizität bemüht sind durch Anknüpfen an den Alltagserfahrungen der Jugendlichen.
Kritisch anzumerken bleibt, daß eine anzustrebende Synthese wissenschaftlicher Erkenntnis und politisch-pädagogischer Praxis schon deshalb nicht zustande kommt, weil historisch-analysierende Beiträge unterrepräsentiert sind bzw. fast gänzlich fehlen. Bemerkenswert an der Tagungsdokumentation ist die Transparenz der Veranstaltung durch Berichte über deren Ablauf und abschließendes feed-back aller Teilnehmer. Der Materialteil am Schluß bringt unter anderem ein Verzeichnis audiovisueller Medien zur antifaschistischen Bildungsarbeit und eine Übersicht über laufende Projekte antifaschistischer Jugendarbeit (mit Kontaktadressen).

2. *Soziale Interaktionsfelder*

Die von der Evangelischen Jugend Hamburg herausgegebene »Arbeitshilfe für Mitarbeiter in der Jugendarbeit« (Aktionsmöglichkeiten zum Thema »Neofaschismus«. Arbeitshilfe für Mitarbeiter in der Jugendarbeit, hrsg. von der Evangelischen Jugend Hamburg, o. J.) definiert soziale Aktionsfelder, in denen auf differenzierte Weise neonazistischen Tendenzen begegnet werden kann. Die Broschüre bringt außer Stellungnahmen von Mitarbeitern der Evangelischen Jugend in einem kurzen Materialteil am Schluß ein Schriftenverzeichnis antifaschistischer Aktionen.
Die beschriebenen sozialen Interaktionsfelder sind: internationale Begegnungen von Jugendlichen als Form der Einübung praktischer Toleranz, Veranstaltungen zu konkreten politischen Anlässen (Fußball-WM in Argentinien, Wandzeitungen über Kriegsspielzeug und Punkrock, Fragebogen zur Erfassung des »Wissensstandes« der örtlichen Jugendlichen u. a.), Ausstellungen, Arbeit in der Gemeinde, Verfassen von Stellungnahmen, Eingaben und Leserbriefen.
Obwohl die Aktionsfelder nur sehr verkürzt beschrieben sind, wird die politisch-didaktische Tendenz der Vorschläge

deutlich: Antifaschistische Basisarbeit bedeutet zugleich Erprobung demokratischer und sozialistischer Politikformen. Für den Wirkungs- und Arbeitsbereich sozialer Multiplikatoren stellt sich hier nachdrücklich die Frage, inwieweit in der antifaschistischen Bildungsarbeit überhaupt direkte, unmittelbare Bezüge zur NS-Thematik integriert sein *müssen*, mit anderen Worten: Wie weit kann man sich von der direkten NS-Thematik entfernen, gleichzeitig aber antifaschistische Inhalte und Lernziele verfolgen?

3. Von der Analyse zur reflektierten Aktion – Ein Modell der Synthese von Theorie und Praxis

Einen vergleichsweise umfassenden Anspruch verfolgt eine Dokumentation der SJD – Die Falken (Rechtsradikalismus und Neofaschismus in der BRD. Eine Dokumentation zu Seminarreihen, hrsg. von der Sozialistischen Jugend Deutschlands – Die Falken, Landesverband Nordrhein-Westfalen, Gelsenkirchen o. J.). In zwei jeweils an drei Wochenenden stattfindenden Seminarreihen im Frühjahr und Herbst 1978 geht es den Veranstaltern darum, »Ursachen und Wesen des Nationalsozialismus wie des Neonazismus zu erkennen und konkrete Möglichkeiten der Gegenwehr gegen diese aktuellen Tendenzen zu entwickeln« (S. 3).
Die erste Seminarreihe beschäftigt sich anhand von tabellarischen Zeittafeln und Dokumenten (z.B. NSDAP-Programm, Flugblätter, Resolution der KPD vom Oktober 1932) mit der historischen Entwicklung der NSDAP und des Neonazismus in der Bundesrepublik. Die zweite Seminarreihe ein halbes Jahr später beschäftigt sich mit »Entwicklung und Durchführung von Aktionen gegen die Zunahme von neo-faschistischen Aktivitäten«. Obwohl die Wochenend-Zeitabläufe bis in die Einzelheiten durchgeplant und dokumentiert sind – gegliedert nach Zeit/Thema, Inhalt/Methode/Arbeitsform und Hilfsmittel – enttäuscht dieser Lernabschnitt. »Neofaschistische Aktivitäten (S. 49ff.) sind hier reduziert auf technische Hinweise zur Durchführung von Aktionen, etwa: Wie richtet man einen Info-Stand ein, wie baut man einen Info-Tisch, wie entwirft man ein Flugblatt? Die im Vorwort angekündigte Auswertung der Aktionen im Seminar selbst ist nicht dokumentiert.

Die Konzeption der beiden Seminarreihen, die bis hin zur Darlegung von Grob- und Feinlernzielen geht, hat ihre zentrale Schwäche in der nicht-dokumentierten Adressatenbezogenheit. Der Adressatenkreis und die reale Verarbeitung des Programms durch die Teilnehmer bleibt für den Leser dieser Broschüre diffus.

4. *»Arbeitsmaterial Faschismus« – Zur traditionellen Didaktik eines weniger bekannten Jugendverbandes*

»Das Mörderkreuz – Arbeitsmaterial Faschismus« heißt eine von der Bundesjugendleitung der Naturfreundejugend Deutschlands herausgegebene, 53 Seiten starke Arbeitshilfe. Sie behandelt die Themenkreise Nationalsozialismus und Neonazismus mit Hilfe traditioneller Mittel politischer Didaktik: Methode und Lernziele verweisen auf kognitivistische, wissensvermittelnde und durch »Arbeitsfragen« am Schluß von Lerneinheiten kontrollierbare Formen der Auseinandersetzung.
Im Vorwort formulieren die Verfasser den für sie zentralen Tatbestand der Uninformiertheit von Jugendlichen über den Nationalsozialismus. Es gehe darum, »Vorurteile, die immer wieder gehört und auch in Schulbüchern noch verbreitet werden, auf ihren Wahrheitsgehalt hin zu überprüfen« (S. 2). »Gerade junge Menschen müssen ausreichend informiert werden, damit sie aus den Fehlern der Vergangenheit lernen und damit so etwas nie wieder geschehen kann« (S. 1).
Die Materialaufbereitung verfolgt die Strategie der Präsentation dokumentarischen Materials (Wahlstatistiken, Mitgliederentwicklungen, historische Quellen, Selbstzeugnisse rechtsextremer Gruppen). Die durch Grafiken, Tabellen und Schaubilder angebotene Sachlichkeit stellt eine für den Betrachter erkennbare Glaubwürdigkeit und Wahrheitsfähigkeit her, die auf der Annahme basiert, daß Fakten und Daten für sich selbst sprechen. Die Arbeitsfragen am jeweiligen Kapitelende sind Lernerfolgskontrollen, lenken aber auch die Aufmerksamkeit des Lesers auf bestimmte Punkte. Einige Beispiele:

– Zu einer Tabelle über die Entwicklung der Kriminalität zwischen 1914 und 1936, aus der eine geringe Rückläufigkeit zwischen 1933 und 1936 ablesbar ist, wird als »Arbeitsfrage« aufgefordert: »Über-

prüfe die These ›Hitler schaffte Ordnung‹ anhand des vorliegenden Materials« (S. 22).
– Bezüglich einiger Dokumente des offen-faschistischen »Kampfbundes Deutscher Soldaten« wird gefragt, ob es Parallelen zur Argumentation von 1933 gibt (S. 29).
– Im Anschluß an neonazistische Plakate und Flugblätter, Zeitungsartikel der Massenpresse über »Neonazis« an Schulen wird gefragt (S. 51):
»1. Was schreibt das Grundgesetz zu faschistischen Organisationen zwingend vor?
2. Was ist nach §§ 86, 86a und 130 des Strafgesetzbuches verboten?
3. Mit welcher Konsequenz werden diese Gesetze eingehalten?«

Die Broschüre der Naturfreundejugend, der keine Hinweise über Adressatenkreis und Vorerfahrungen der Verfasser zu entnehmen sind, praktiziert ein kognitivistisches Modell politischer Bildung, das von der idealistischen Annahme geleitet ist, die Wahrheit verhelfe sich selber zum Durchbruch, wenn der Aufklärer nur etwas nachhilft. Die Stärken kognitiver Lernprozesse: Möglichkeiten reflexiver Erarbeitung eigener Standpunkte werden durch die als suggestiv zu bezeichnenden Arbeitsfragen zu einem guten Teil verschenkt.
Die tatsächliche praktische Relevanz dieses auf analysierender Ebene als traditionalistisch-verkürzt einzuschätzenden Ansatzes kann jedoch nur aus der praktischen Erprobung selbst abgeleitet werden. Hierzu fehlen allerdings Hinweise ebenso wie zu dem angesprochenen Adressatenkreis der Naturfreundejugend, der möglicherweise spezifische Didaktiken erforderlich macht bzw. dessen Lernprozesse anders verlaufen als in den anderen hier vorgestellten Ansätzen.

5. *Gewerkschaftliche Arbeitshilfen*

Die antifaschistische Jugendarbeit der Gewerkschaften in der Bundesrepublik soll an zwei Beispielen vorgestellt werden.
»Neofaschismus« ist das Heft 1 der Unterrichtsmaterialien der GEW (Sonderdruck für den Landesjugendring Hamburg 1978) überschrieben. Dokumentarische Passagen überwiegen in diesem 47seitigen Heft (Fotos, Antiquariatsauslagen, neofaschistische Aufkleber, Zeitungsmeldungen, Prozeßaussagen, Reden, Gesetzestexte und anderes mehr). Auch hier ist das an »Aufklärung« orientierte Hauptziel, »für verschiedene Schularten, Klassenstufen und Fächer sonst verstreute Mate-

rialien zusammenzustellen und durch deren Anordnung ein Strukturmodell für den Unterricht anzubieten« (aus der Vorbemerkung, S. 1). Die Frage geeigneter Gegenpraxis wird ebenfalls dokumentarisch behandelt, indem Zeitungsmeldungen über antifaschistische Demonstrationen abgedruckt werden (S. 32ff.).
Die vom DGB-Landesbezirk Stuttgart herausgegebene »Arbeitshilfe« »will mit der anschließenden Zusammenstellung Anregungen all denjenigen geben, die Aktionen, Veranstaltungen, Infotische usw. durchführen wollen« (S. 1). Die 13seitige Broschüre enthält Informationen über Bücher, Broschüren, Veröffentlichungen, Filme und berichtet (mit Adressenangaben) über Aktionsformen: Ausstellungen, Flugblätter/Dokumentationen, Büchertische, Infotische, Veranstaltungen, KZ-Gedenkfahrten. In diesem Papier, das an gewerkschaftliche Multiplikatoren in den Betrieben gerichtet ist, werden allerdings Gewichtungen und Differenzierungen der einzelnen Aktionsformen nicht vorgenommen.[3]

6. *Jugendliche als unmittelbare Adressaten – »Blickpunkt – Das Jugend-Journal mit Durchblick«*

Das in farbigem Hochglanzpapier gedruckte, vom Berliner Landesjugendring herausgegebene Heft 272 »Blickpunkt. Das Jugend-Journal mit Durchblick« (21.12.1978) fordert in diesem Themenheft »Nach den Rechten sehen! Stoppt Neonazis und Sympathisanten!«. Das 79 Seiten starke Heft bringt eine Fülle von informativen Artikeln über Neonazismus und historischen Faschismus, wobei ein sehr breites Spektrum des Themenbereichs abgedeckt wird. Es ist in drei Schwerpunktthemen untergliedert.
Unter der Zwischenüberschrift »Antifaschistischer Kampf als Verfassungsauftrag« werden Dokumentationen und Einschätzungen des jugendlichen Neonazismus in der Bundesrepublik thematisiert. Geschildert werden militante Aktionen der Wiking-Jugend in West-Berlin, Aktivitäten der Grauen Wölfe in der Bundesrepublik, faschistoide Elemente in der Rock-Musik. In diesem Teil wird versucht, die jugendlichen Leser dort abzuholen, wo sie stehen: Verweise auf Neonazismus im geographischen und sozialen Umfeld der Leser (West-Berlin) und Darstellungstechniken der massen-

wirksamen Jugendzeitschriftenkultur (Comics, Fotos, kurze Artikel, starke Durchgliederung) belegen das Bemühen der Herausgeber, den altersbedingten und alltagsgemäßen Leseinteressen der Verbraucher gerecht zu werden.

Das zweite Kapitel ist überschrieben mit »NS-Zeit in Stichworten« (S. 31 ff.). Hier werden wesentliche Kategorien und Begrifflichkeiten der Faschismusforschung – durch Fotos und Grafiken ergänzt – in handlicher Form angeboten. »Antisemitismus«, »Auschwitz«, »Emigration«, »Endlösung«, »Führerprinzip«, »Gestapo« sind beispielsweise solche Stichworte, die dann mit drei, vier Sätzen definiert, umschrieben und erläutert werden.

Das abschließende dritte Kapitel signalisiert schon durch die Überschrift die eigentliche Intention der Verfasser: »Was die Schule nicht lehrt: Wie in Deutschland der Faschismus siegte.« Hier werden in kurzen, zweiseitigen bebilderten Artikeln die Stichworte des zweiten Kapitels aufgegriffen und ausgeführt. Dieser Arbeitsteil ist geprägt von narrativen Darstellungsmitteln des Geschichte-Erzählens.

Rückblickend auf die drei Kapitel ist die politisch-didaktische Struktur dieses Heftes erkennbar: Teil 1 (Neonazismus) versucht in Formen des journalistischen Aufmachers Aktualität und Gegenwärtigkeit der Problematik so anzubieten, daß beim Leser das Gefühl persönlicher Betroffenheit sich einstellen kann. Diese Motivationsphase wird im Teil 2 (NS-Zeit in Stichworten) abgelöst durch die Historisierung der Thematik. Es ist beachtlich, daß die Herausgeber bemüht sind, diesen Schritt vorsichtig anzugehen, indem durch Begriffserklärungen und äußerst kurze Erläuterungen grundlegende Kenntnisse über den Nationalsozialismus angeboten werden. Der abschließende dritte Teil versucht nun, der Komplexität des historischen Gegenstandes durch ausführlichere Informationen und Kommentierungen gerecht zu werden.

An dem hier vorgestellten Heft des »Blickpunktes« wäre zu studieren, auf welche Weise Jugendliche die Neonazismus-Thematik verarbeiten. Gerade der unter politisch-didaktischen Aspekten sehr systematische Aufbau des Heftes ist geeignet, jugendlichem Leseverhalten begründet nachzugehen: Welches Kapitel wird zuerst gelesen, worauf konzentrieren sich die selektiven Wahrnehmungen? Wenn die Leser von vorne beginnen, halten sie eine Lektüre bis zum Schluß durch? Wie keine andere der hier vorgestellten Broschüren eignet sich dieses Heft zum Erforschen von jugendlichem Leseverhalten, zu Primärerfahrungen über Verarbeitungsformen des Faschismus »über den Kopf«.

7. *Filme in der antifaschistischen politischen Jugendarbeit*

Bei Bildungsveranstaltungen mit Jugendlichen zu den Themenkreisen Nationalsozialismus und Neonazismus hat der Einsatz von Filmen in der Regel Thematisierungsfunktion: Es geht darum, durch sinnliche Anschauung in die Thematik so einzuführen, daß die Teilnehmer sich von »Faschismus« unmittelbar eine Vorstellung machen können, daß Fragen provoziert und Denkanstöße gegeben werden, die dann nachfolgend im Verlauf der Veranstaltungen bearbeitet werden können. Eine andere Einsatzmöglichkeit von Filmen ist, sie selbst zum hauptsächlichen Gegenstand zu machen. Diese Perspektive können wir hier vernachlässigen, da sie praktisch wenig angewendet wird.[4]
Unter den zahlreichen Handreichungen und kommentierten Zusammenstellungen von geeigneten Filmen möchte ich hier auf eine besonders benutzerfreundliche und informative Arbeit hinweisen.[5] Joachim kommentiert 106 bei uns zugängliche Filme. Die Arbeit enthält Hinweise über Länge, Format, Angaben über den Verleih und einige Bemerkungen zum Inhalt. Die Filme sind nach Themen gruppiert: Vorgeschichte der NSDAP, 1933–1945, Neonazismus in der Bundesrepublik, ausländischer Faschismus (Spanien, Griechenland, Chile) sind die wichtigsten Untergliederungspunkte. Ergänzt wird die Liste durch Angaben über die Bezugsgebühren der Verleihstellen sowie Hinweise auf die gängigsten Filmgeschichten und Lexika.[6]
Joachim weist selbst darauf hin, daß »die Darstellung des Umgangs mit einzelnen Filmen im Unterricht, wie die Schüler sie aufnehmen und was sie im einzelnen bewirken (über die anderen Medien hinausgehend)« noch weitgehend unbekannt sei (S. 26).
Die Zeitschrift »Medien praktisch« (Anm. 6) hat dazu eine nicht-repräsentative Umfrage durchgeführt unter Multiplikatoren im Bildungsbereich. Kritisch wird hier auf die Gefahr hingewiesen, daß bestimmte Filme bei Jugendlichen »eher

Faszination als Fragen hervorrufen« können. »Filme sollten das Thema nicht so umfassend abhandeln, daß alle Fragen beantwortet sind und der Zuschauer sich jeglicher Stellungnahme enthoben sieht. Außerdem sollten sie nicht länger als 20 Minuten sein« (S. 22). Dieses Fazit muß als Aufforderung an die Praktiker verstanden werden, systematisch Erfahrungen mit dem Medium Film in der antifaschistischen Bildungsarbeit zu sammeln und zu diskutieren.

Einige kritische Überlegungen

Die hier vorgestellten Dokumentationen belegen nachdrücklich das in der wissenschaftlichen und (schul)pädagogischen Öffentlichkeit wenig registrierte Bemühen der demokratischen Jugendverbände um praktisch-antifaschistische Arbeit an der »Basis«. In allen Arbeiten kann nachgelesen werden, daß die Verbandsarbeit universiären und schulischen Analysemodellen und Didaktiken nicht nachsteht. Dieses Bemühen reicht vom Erfahrungsaustausch über erprobte antifaschistische Arbeitsmodelle (Ev. Jugendakademie Radevormwald) über Hinweise auf soziale Interaktionsfelder, in denen Auseinandersetzungen mit neonazistischen Tendenzen praktikabel sind (Ev. Jugend Hamburg), bis hin zum Entwurf detaillierter Arbeitspläne (SJD – Die Falken). Zusammengenommen erweisen sich diese Bemühungen als praktikable Ansatzpunkte einer sinnvollen Beschäftigung mit »Neonazismus« in der Arbeit mit Schülern und Jugendlichen.
Hervorzuheben ist neben der eingangs erwähnten erschwerten Resonanz durch hektographierte und limitierte Publikationsformen auch die nicht-koordinierte Arbeitsweise der Jugendverbände untereinander (indem nicht Bezug aufeinander genommen wird), aber auch das Nebeneinanderherlaufen von wissenschaftlichen, schulischen und jugendverbandlichen Aktivitäten. Eine bessere Kooperation ist schon deshalb wünschenswert, weil bisher über die Wirkungsweise antifaschistischer Bildungsarbeit zu wenig bekannt ist. Gerade die Nähe der Jugendverbände zur »Basis« der Gesellschaft bzw. zu den Adressaten antifaschistisch-demokratischer Bildungsarbeit eröffnet Zugangsmöglichkeiten zur bislang vernachlässigten Wirkungsforschung: Einer der wesentlichen Punkte schulischer und außerschulischer Bearbeitung der

Themenkreise »Faschismus« und »Neofaschismus« ist die offene Frage der subjektiven Verarbeitungsweisen kurz- und langzeitpädagogischer Modelle.
Diese Frage stellt sich nachdrücklich und aufs Neue, wenn die *Ungleichzeitigkeit antifaschistischer politisch-didaktischer Modelle* als auffälliges Kennzeichen der gegenwärtigen Bemühungen registriert werden muß. »Ungleichzeitigkeit« bezieht sich dabei auf die den vorgestellten Arbeitsmodellen zugrundeliegenden politisch-pädagogischen Konzeptionen, die insgesamt einen diffusen Begriff von »Aufklärung« unterstellen. Die politisch-pädagogische Spannweite des humanistischen Bildungstraditionen verpflichteten Begriffs »Aufklärung« ist in den Broschüren und auch bei Joachims Filmhinweisen nicht oder nur unzureichend behandelt, so daß die faktische Rolle der Beiträge in pädagogischen Vermittlungsprozessen unklar bleibt. Diese Spannweite reicht von der Position: »Aufklärung« erfolgt über kognitive Ebenen der Vermittlung von Informationen bis hin zu der Position: »Aufklärung« erfolgt über die emotionale Betroffenheit politisch-pädagogischer Subjekte über den Lerngegenstand »Faschismus« (vgl. die Beiträge von Paul in: Paul/Schoßig, a. a. O.). Während z. B. noch die Naturfreundejugend dem traditionalistischen Aufklärungspostulat verhaftet bleibt, sind in den anderen Broschüren auf vielfältige Weise Ansätze erkennbar, kognitives und emotionales Lernen zusammenzubringen und projektiv zu erproben.
Nach Durchsicht der oben vorgestellten Beiträge drängt sich der Eindruck auf, daß konzeptuelle Fragen nach grundlegenden Didaktiken antifaschistischen Lernens (Problemfeld: »Kopf und Bauch«) nicht mehr nur theoretisch-methodisch diskutiert werden können, daß aber auch die Beschäftigung mit konkreten Projekten auf Grenzen stößt: Die hier angesprochenen konzeptuellen Fragen können befriedigende Antworten am ehesten aus der Ermittlung kurz- und langzeitpädagogischer Auswirkungen bei den Betroffenen selbst erfahren. Die Komplexität derartiger Unternehmungen kann z. B. angegangen werden, wenn Leseerfahrungen von Jugendlichen, die sich mit faschistischen und antifaschistischen Dokumentationen beschäftigt haben, aufgearbeitet werden.[7]
Derartige erfahrungsbezogene Ansätze bieten überdies den Vorteil, der Heterogenität des jugendlichen Adressatenkreises gerecht werden zu können: Es muß davon ausgegangen

werden, daß Mitglieder der Naturfreundejugend andere Interessen und Voraussetzungen einbringen als die Gewerkschaftsjugend, daß »zufällige« Teilnehmer von Ausstellungen oder Stadtrundfahrten anders anzusprechen sind als berufsständische Gruppen (z. B. Beamtenbundjugend) oder regional definierte Vereinigungen (Landjugend). Die heterogene Struktur des antifaschistischen Adressatenkreises – die bislang nur der Unterscheidung schulischer/außerschulischer Arbeit berücksichtigt worden ist – muß in konzeptuelle Überlegungen Eingang finden. Daraus folgt: *Eine vorgängige, handlungsanleitende politisch-didaktische Konzeption, deren Geltungsanspruch sich auf das gesamte Feld außerschulischer politischer Bildung erstreckt, muß scheitern, wenn nicht die Heterogenität der Jugendverbände berücksichtigt wird.* Auffassungen wie die, antifaschistisches Lernen sei nur aus der Ausgangslage unmittelbarer Betroffenheit möglich, müssen angeben können, wie die Mehrdimensionalität von Betroffenheitsmöglichkeiten der jeweiligen Jugendlichen didaktisch verarbeitet werden kann, konkret: Die Herstellung von Betroffenheit bedeutet bei der Landjugend schon aufgrund der regionalen Situiertheit etwas ganz anderes als bei der vorwiegend städtischen SJD-Die Falken. Als perspektivische Arbeitsaufgabe ergibt sich daraus die zwingende Notwendigkeit, verbandsspezifische Teilnehmererfahrungen systematisch zu sammeln und mit den in der Diskussion befindlichen, eher allgemeinen konzeptuellen Modellen zu verbinden.

Kontaktadressen zu den vorgestellten Broschüren

1. Evangelische Jugendakademie Radevormwald, Jürgen Morét, Telegrafenstr. 60–68, 5608 Radevormwald.
2. Evangelische Jugend Hamburg, Hirschgraben 25, 2000 Hamburg 76.
3. SJD-Die Falken, Landesverband NRW, Hohenstaufenallee 1–5, 4650 Gelsenkirchen.
4. Naturfreundejugend Deutschlands, Bundesjugendleitung, Großglocknerstr. 28, 7000 Stuttgart 60.
5. GEW Landesverband Hamburg, Rothenbaumchaussee 15, 2000 Hamburg 13. – DGB-Landesbezirk, Abt. Jugend, Kanzleistr. 20, 7000 Stuttgart 1.
6. Redaktion »Blickpunkt«, Münchener Str. 24, 1000 Berlin 30.

(1) Dieser Aufsatz ist eine überarbeitete und erweiterte Fassung meines Beitrags »Hilfloser Antifaschismus«, in: betrifft: erziehung, 13. Jg., Heft 6/1980, S. 71–73.

(2) Den Märtyrergedanken und seine praktische Umsetzung belegt z. B. ein Bericht über die Trauerfeier für den am 24. 12. 1980 durch Selbsttötung verstorbenen 23jährigen Neonazi Frank Schubert. Er hatte zuvor zwei Schweizer Grenzbeamte erschossen. Vgl. den Bericht in der Frankfurter Rundschau vom 13. 1. 1981, S. 4.

(3) Zur antifaschistischen gewerkschaftlichen Bildungsarbeit vgl. auch »Rechtsextremisten machen mobil. Vorwärts marsch im alten Geist«, Themenheft von METALL Nr. 25–26, 12. Dez. 1980; über ein Pilotseminar mit einer Bildungsurlaubskonzeption zum Thema »Faschismus« informiert Wolfgang Köcher, Faschismus – Ursachen und Folgen, in: PRAXIS, Nr. 2/1980, S. 10ff.

(4) Eine Ausnahme ist der Film »Holocaust«. Vgl. zu den Wirkungen und didaktischen Ansatzmöglichkeiten zu dieser Serie das Themenheft »Holocaust« von MEDIUM, Zeitschrift für Rundfunk, Film, Fernsehen und Presse, Januar 1981.

(5) Dierk Joachim, Filme zur antifaschistischen Arbeit, in: Filme, Satiren, Jugendbücher im antifaschistischen Unterricht, hrsg. von Uwe Naumann, Frankfurt 1980 (Röderberg-Verlag), S. 26–37.

(6) Nicht erwähnt ist der IWF-Katalog »Film Bild Ton 1977/78«, hrsg. vom Institut für Film und Bild in Wissenschaft und Unterricht, Grünwald. Ausgabe: Niedersächsisches Landesverwaltungsamt – Audiovisuelle Bildungsmittel (Landesbildstelle), Hannover; zwei weitere Fundstellen seien hier angeführt: Filme zum Thema Nationalsozialismus und Drittes Reich mit Literaturhinweisen, hrsg. von der Bayerischen Staatskanzlei Landeszentrale für politische Bildungsarbeit, 8000 München 22, Postfach (55 Seiten). MEDIEN PRAKTISCH stellt in der Ausgabe Nr. 3/1978 40 Filme vor, das Heft ist zu beziehen über: Gemeinschaftswerk der Evangelischen Publizistik e. V., Friedrichstr. 2–6, 6000 Frankfurt/M.

(7) Vgl. z. B. die Ermittlung von Schülermeinungen über rechtsextreme Schüler- und Jugendzeitschriften, in: Peter Dudek/Hans-Gerd Jaschke, Revolte von rechts. Anatomie einer neuen Jugendpresse, Frankfurt/New York 1981 (Campus-Verlag).

Die Autoren

Barbara Distel, Bibliothekarin, seit 1964 an der KZ-Gedenkstätte Dachau beschäftigt, seit 1975 deren Leiterin.
Dr. Peter Dudek, Lehrer, arbeitet zur Zeit als pädagogischer Mitarbeiter am Fachbereich Erziehungswissenschaften der Universität Frankfurt/M.
Frank Düchting, Sozialpädagoge, seit 1979 Bildungsreferent bei der Evangelischen Jugend, Hamburg.
Benno Hafeneger, Dipl.-Pädagoge, seit 1975 Jugendbildungsreferent beim Hessischen Jugendring, Wiesbaden.
Karin Hauck, Hausfrau, freie Mitarbeiterin bei Sozial- und Kultureinrichtungen in Nürnberg.
Dr. Eike Hennig, Professor für Massenkommunikation am Fachbereich Gesellschaftswissenschaften der Universität Frankfurt/M.
Hans-Gerd Jaschke, Studium der Germanistik, Politikwissenschaften und Philosophie, wissenschaftlicher Mitarbeiter am Fachbereich Gesellschaftswissenschaften der Universität Frankfurt/M.
Dr. Ursula Krause-Schmitt, seit 1975 als Archivarin beim Studienkreis zur Erforschung und Vermittlung der Geschichte des deutschen Widerstandes in Frankfurt/M. tätig.
Uli Mühlberger, Dipl.-Pädagoge, seit 1975 Mitarbeiter im Unabhängigen Jugendzentrum Glocksee in Hannover.
Sigi Pach, Dipl.-Pädagogin, dreieinhalb Jahre Geschäftsführerin beim Landesjugendring Hamburg, seit Juni 1980 Mitarbeiterin im Autonomen Bildungszentrum.
Gerhard Paul, Soziologe, MA, Jugendreferent für politische Bildung des Deutschen Volkshochschul-Verbandes für den Bereich der Volkshochschule Saarbrücken.
Dr. Joachim Radkau, Professor für Zeitgeschichte und Didaktik der Geschichte an der Universität Bielefeld.
Eckehart Scherzer, Oberstudienrat, Leiter der Außenstelle Groß-Gerau des Hessischen Instituts für Lehrerfortbildung (HILF).
Bernhard Schoßig, Dipl.-Soziologe, Dozent am Institut für Jugendarbeit des Bayerischen Jugendringes, Gauting.
Christian Schubert, Studium der Germanistik und Politologie in Marburg, Freiwilliger der Aktion Sühnezeichen/Friedensdienste, Gedenkstättenaufenthalte in Auschwitz und Dachau.
Axel Ulrich, seit 1978 als freier Mitarbeiter beim Studienkreis in Frankfurt tätig.
Karin Wienberg, Dipl.-Pädagogin, Mitarbeiterin in der offenen Jugendarbeit.